CALDERÓN Y LAS QUIMERAS DE LA CULPA

PSRL volume 13

CALDERÓN Y LAS QUIMERAS DE LA CULPA

Alegoría, seducción y resistencia

en cinco autos sacramentales

Viviana Díaz Balsera

Purdue University Press
West Lafayette, Indiana

01 00 99 98 97 5 4 3 2 1

∞The paper used in this book meets the minimum requirements of American National Standard for Information Sciences—Permanence of Paper for Printed Library Materials, ANSI Z39.48-1992.

Printed in the United States of America
Design by Anita Noble

Library of Congress Cataloging-in-Publication Data
Díaz Balsera, Viviana, 1958–
Calderón y las quimeras de la Culpa : alegoría, seducción y resistencia en cinco autos sacramentales / Viviana Díaz Balsera.
p. cm. — (Purdue studies in Romance Literatures ; v. 13)
Includes bibliographical references (p. –) and index.
ISBN 1-55753-098-X (cloth : alk. paper)
1. Calderón de la Barca, Pedro, 1600–1681. Autos sacramentales.
2. Allegory. 3. Autos sacramentales—History and criticism.
I. Title. II. Series.
PQ6317.R4D5 1997
862'.3—dc21 96-53347
CIP

Para mi papá

Indice

Introducción

O certe necessarium Adae peccatum quod Christi morte deletum est! O felix culpa, quae talem ac tantum meruit habere Redemptorem!

San Agustín
"Exultet jam angelica turba caelorum"

Denn messianisch ist die Natur aus ihrer ewigen und totalen Vergängnis.

Walter Benjamin
Illuminationen

El auto sacramental calderoniano se ha leído en el siglo XX como panegírico de la Iglesia Católica y del sacramento de la Eucaristía. Esto no es sorprendente si se toma en cuenta que el auto se componía expresamente para representarse en la fiesta anual religiosa del Corpus Christi. Esta fue instituida para toda la cristiandad en la bula Transiturus de 1264 por el Papa Urbano IV y confirmada en 1311 por Clemente V con el propósito de celebrar la presencia real de Cristo en la Eucaristía. El auto sacramental es una pieza dramática en un acto, cuyo argumento o trama de alguna manera se vincula al sacramento de la Eucaristía, el motivo del festejo del Corpus. Es un género dramático autóctono español que surge en el siglo XVI en Castilla y Andalucía (Parker, "Notes" 178; Wardropper 58; Shergold, *History* 82). Se nutre de la tradición medieval del drama litúrgico, de las procesiones del Corpus decretadas por Juan XXII y, según distinguidos estudiosos del auto, también de las moralidades medievales (Arias; Dietz, "Liturgical Drama"; Kurtz, *Play*), en las cuales se hace destacado uso de la alegoría. Hay un consenso prácticamente universal entre los hispanistas del

Siglo de Oro que el gran dramaturgo del auto sacramental es Pedro Calderón de la Barca. De sencillos coloquios, pasando luego por farsas en que pastores alegóricos discurren sobre cómo recuperar ovejas perdidas, a alegorías más complejas en las que episodios bíblicos o situaciones dramáticas representan las relaciones entre el Alma, Cristo y Lucifer, el género culmina cuando Calderón lleva a una escena barroca sofisticados conceptos teológicos y distintos aspectos del dogma de la Eucaristía.[1]

En el libro más influyente hasta la fecha sobre los autos calderonianos, *Los autos sacramentales de Calderón de la Barca,* Alexander A. Parker alaba sus virtudes piadosas y didácticas. Escribe que eran "parte de la festividad religiosa, su asunto tiene una conexión íntima con el festejo celebrado y constituye, por así decir, una contribución a la liturgia de la Iglesia. . . . Representaban la contribución del pueblo a las celebraciones litúrgicas, manifestación popular que corría paralela a la adoración oficial que practicaba la Iglesia" (*Autos sacramentales* 51).[2] Más adelante, Parker explica que los recursos dramáticos del auto calderoniano le daban más realidad al dogma de la Eucaristía que el sermón mismo, facilitándole de esta forma al fiel la asimilación de la verdad teológica (54). Bajo la influencia decisiva de este crítico, el auto calderoniano se ha leído en el siglo XX como un texto homilético, cuasi-litúrgico, puesto que su propósito explícito es el de instruir, deleitar y persuadir a los fieles con brillantes representaciones dramáticas del dogma cristiano. Las espectaculares puestas en escena del auto calderoniano y la belleza de sus versos y de su música se han visto como "una simbiosis perfecta en la que la poesía se pone al servicio de la teología" (Egido, *Fábrica* 91). Desde esta perspectiva, el auto sacramental se vuelve un triunfo de la conjunción entre lo divino y lo humano, como es el cuerpo mismo de Jesucristo, el motivo de festejo en el día de Corpus Christi. Así pues, en gran parte debido a su *corpus* inigualable de autos sacramentales, Calderón es considerado el gran poeta del catolicismo (Hatzfeld 459).

Sin duda, el catolicismo, la religión o la creencia en Dios está en el centro mismo del proyecto del auto sacramental. Que Calderón conoce muy bien su tradición religiosa y que la emplea con gran sentido dramático y estético, también es evidente. Que el auto sacramental llega a su culminación con él como muchos calificados críticos han propuesto es también muy posible, pues siquiera por haber escrito aproximadamente setenta y ocho maravillosas variaciones sobre un mismo tema, no es arriesgado pensar que nadie como Calderón puede haberse compenetrado más con el género. Nadie como él pudo haber entendido mejor sus posibilidades al tratar en variadísimos argumentos el mismo asunto de la Eucaristía, ni tampoco dramaturgo alguno del auto sacramental desplegó tanto ingenio como Calderón en superar el escollo de la monotonía. En su famoso prólogo al primer tomo de sus autos, con firmeza defiende que igual que el primor más grande de la naturaleza es lograr "que con unas mismas facciones haga tantos rostros diferentes" (Calderón 42),[3] así mismo él ha logrado imitar este primor con sus autos. Casi podría verse aquí un concepto renacentista del arte del auto calderoniano como *imitatio* de la variedad, creatividad y eficacia de la naturaleza, maravillosamente confeccionada y ordenada.

Ver a Calderón como el gran poeta-teólogo-profeta que en sus autos celebra la bondadosa aparición de la Eucaristía en la historia como un triunfo apoteósico de las fuerzas del bien sobre las del mal ha sido un modo muy productivo de acercarse al género, como demuestra la extensa bibliografía sobre éste, sobre todo a partir del libro de Parker. Y sin embargo, aunque muy bella, esta visión del auto deja un elemento fuera de la ecuación que debe volverse a tomar en cuenta. Este elemento es el obstinado regreso del mal. Pues a pesar de que la historia pueda haber sido transformada definitivamente por la institución de la Iglesia, aunque haya alcanzado su plenitud en el Sacramento, el mal continuará amenazando y tentando la frágil condición humana hasta el fin de los tiempos. Este problema del constante regreso del mal (que la propia teología cristiana admite), en una historia que ha alcanzado su plenitud pero que aún no ha concluido, permite considerar cómo el mismo incide en la propia producción y recepción del auto, sin que tal consideración sea sólo una anacrónica perspectiva *teórica* impuesta por un sujeto exiliado de ese discurso. El poeta-teólogo es también una criatura caída y así está expuesto a la tentación del mal. En muchos casos, esta tentación es un mero deseo de subjetividad, de independencia de lo sagrado, una refinadísima incapacidad de resistir el poder de dar voz fascinante incluso a las figuras del mal, sabiendo que para el receptor, el placer estético será siempre ansiado y gozado, incluso aunque sea producido mediante la metáfora de un agente diabólico.

La visión del auto calderoniano como arte teológico ha impedido en este siglo acercarnos abiertamente a este cuerpo de textos desde el punto de vista de sus contradicciones, de sus paradojas, de la inevitabilidad de su participación en el quebranto de la condición humana que representa. Pienso entonces que la vocación innegablemente didáctica y devota de este género se ha confundido demasiado en nuestro siglo con el logro de sus objetivos. El *deseo* de acercar al fiel a Dios se ha tomado por la cercanía misma, olvidando por completo la posibilidad de que las flaquezas del sujeto creador, así como las del espectador/lector, puedan interferir en su realización. Mas, ¿de qué habla el auto en gran parte si no es precisamente de esa voluntad servil, causa y efecto de la culpa original, que a pesar del bautismo y de la redención, según el propio discurso del cristianismo, deja huellas e inclinaciones imborrables? ¿Qué permite el desarrollo de la acción dramática (que tanto placer le rinde al receptor) sino la obstinada fragmentación del Hombre que, al igual que el espectador/lector, le impide mantenerse fiel y atento a la "verdad"? ¿Es que debe pensarse en el auto como antídoto definitivo al intento ignorante y tantas veces fallido de tratar de hallar la cesación del pesar aquí en la tierra? ¿Está el auto libre ya de toda culpa y falibilidad humanas? Pienso que no. Los autos no escapan por completo los problemas de contradicción, sustitución, presencia, ausencia, suplencia, seducción, y esto es precisamente lo que los hace vigentes ayer e incluso hoy, cuando la noción de un universo divinamente ordenado ya no es tan evidente para todos.

Para sustentar estos argumentos, conviene recordar a Emilio Orozco Díaz cuando propone que uno de los rasgos de la estética teatral barroca del XVII es el desbordamiento expresivo y espacial. Orozco Díaz plantea que la representación teatral inscribe al espectador en lo que acontece en la escena, creando de este modo un espacio continuo en el que la representación se proyecta fuera de sus propios marcos ("Sentido de continuidad espacial" 161). José María Díez-Borque por su parte establece que el receptor del auto participa indirectamente del espectáculo festivo como feligrés (35). Ahora bien: ¿se limita únicamente a la alabanza del sacramento la participación del feligrés/espectador dentro del auto? ¿Se desborda el espacio escénico del auto buscando "la comunicación directa e inquietante con el espectador" (Orozco Díaz, "Sentido de continuidad espacial" 147) sólo con una voluntad de incorporación aleccionadora? ¿No desbordará también el auto su propio espacio dramático para inscribir al espectador/lector, incluyendo hasta el mismo Calderón, en la falibilidad humana que representa? ¿No lo hace participar de las propias contradicciones del Hombre dentro del auto? Creo que sí y propongo que una instancia clave de este problema ocurre cuando los intereses de la teología peligran ser desplazados por los insuperables placeres estéticos que brinda el auto. En un importante artículo sobre la ambivalencia de la experiencia estética de la identificación, apunta Hans Robert Jauss:

> Of one who listens to religious poetry it is expected that he be shaken by *compassio* and thus moved to undertake action in emulation of Christ. . . .
>
> [But] the *repraesentatio* of a sacred or Biblical or hagiographic action involved the same risk as any other pictorial representation: that the visible action would be received only as an experience pleasurable to the senses and not in its memorial, demonstrative, or admonitory significance. Even the miracle plays, despite their didactic purpose, were not proof against the possibility that one's joy at recognizing the depicted action might be transmuted into an aesthetic delight in what is imitated. (291–92)

La representación de un tema religioso siempre corre el riesgo de producir *concupiscentia oculorum,* o puro deleite sensual, al margen del fin edificante o doctrinal de dicha representación. En vez de pasar al *sensus moralis* efectuando la *conversio morum,* el espectador puede simplemente gozar del acto de imitación o de las imágenes que se le ofrecen a los sentidos. Este riesgo que señala Jauss incluso con respecto al drama de los "milagros," de clara intencionalidad didáctica, se aplica a los autos sacramentales en general y en particular a los calderonianos, debido al acentuado barroquismo de estos últimos. Los autos de Calderón ofrecen riquísimas y grandiosas visiones que fascinan al espectador.[4] Innumerables estudios se han consagrado a reconstruir las espléndidas puestas en escena, a pensar sobre el papel de la música y demás aparato escenográfico.[5] Las famosas memorias de apariencias no dejan lugar a dudas sobre el enorme deleite estético que el auto ofrece a su audiencia. El propio Calderón así lo admite cuando se representa en su prólogo como temiendo que al lector le "parecerán tibios algunos trozos; respecto de que el papel no puede dar de sí ni lo sonoro de la música, ni lo aparatoso de las tramoyas" (42).

Ahora bien, ¿por qué no es suficiente para el lector el calor de unos versos que revelan la verdad divina o que pretenden enseñar la doctrina? ¿Por qué hace falta para enardecer al receptor lo sonoro de la música y lo aparatoso de las tramoyas? ¿Qué le impide interesarse por la verdad desnuda de las cosas, sino la misma concupiscencia o inclinación desordenada de sus sentidos, producto de esa caída original que va a ver representada en muchos casos dentro del propio auto? Esa misma concupiscencia y dureza que le estorba ser conmovido por el dogma desnudo puede muy bien causar que frente al esplendor dramático del auto, el receptor quede enredado en los deleites de la imagen, desplazando u olvidando la doctrina. Por tanto, al leer hoy los autos de Calderón, debe volver a tenerse en cuenta la posibilidad del problema de una perversa recepción estética y sensual por parte del espectador.[6] Es cierto que el gran arte católico siempre se presta a este tipo de recepción y, en este sentido, no es un problema privativo del auto calderoniano. Pero dentro de éste, una de las razones por las cuales cae el Hombre o la Naturaleza Humana en culpa original o una y otra vez en culpa actual[7] es precisamente porque queda enmarañado en las bellas palabras y representaciones de Lucifer; porque no puede resistir el esplendor de las apariencias y las superficies, olvidando así las amonestaciones de personajes como la Gracia o el Entendimiento de seguir el a veces espinoso camino de la verdad. En este sentido, puede decirse que en muchas ocasiones el auto mismo dramatiza y anticipa, en inquietante *mise en abyme,* la posibilidad de su propia recepción perversa.

Se pudiera objetar que pensar de este modo sobre el auto representaría exceder los significados defendidos por el discurso contrarreformista de la Iglesia Católica del siglo XVI y XVII, el cual promovía la proliferación de representaciones religiosas. Como es bien sabido, el Concilio de Trento hacía hincapié en la celebración del sacramento de la Eucaristía, debido a la puesta en duda de la presencia real de Cristo en la hostia consagrada por parte de los protestantes: "Es sin duda muy justo que haya señalados algunos días de fiesta en que todos los Cristianos testifiquen con singulares y exquisitas demostraciones de gratitud y memoria de sus ánimos respecto del dueño, y Redentor de todos por tan inefable, y claramente divino beneficio, en que se representan sus triunfos, y la victoria que alcanzó de la muerte" *(Sacrosanto y ecuménico Concilio de Trento,* Sesión 13, Capítulo 5). El auto calderoniano, tal y como se ha representado en este siglo, sobre todo por Parker, figura casi con facilidad dentro del discurso hegemónico contrareformista como una "exquisita demostración" de piedad religiosa. No obstante, aunque ningún auto calderoniano excepto *Las órdenes militares* fue prohibido, esto no quiere decir que haya que asumir que el auto sacramental reprodujera tal discurso hegemónico sin mostrar ambigüedad o contradicción alguna.[8] Manejados por poetas, artistas y predicadores, tópicos barrocos tales como el desengaño, la vida como sueño, la falsedad disfrazada de verdad y lo caduco opuesto a lo trascendente atraviesan también el auto, dando cuenta de los peligros de la inclinación de los sentidos y así, del poder engañoso de la ilusión, de la representación y la poesía. La ambivalencia de la estética barroca en la que se valoran simultáneamente los contrarios de "lo aparencial sensorial y lo profundo trascendente" (Orozco Díaz, *Introducción* 41) y en la que se pretende llegar al espíritu saciando el deseo de la materia también incide en los autos sacramentales calderonianos, como veremos en este estudio.

Ahora bien: tomar en cuenta la ambivalencia del auto calderoniano, su participación en los excesos sensoriales que representa y contra los cuales advierte, no lo desvaloriza. Por el contrario, ello renueva y amplía sus posibilidades de lectura al considerar cómo su ambigüedad revela los límites, ironías, ganancias, ausencias, deficiencias e iluminaciones de un lenguaje que es tan sólo humano, incluso cuando desea representar lo divino. Una de las avenidas que permitirá abrir el auto sacramental a semejantes posibilidades de lectura es una reconsideración de su figura clave, la alegoría. Carolynn Van Dyke resume en breves palabras dos posturas que pueden tomarse en general ante esta figura:

> Allegory depends on two kinds of disjunction—between the temporal and the eternal worlds to which the text refers, and between the signs and signifiers in the text itself. In direct contradiction, other writers describe allegory as a method of both ontological and semiotic conjunction. In a sense, both views are correct. (43)

La razón por la cual estas dos posturas contradictorias ante la alegoría son correctas "de cierto modo" es porque su estructura de decir una cosa para significar otra la hace elusiva y ambivalente. Comprende dos aspectos antitéticos: la de la diferencia entre su significado aparente y su significado real; así como la de la correspondencia entre los dos (Whitman, *Allegory* 2). La alegoría del auto sacramental calderoniano en el siglo XX, sobre todo bajo la influencia de Parker, se ha visto sólo como una figura de conjunción o correspondencia. No obstante, a pesar de su religiosidad, la alegoría del auto no reclama la autoridad ni el status de la *allegoria in factis,* la cual, según los exégetas medievales, expresaba "une similitude essentielle, voulue par Dieu" (Strubel 351), y la cual asumía la realidad histórica de su nivel literal. La alegoría calderoniana es una *allegoria in verbis,* una fábula de poetas, y así, como se ha señalado, es ambigua, contingente, está sujeta a error. En este sentido, la postura de Parker no agota todas las posibilidades de interpretación del auto. Por lo tanto, en este estudio me dispongo a explorar las lecturas que se producen cuando se considera el aspecto disyuntivo de su alegoría. No tomo entonces como única posibilidad que el nivel literal, poético, del auto se disuelva por completo en el nivel teológico del mismo. No creo que funcione sólo como un vehículo perfecto y transparente de la verdad divina. Hay algo de la teología que es irrecuperable por la fábula poética y dramática del auto. Hay algo también en la fábula poética y dramática del auto que excede el interés en la teología.

Por otro lado, al considerar la ambivalencia y opacidad del auto, no pretendo realizar una desconstrucción del mismo, si por desconstrucción se entiende un juego radical de significantes que difieren incesantemente un significado trascendente, o lo que algunos críticos han denominado una "hermenéutica" de la muerte de Dios (Taylor 6; la traducción es mía). Una lectura del auto desde esta perspectiva implicaría por lo menos el rastrear en el texto cómo éste deshace, transgrede y obstruye la posibilidad misma del significante trascendente que presume. Tal perspectiva desconstruccionista llevaría a buscar los modos de ausencia dentro del auto sacramental porque supone que con la pérdida irreparable de Dios, el lenguaje queda para siempre huérfano, desarraigado, sin origen ni *telos* que garantice su verdad. Mas no es este tipo de lectura la que me interesa realizar. Lo que pretendo hacer es volver a tomar en cuenta esas ambigüedades y contradicciones que la crítica del siglo XX del auto sacramental ha excluido al postularlo sólo como una perfecta instancia del arte al servicio de la teología.

Sin embargo, aunque las contradicciones que localizo en el auto no cuestionan las presuposiciones del siglo XVII con respecto a la posibilidad de la verdad teológica, tales contradicciones sí sitúan al auto en una posición distinta frente a ésta. Utilizaré en mis argumentos motivos que aparecen con frecuencia en enfoques desconstruccionistas tales como diferencia, diferimiento, ausencia, metatextualidad, *pharmakon,* inscripción, porque tales motivos son parte de un lenguaje crítico compartido que me asistirán en decantar la articulación de mis propuestas. Los conceptos de la desconstrucción también me ayudarán a representar los aspectos diferenciales y de no-identidad de la alegoría. No obstante, las lecturas que aquí expondré no se interesarán en minar la presuposición del XVII de un *logos* que excede y antecede el auto, ni en especular sobre los límites metafísicos, semánticos y discursivos a los que tales presuposiciones pueden (o no) conducir. Más urgente que esto a mi entender es comenzar por requerir lo suprimido por la crítica del auto calderoniano del siglo XX: trazar lo que va del auto al *logos;* cómo el auto se distancia, cae o no puede alcanzar el origen que presume incluso en el momento en que desea acercarse a él; y qué perspectivas nos da este movimiento contradictorio y ambivalente para repensar el género.

Así por ejemplo, cuando Parker afirma que el auto es más efectivo que el sermón debido a que representa la teología dogmática con mayor viveza (*Autos sacramentales* 55), sin duda podremos apreciar el gran valor catequizante del auto, pero también el problema de su posibilidad como suplemento en el sentido derridiano de problematizar aquello a lo que se añade. Pues con su exceso de efectividad, el auto calderoniano no sólo se inserta en esta venerable tradición de oratoria renacentista, la cual también se servía de innumerables recursos dramáticos.[9] Al volverse más persuasivo que el sermón mismo por su mayor impacto teatral, el auto revela una serie de deficiencias y perversiones. Por una parte, al ser todavía exigido para despertar la devoción y piedad del fiel, discretamente subraya la insuficiencia de dichos sermones para cumplir su cometido de conmover definitivamente al bien. Por otra, hace preguntarse por la empedernida resistencia malvada del fiel a recibir y conservar las doctrinas tantas veces escuchadas en la ya dramática liturgia y en los retóricos sermones, que *todavía* hace necesario el suplemento del auto para imprimirlas. Con sus esplendorosas puestas en escena, con su bella música celestial y diabólica, con los melodiosos versos tanto de la Gracia como de la Culpa, el auto vence la resistencia perversa del espectador/lector a interesarse por la verdad teológica mucho mejor que el sermón, pero en parte porque satisface más su inclinación concupiscente. Por eso el auto incurre en la contradicción de participar del mal que tan piadosamente desea extirpar. Pero incluso este caso en que podría considerarse el auto como *pharmakon,*[10] puede pensarse todavía dentro de un espacio y una concepción logocéntricos del mundo. Es en este sentido en el que sostengo que mi acercamiento al auto en este estudio, aunque muestra contradicciones y paradojas en el género y las dificultades de su plena coincidencia con su origen presupuesto, no es, ni le interesa ser, una desconstrucción del mismo.

En el primer capítulo del estudio trazaré la historia de la recepción del auto calderoniano desde el XVII hasta nuestros días. Aunque esta tarea ya la han realizado magistralmente varios estudiosos del auto, he querido emprenderla de nuevo para mostrar cómo la recepción del auto sacramental ha sido ambivalente, contradictoria, repitiendo hasta cierto punto la dualidad de la figura que lo constituye. He querido también enfatizar sobre todo el trabajo de dos críticos contemporáneos, Angel Cilveti y Barbara E. Kurtz, quienes han hecho contribuciones al estudio del auto sacramental que no pueden dejar de tomarse en cuenta. El segundo capítulo lo dedico a la figura de la alegoría que constituye el género. En la primera parte de éste, trazo brevemente la historia de la tradición de exégesis alegórica; y en la segunda hablo sobre la alegoría composicional, en la que casi siempre se utiliza la prosopopeya para representar conceptos abstractos. Es la alegoría composicional, no la exégesis alegórica, la base estructural del auto sacramental calderoniano. Doy énfasis a Angus Fletcher, Walter Benjamin y Paul de Man, tres teóricos modernos (de nuestro siglo) sobre esta figura, que la enfocan desde el punto de vista de su alteridad. Aunque los menciono, no discuto con tanto detalle a otros críticos que consideran la alegoría como figura de conjunción semiótica porque éste ha sido el modelo que ha seguido en general la crítica del auto en este siglo.

Teóricamente, distintas lecturas del *corpus* entero de los autos calderonianos se producirán al tomar en cuenta el aspecto disyuntivo de la alegoría. Tal enfoque permitirá buscar en el nivel literal del auto momentos y/o metáforas de no coincidencia con el nivel del significado. No obstante, en algunos autos la preocupación por y articulación de temas que se derivan de la alegoría como alteridad y diferencia son más explícitas que en otros. Así pues, dedico los próximos capítulos del libro al análisis de cinco autos sacramentales que me han parecido particularmente propicios a mi enfoque. Al mostrar mis argumentos, me ha parecido más apropiado hacer una lectura cuidadosa de un reducido número de autos que tomar en cuenta muchos y establecer generalidades en cuanto a ellos. No los he ordenado con criterio cronológico, como el lector o lectora advertirá a continuación, sino a base de la temporalidad que se alegoriza en ellos. Pues el auto sacramental calderoniano no siempre representa la caída en *culpa original;* también representa la caída en *culpa actual,* que es aquélla en la que se incurre una y otra vez después de haber sido bautizado hasta el momento de la muerte. La culpa actual tendrá unas implicaciones que, como veremos, están estrechamente ligadas al problema del regreso del mal que apuntamos anteriormente, y a la alegoría como diferencia. Así pues, en el primer auto, *La vida es sueño* (1673),[11] se alegoriza la caída en culpa original. *El jardín de Falerina* (1675) alegoriza la caída del Hombre en culpa actual pero antes de que haya sido redimido de la original. Los dos siguientes, *Los encantos de la Culpa* (¿1645?) y *La nave del Mercader* (1674), alegorizan la caída en culpa actual después de la redención. El último auto, *Lo que va del Hombre a Dios* (¿1640?), representa la condena del Hombre (personaje que al principio del auto parece alegorizar al género humano y luego termina alegorizando sólo a un individuo); es decir, un tiempo posterior incluso a la caída en culpa actual. Además de la temporalidad, trato otros temas en cada auto, y en ocasiones, temas comunes a más de uno. En *El jardín de Falerina,* me acerco a la metáfora de Lucifer como dramaturgo. En *La vida es sueño,* exploro la disyunción entre la fábula alegórica y su significado teológico en términos de una disimilitud entre la perspectiva antropológica y la teológica ante la creación y corruptibilidad del Hombre. Me interesa en *Los encantos de la Culpa,* casi como el mismo título anuncia, el problema de la seducción y cómo el auto participa de ella. *La nave del Mercader* recoge muchos temas tratados en otros autos, tales como el de la Culpa como dramaturga del auto dentro del auto y el problema de la seducción. Lo he escogido porque en él se vincula, con claridad ejemplar, la violencia de la condición humana, la caída en culpa actual, y la debilidad ante el esplendor del significante. Finalmente, en *Lo que va del Hombre a Dios,* uno de los autos calderonianos más interesantes en términos metatextuales, investigo la manera en que se infringen las convenciones del género, y cómo dicha infracción desplaza el significado teológico. Todas estas posibilidades de lectura emergen en estos autos al leerse la alegoría como figura de coincidencia y diferencia.

Capítulo uno

Relectura de una historia de revisiones

Calderón y sus críticos

La obra de Pedro Calderón de la Barca ha tenido una turbulenta historia de recepción a través de los siglos. La crítica de sus comedias ha fluctuado desde el rechazo y repudio de sus temas, lenguaje y estructuras hasta la proclamación de su teatro como el más perfecto de todo el legado del Siglo de Oro. Quizá el género más controvertido de su producción sea el auto sacramental. A pesar de que Calderón no fue el creador de este género, fue él quien lo llevó a su (aberrante o triunfal) culminación. La gran controversia que el género ha suscitado gira casi siempre en torno al problemático entretejimiento de los discursos religiosos, poéticos y dramáticos. Hay algo fascinante en la amalgama de estos discursos que ha provocado que los críticos de distintas épocas tomen posiciones radicales con respecto al auto.

Aunque el siglo XVII no estuvo libre de críticos del género que recomendaban su prohibición, los autos sacramentales en general fueron extremadamente populares durante este siglo.[1] Todos los grandes dramaturgos de la época escribieron autos: Lope de Vega, Mira de Amescua, Tirso de Molina. Después de que en 1646 se prohiben las representaciones teatrales con motivo del luto por la muerte del príncipe Baltasar Carlos, Calderón dominará la producción de los autos sacramentales a partir de 1649. Con él, el género alcanzó todo su potencial dramático, alegórico y escenográfico. Si bien el monopolio de Calderón sobre la producción del género, así como los grandes recursos invertidos en su representación, es prueba suficiente de la aceptación que recibió de sus contemporáneos, la aprobación del Padre J. Ignacio Castroverde a la primera edición de autos nos deja apreciar más concretamente la postura crítica del XVII ante el género:

> La sagrada fábrica de hacer los conceptos del Cristo Sacramentado representables, y explicarlos con la viva demostración de alegorías, entendiendo una cosa por la significación de otra, son invenciones del entendimiento . . . y estas invenciones son las que nos explica debajo de figuras alegóricas, dispuestas con tal armonía que desestimada la apariencia se percibe la substancia, adornándolas con todo lo que da de sí la Retórica de variedad, hermosura y alegría. . . . (Citado en Parker, *Autos sacramentales* 17)

En este fragmento podemos ver que el Padre Castroverde considera que la dualidad inherente a la estructura de la alegoría de dar a entender una cosa mediante otra, queda en el auto perfectamente resuelta. La confección alegórica de los autos es tan armoniosa que logra que la materialidad o apariencia de la figura, el nivel literal por así decir, sea desestimado. En otras palabras, la "admirable distribución," el auto como "perfecto silogismo," es lo que garantiza que en el nivel sensual, literal de la alegoría se puedan hacer visibles los conceptos de Cristo sacramentado, sin distorsionar en absoluto el piadoso e intelectual significado. La retórica adorna entonces este nivel literal perfectamente dispuesto que significa otra cosa de lo que es, otorgándole belleza y alegría al mismo, sin jamás obstruir el verdadero sentido. Así, el auto es un triunfo del entendimiento y de la piedad. O como dice Fray Manuel y Guerra en su *Aprobación a la Verdadera Quinta Parte de Comedias* en 1682: "Salen los ánimos admirados y devotos, gustosos y atritos, recreados y encendidos; y entre los halagos del oído introduce venerables respetos al Sacramento" (citado en Parker, *Autos sacramentales* 18). La factura alegórica del auto y su bella materialidad poética encienden la devoción del espectador/fiel con los placeres de la representación, pero por estar la alegoría perfectamente dispuesta, no hay peligro de que se desplace el piadoso significado.

Semejantes juicios (que Parker califica de "notablemente completos" [*Autos sacramentales* 19]) fueron atacados con virulencia en el siglo XVIII. Uno de los críticos más elocuentes de los autos sacramentales fue José Clavijo y Fajardo. En una serie de artículos que comienzan a publicarse en 1762 en el periódico *El Pensador Matritense* contra todo el teatro del Siglo de Oro, se queja Clavijo y Fajardo de la imposibilidad de reconciliar el discurso dramático con el teológico, resultando en la degradación de este último. Deplora el hecho de que se teatralicen los signos litúrgicos: "¿Es esto tratar las cosas santamente? ¿Es este el decoro y la veneración que corresponde? ¿Puede darse mayor absurdo que el de llamar *este gran Sacramento* a unos signos del cáliz y de la hostia? Yo creo todo lo contrario" (citado en Cotarelo y Mori 152). Clavijo critica el auto porque en él los signos del cáliz y de la hostia desplazan el objeto referido. La relación que existe entre el significante de cartón piedra y el significado litúrgico del signo no es una de continuidad, ni siquiera metonímica, sino paródica. La plaza pública, que es donde se representa el auto, forzosamente le aporta connotaciones al signo eucarístico que no puede tener en el recinto eclesiástico. Esto es así porque la plaza pública es un mundo abierto, profano, ferozmente igualitario. En ella, las jerarquías oficiales, fundadas en las abstracciones del derecho legal y la filosofía, son devoradas por la materialidad concreta e innegable del cuerpo.[2]

Para el asustadizo neoclásico, todo lo que estuviera fuera de lugar, fuera de su espacio, constituía una amenaza al orden racional que debía ser suprimida. El neoclásico padece ante el monstruo del carnaval. Lo que espanta a Clavijo es que la devoción popular sea suscitada mediante un signo que él considera usurpador. El espectador, según Clavijo, no distingue entre el cáliz real y el cáliz pintado o fingido, respondiendo a ambos de igual forma. Esto indica muy poca sofisticación y mucha falta de discernimiento. Por ende, el auto es pernicioso en tanto que fomenta una indiferenciación retrógrada. O le espanta a Clavijo que el signo religioso, por su contexto teatral, produzca efectos contrarios a los que se propone: la visión de la Virgen María representada por una bella actriz, en vez de causar devoción, causa lujuria y concupiscencia.[3]

La crítica de la inverosimilitud de las alegorías revela una incomprensión fundamental del género por parte de Clavijo. Al alegar que la función del teatro era "la de corregir las costumbres ridiculizándolas," y que por tanto resultaba incompatible con el discurso religioso, Clavijo echa a un lado toda la tradición del teatro litúrgico que se remonta al siglo IX. Dentro de la estrechísima concepción neoclásica del teatro como vehículo de instrucción y reforma educativa, el auto sacramental perpetuaba la superstición, la pasión y la ignorancia.

Sin embargo, no puede dejar de concedérsele a Clavijo (y a los reformistas neoclásicos en general) algunas observaciones muy agudas. Propone claramente que el contexto no es neutro, sino que implanta sus propias significaciones. Y es cierto que al figurar en un contexto teatral, lúdico, el signo religioso puede ser subvertido y "carnavalizado." El fin del discurso dramático es distinto al fin del discurso teológico y, por lo tanto, sí puede haber una incompatibilidad irreconciliable. O, en términos de Mikhail Bakhtin, el cáliz y la eucaristía salen de su espacio sagrado, y se convierten en figurones de cartón o máscaras en el auto, vaciados al menos parcialmente de su contenido. Más aún, Clavijo propone lo que quizá muchos intuyeron pero nadie dijo en el XVII. El gran incentivo para asistir a la fiesta del Corpus y a las representaciones de los autos posiblemente no fuera tanto el piadoso deseo del pueblo de ponerse en contacto con verdades y significados religiosos. Tal vez de mayor peso era el halago a los sentidos que producían las fastuosas puestas en escena, con santos deslizándose del cielo con pescantes, y bofetones que transformaban escenas de montes en lujosos palacios: "Para prueba de ello, quisiera yo ver representar un Auto en que no huviese saynetes, música, galas ni decoraciones. . . . si faltasen los adornos referidos, quizá no serían tan instructivos, y tal vez los que oy suspiran por ir a los Corrales a aprender Theología serían los primeros desertores" (Clavijo, citado en Andioc 354).[4] Así, movido por las diligencias de Clavijo, de Nicolás Fernández de Moratín, padre, y otros, en 1765 Carlos III prohibe los autos definitivamente por ser los teatros y los comediantes "instrumentos indignos y desproporcionados para representar los sagrados misterios de que tratan" (Cotarelo y Mori 657).[5] Paradójicamente los neoclásicos, en su campaña ilustrada contra los autos, se aliaron con el sector más huraño y reaccionario de la Iglesia Católica, la cual siempre había mirado el placer con desconfianza (Durán y González-Echevarría 1: 16). No obstante, ningún crítico del auto hoy día debe pasar por alto el problema de la incompatibilidad entre los discursos dramáticos y religiosos que señalaban los neoclásicos, así como tampoco el potencial seductor de su esplendoroso nivel literal.

Fueron los románticos alemanes quienes comenzaron la tarea de reivindicación, no sólo de los autos, sino de todo el teatro barroco español. En 1808, Federico Schlegel dicta sus famosas conferencias sobre literatura universal en Viena. Como romántico, Schlegel sostenía que la forma más perfecta del arte dramático era aquélla que representaba lo trascendental.[6] En este sentido, el auto sacramental de Calderón era una de las manifestaciones dramáticas mejor logradas de la literatura. Lejos de ser incoherentes, ridículos e inverosímiles como pensaban los neoclásicos, los autos para los románticos lograban dar forma a un concepto intemporal de belleza. En sus famosas conferencias sobre arte y literatura dramáticos publicadas un año más tarde, escribe Schlegel sobre Calderón:

> His poetry, whatever its apparent object, is a never-ending hymn of joy on the majesty of the creation; he celebrates the productions of nature and human art with an astonishment always joyful and always new, as if he saw them for the first time in an unworn festal splendour. It is the first awakening of Adam, and an eloquence withal, a skill of expression, and a thorough insight into the most mysterious affinities of nature, such as high mental culture and mature contemplation can alone bestow. (Citado en Sullivan, *Calderón in the German Lands* 179)

Según Henry W. Sullivan, este hiperbólico párrafo es el que posiblemente haya contribuido más a difundir los valores del teatro calderoniano por el mundo. El pasaje expone los puntos principales de la crítica del romanticismo alemán. La poesía de Calderón transfigura todas las formas del mundo natural en emblemas y jeroglíficos de un orden invisible. El articular los contenidos del mundo como emblemas de lo trascendente restaura el lenguaje del paraíso, porque allí todo también estaba sometido a una erótica unidad misteriosa. Schlegel, al igual que Joseph F. Eichendorff, Ralph von Schack y Federico W. J. Schelling, insistirá en que el auto cumple la función más elevada de la poesía: hacer visible lo absoluto mediante la multiplicidad y temporalidad de las formas. Así pues, un auto sacramental de Calderón puede ser tan bello como un salmo, o cualquier episodio de la vida de Jesús en tanto que ambos ofrecen representaciones del origen de todas las cosas.

Es claro entonces que los románticos alemanes no ven inestabilidad ni desplazamiento en la combinación de lo religioso y lo dramático en el auto, puesto que para ellos ambos discursos tienen una finalidad común. Si los neoclásicos concebían el auto como un degradante travestismo del discurso religioso en discurso poético-dramático, los románticos ven el auto como una figura de continuidad, de coincidencia, a través de la cual "lo sobrenatural" puede articularse sensualmente. Es decir, la crítica del romanticismo alemán constituye el lado inverso de la crítica neoclásica. Ambas confieren sólo un valor al auto, olvidando o reprimiendo el otro.

A mi entender, la objeción que puede hacérsele al romanticismo alemán en su acercamiento al auto calderoniano es que lo trate como si fuera un arte simbólico, orgánico, sin rupturas o contradicciones, en cuya materia poética brilla lo sobrenatural, universal y eterno. Al ver el auto sólo como un himno de alegría y gozo ante la creación, se reprime entre otras cosas la melancolía que produce la condición caída del ser humano y que tan presente está en el barroco español. Esta angustia y melancolía no sólo satura el auto a nivel temático, sino que también, y esto será parte de lo que se intentará demostrar en este estudio, determina en parte su estructura alegórica y diferencial.

El próximo crítico de importancia en esta turbulenta historia de recepción de los autos calderonianos es Marcelino Menéndez y Pelayo. Quizá por ser una serie de conferencias dictadas cuando el erudito era muy joven, *Calderón y su teatro* no es un libro de profundidad extraordinaria. Gran parte de su crítica a los autos calderonianos en la conferencia que a ellos les dedica, se deriva de lo que ya habían visto los neoclásicos y los románticos alemanes. Aunque no los rechaza como absurdos y perniciosos, piensa de todos modos que constituyen una especie de aberración (o monstruo):

> La dramática, tal como todas las escuelas la han entendido, tal como ha aparecido en todos los teatros y en todas las civilizaciones del mundo, vive de pasiones, de afectos, de caracteres humanos; no es más que la vida humana en acción y espectáculo. Hacer un drama con personajes simbólicos, hacer un drama con personajes abstractos, es un verdadero *tour de force,* perdonable sólo á fuerza de ingenio, y á título de excepción y singularidad. Lo sobrenatural, lo invisible cabe perfectamente como ideal y fuente de inspiración

> . . . en la poesía lírica, cabe en la poesía didáctica . . . ; en el arte dramático, á mi entender, no cabe. (102–03)

En este pasaje clave, Menéndez y Pelayo se ajusta a un concepto clásico del teatro. Igual que los neoclásicos, parece olvidar la dramática religiosa de la cual ha afirmado en conferencias anteriores que surge el teatro español. Además, la vasta tradición de las moralidades por toda Europa problematiza el aserto sobre la impropiedad de lo "invisible" en el teatro. No obstante, no puede dejar de reconocer el crítico la fuerza de ingenio que despliegan los autos y admite que "en ninguna parte fué tan poeta como en sus autos" (133). La opinión de Menéndez y Pelayo sobre los autos fluctúa entre los polos de la belleza y de la aberración delirante. Como el género le impide asumir el criterio del realismo que aplica a las comedias y a las tragedias, lo que más se atreve a decir el crítico es que en otros autos mucho más sencillos (como los de Lope, José de Valdivielso o Tirso) hay mucha más "verdad humana" y por tanto pueden ser más conmovedores que la perfección y la "pompa lírica" de los de Calderón.

Como hemos visto, el crítico tiene prejuicios muy similares a los de los neoclásicos. No cree que los personajes alegóricos del auto sean compatibles con el género dramático: "¿Quién hará personajes dramáticos al Placer y al Pesar, al Amor Propio y el Entendimiento Agente?" (*Calderón y su teatro* 138–39). Mas tampoco puede dejar de ver los valores poéticos y la grandeza de pensamiento que los embarga, que articularon con tanto ardor los románticos alemanes. Podemos decir entonces que este influyente crítico de la literatura española, con respecto a Calderón, se muestra cautelosamente indeciso. Ello dio ocasión a que generaciones posteriores de críticos españoles no osasen proclamar los valores del dramaturgo, o que aquellos a quienes les resultaban odiosas sus inclinaciones políticas, se sintiesen "autorizados" a no tomarlo en cuenta.

Angel Valbuena Prat fue el primero que, al dedicarle todo un estudio a los autos de Calderón, rompió, por así decir, con el silencio impuesto por la opinión de Menéndez y Pelayo. En 1917 escribe sobre la clasificación y análisis del auto calderoniano. Lo define como "una composición dramática (en una jornada), alegórica y relativa, generalmente, a la Comunión"

("Autos de Calderón" 7). Tras leer los setenta y ocho autos, procede a clasificarlos en seis categorías, las cuales todavía hoy son utilizadas por los estudiosos del auto.[7]

Valbuena Prat considera a Calderón un perfeccionista de las formas dramáticas iniciadas por Lope y su escuela, sobre todo en el género del auto. Con Lope y sus contemporáneos, el auto es todavía sólo un conjunto de escenas sueltas, sin un sentido fuerte de unidad. Pero la forma del acto único que requiere el auto le ofreció a Calderón la oportunidad de cultivar todo su genio dramático para la concisión. Sin embargo, Valbuena Prat no alaba todo el cuerpo de autos calderonianos por igual:

> En el desarrollo de estas obras, hasta la muerte de Calderón vemos que entre ellas se distinguen dos clases: una en que la idea y la forma se compenetran produciéndose el tipo perfecto del drama simbólico y otra en que es la teología menuda la que triunfa, reduciéndose todo a discusiones sobre los sacramentos y especialmente el de la comunión. ("Autos de Calderón" 19)

En este pasaje encontramos ecos de la crítica de Menéndez y Pelayo con respecto a las posibilidades dramáticas del material teológico de los autos. Si Valbuena Prat no "duda" como aquél de la posibilidad de un drama simbólico bien logrado, sí se inclina por los que dramatizan la vida de Jesús como hombre. Así, Valbuena Prat sanciona el valor de "verdad humana" que se había establecido en *Calderón y su teatro*. En tanto que el auto puede expresar una verdad universal en la emoción religiosa, responde al discurso poético. Pero cuando el auto se limita a exponer dogmas teológicos, mina su valor poético puesto que no puede ser tan universal. Aunque no refuta por completo las objeciones de Menéndez y Pelayo, el gesto de dedicar una tesis a un género que éste no estaba seguro de si era válido o no, abrirá las puertas para el regreso de Calderón.

Y sin embargo, a pesar de la gran labor editorial y clasificatoria de Valbuena Prat, el crítico más destacado de los autos en nuestro siglo es Alexander A. Parker. Pertenece al grupo británico de la crítica calderoniana que descuella por su enfoque "temático-estructuralista," según el término propuesto por Robert Pring-Mill.[8] En términos generales, este grupo de críticos ingleses se dedicó a formular la estructura de las obras de Calderón a base de cómo ésta reflejaba el tema, principio de unidad del teatro aúreo según estos críticos. Entre los más destacados del grupo figuran Edward Wilson, Bruce Wardropper y, desde luego, Parker. Sólo Parker le dedicó un estudio cuidadoso y detallado al auto calderoniano. Su *The Allegorical Drama of Calderón: Introduction to the Autos Sacramentales* fue publicado en 1943, traducido y revisado en 1983,[9] y aún continúa siendo la base sobre la cual se erige la crítica contemporánea del auto sacramental.

En esta obra, con gran valentía crítica Parker intenta reivindicar el auto calderoniano de su injusto olvido y de aquellos que estimaban que eran aberrantes. Una de las aportaciones más influyentes de *Los autos sacramentales de Calderón* es el análisis de la estructura del auto. En la primera parte del segundo capítulo, explica el crítico el auto como género: "El aspecto litúrgico, o el devoto, es la primera característica de los autos que se deduce de la definición de Calderón. La segunda es su carácter de sermones: una forma de instruir" (53). Pero en su intento de reivindicar el auto de todos sus críticos anteriores, Parker resulta poco dialéctico. Su crítica está orientada a desproblematizar el género, y en muchas ocasiones, víctima de un prejuicio empírico estructuralista, cae en el error de no cuestionar los reclamos de autoridad del texto.

Cuando declara que los autos son sermones en verso, tal y como éstos se denominan a sí mismos en la loa a *La segunda esposa y triunfar muriendo,* Parker implica que la figura de la alegoría consigue la síntesis entre los discursos de la teología y de la estética. La estética logra hacer visibles los conceptos y abstracciones de la teología posibilitando una forma de devoción incluso más efectiva que la que se logra en los sermones de la Misa, puesto que "el sermón representado posee mayor valor didáctico que el sermón hablado" (54). Aunque Parker no ve problemas en este exceso de eficacia, la devoción en demasía que provoca el auto es quizá ya algo distinto a la devoción misma. El auto reúne todas las artes: pintura, drama, poesía, música y a veces hasta escultura. ¿No será este exceso de devoción que logra el auto (con recursos que no están incorporados en la liturgia) algo producido por la explosión de imágenes y halago a los sentidos, como había señalado Clavijo en el XVIII? ¿O será el espejismo del cuerpo del más allá lo que causa el regocijo? Dice Parker: "Si consigue, con mayor éxito que los sermones ordinarios, que la teología sea accesible para el pueblo y, además, logra relacionarla con la experiencia humana, está dando plena justificación de los medios de que se vale" (55). El crítico no se percata de que este exceso de accesibilidad que ofrece el auto es peligroso: puede subvertir y/o suplantar aquello que facilita tan bondadosamente siquiera porque niega la dificultad y rigor intelectual que constituye su objeto (i.e., el dogma teológico).

Parker dedica la segunda parte de este capítulo a analizar la figura de la alegoría. Este es el momento decisivo de su libro, y su aportación crítica más valiosa. Parker deduce la estructura del auto empíricamente, es decir, a base de lo que los propios autos dicen de sí mismos. La teología provee conceptos a la mente que la facultad de la imaginación convierte en imágenes o "conceptos imaginados." A este concepto imaginado a su vez se le dota de movimiento, transformándolo en un concepto práctico o dramático:

> Alegoría es el medio por el cual el "concepto" adquiere "cuerpo," transformando "lo no visible" en "lo animado"; es decir, que es el medio por el cual el orden conceptual adquiere la expresión concreta que lo hace más directamente accesible a la experiencia humana; teniendo en cuenta que esta expresión concreta (o visible, "realidad" viva) es la acción dramática. (69)

La alegoría es pues lo que permite la traducción del concepto teológico en imaginado, y luego en concepto dramático. Lo que se ve en escena está entonces por lo menos dos veces retirado del concepto teológico. En este sentido, la alegoría del auto facilita el acceso al concepto cuando lo anima, pero también dramatiza un distanciamiento del concepto teológico original, en tanto que éste es inaccesible a los sentidos. Más adelante, dice Parker:

> La alegoría es el vínculo existente entre dos diferentes planos de "realidad": por un lado la realidad visible de la escena, por el otro la realidad invisible de la categoría del ser de la que la acción escenificada no es más que la representación o reflejo. En relación con la visión que tiene el público la acción es "real," pero en relación con la realidad que refleja es "irreal." (71)

En esta definición de la alegoría como vínculo, Parker no considera sin embargo las implicaciones de que la relación entre la representación del auto y la realidad que refleja sea "irreal." La alegoría calderoniana sin duda vincula dos planos distintos de realidad. Mas, añado yo, también marca una ruptura y no coincidencia entre los mismos ya que la "irrealidad" de lo visible en escena consiste precisamente en su diferencia con lo representado que, para empezar, es invisible. Hay aquí implícito un desplazamiento que es parte de lo que informa la estructura de la alegoría. El argumento, lo que ocurre en escena o lo que se puede leer, alegoriza un significante que le precede siempre por ser éste inaccesible a los sentidos. El concepto imaginado, lo que se ve en escena o lo que se lee, *no* es el significante teológico, sino una transformación estética, un despliegue de ingenio, un espectáculo maravilloso. La figura de la alegoría hace accesible ese concepto teológico, sí, pero transformándolo, traduciéndolo, diferenciándose de él, situándolo de este modo en una anterioridad inalcanzable. Aunque la definición de Parker implica esta ambigüedad, en su práctica analítica el crítico reprime el aspecto negativo y diferencial de la alegoría del auto calderoniano. Bajo la óptica de Parker, el auto calderoniano se ve entonces como una gran apología sin contradicciones de la Eucaristía, al perfecto servicio de la religión católica.

Dos críticos de los autos posteriores a Parker que son particularmente pertinentes a este estudio son Angel L. Cilveti y Barbara E. Kurtz. A pesar de que indudablemente están muy influidos por Parker (siquiera para refutarlo), el trabajo de estos críticos presenta nuevas posibilidades para el estudio del auto calderoniano. Cilveti escribe *El demonio en el teatro de Calderón* con el objetivo de refutar el artículo de Parker, de título casi idéntico en inglés, publicado en 1965. La objeción básica de Cilveti es que en este artículo, Parker alega haber agotado el análisis del demonio calderoniano, reduciéndolo a un demonio de corte tomista, tal y como figura en la *Suma teológica* del Aquinate. El gran éxito de Calderón para llevar a las tablas esta teología, según Parker, culmina sólo en su madurez, cuando representa al demonio actuando indirectamente mediante agentes tales como el pecado, la culpa, los vicios. Estos agentes son alegorías de estados internos del Hombre que marcan una deficiencia: Satanás no puede ejercer una influencia directa sobre éste, porque ello implicaría la existencia positiva de una fuerza malévola que precipita al Hombre en el pecado. Ello iría en contra del concepto agustiniano-tomista de éste como "privación, falta de un bien debido" (*Demonio* 30). Cuando el demonio actúa directamente, sin intermediarios, como en el auto *El veneno y la triaca,* el dramaturgo cae en el error del maniqueísmo, pues el demonio queda representado como "el Principio del Mal opuesto al Principio del Bien" (19).

Cilveti refutará a Parker desde varios frentes. Primeramente, aclara que el maniqueísmo que éste le atribuye al joven Calderón tan sólo puede ser dramático, no teológico, pues en los autos el demonio siempre se representa como criatura. En este sentido, el herético maniqueísmo filosófico que propone la existencia radicalmente independiente del mal queda descalificado (*Demonio* 22). En segundo lugar, propone que Parker basa su construcción de la teología tomista del demonio tan sólo en la *Suma teológica,* cuando hay otros textos del Aquinate en los que su lenguaje y concepciones se acercan más a la de los Padres (33). Esto resulta en una representación parcial de la posición de Tomás de Aquino y en la subestimación de los textos patrísticos, a base de los cuales Calderón también ha elaborado sus autos. Según Cilveti, la doctrina de Santo Tomás no se diferencia de la de los Padres sino en el modo de representarla: si aquéllos se sirven de recursos dramáticos tales como metáforas e imágenes a veces hasta atrevidas, el Aquinate de la *Suma teológica* es discursivo, técnico, analítico y, en este sentido, didáctico. Aunque en los autos primerizos de Calderón éste mostrara un dualismo dramático más pronunciado en tanto que su representación del demonio fuera más "primitiva," aún así no podría acusársele de "inmadurez teológica" (*Demonio* 164) pues ello sólo sería indicativo de que el dramaturgo estaba haciendo "una concesión a la imagen popular del demonio, siempre tocada de Maniqueísmo, en gracia al dramatismo del modelo [patrístico]" (164). En tercer lugar, Cilveti alega y demuestra que el dualismo dramático existe a través de toda la producción sacramental de Calderón, sobre todo cuando se toma en cuenta al "demonio identificado." Este es un demonio "bíblico y patrístico . . . arcaico y popular" (198), que aparece identificado con los dioses paganos, la Culpa y/u otros entes alegóricos sobre los cuales pueden transmitirse atributos demoníacos. Así, aunque sea la Lascivia la que tiente al Hombre, hay dualidad todavía presente puesto que esta Lascivia es metáfora de Lucifer. El "demonio identificado" que según el cómputo de Cilveti aparece en treinta y tres autos, es el más frecuente de todos y se distribuye cronológicamente de forma relativamente uniforme. Aparece en uno de los autos más logrados de la madurez del poeta, a saber, *El día mayor de los días*. Esto refuta entonces el postulado parkeriano de que haya "un progreso artístico en la producción total de los autos basándose en razones de ortodoxia teológica" (*Demonio* 198), puesto que como ya indiqué, el "demonio identificado" que Cilveti delinea es dual y maniqueo, por tanto de "limitado desarrollo teológico" (198).

Aunque todo el argumento aquí representado está encaminado a refutar algunas objeciones de Parker con respecto a la integridad ortodoxa de Calderón en sus primeros autos, a mi entender no es éste el hallazgo más interesante de Cilveti. Según este crítico, la dualidad (de los Padres) produce *pathos* dramático. Su reconocimiento de la dualidad a través de todos los autos sacramentales calderonianos abre entonces nuevas posibilidades de lectura, ya que les concede mucho más poder dramático de lo que se ha admitido desde Parker. La discusión de Cilveti del demonio como personaje de honor en particular tiene implicaciones muy sugerentes. Este honor diabólico se funda en su soberbia. Aunque Cilveti modifica el poder dramático de este honor al alegar que es tratado en los autos de modo "irónico" (*Demonio* 210), reconoce que los efectos del mismo son de enorme alcance en tanto "que fortalece la voluntad del demonio en la lucha directa con el poder de Dios . . . y, tras la derrota le impulsa a continuar la lucha sin descanso. . . . Luego le induce también a estimar la derrota como victoria" (210–11). Es decir, el honor diabólico garantiza el retorno de Lucifer; implica que nunca se dará totalmente por vencido, aunque ello sea sólo un dislate de su imaginación. Esto, como se verá en mis lecturas de los autos, minará la retórica del triunfo apoteósico del Sacramento al final de los autos, pues aunque el demonio siempre será derrotado, continuará de todos modos regresando para hacer correr al Hombre el riesgo de condenarse irremisiblemente si, como Dios le advierte en

La vida es sueño: "Con culpa en el letal / último sueño despiertas" (Calderón 1407). La subversión parcial de tal retórica triunfal que a mi entender implica el constante regreso de Lucifer garantizado por su honor, constituye entonces parte del conmovedor dualismo del auto calderoniano.

Es quizá en su artículo "Teología dramatizada y teología dramática en los autos de Calderón" donde Cilveti empieza a articular algunas de las posibilidades que abre su importante propuesta sobre el dualismo dramático calderoniano. Por una parte, propone que el auto sacramental calderoniano es doblemente dramático o dramático al cuadrado debido a que, como su título indica, es drama sobre una teología que ya es dramática. Esta formulación de "dramatización en segundo grado" recuerda mucho la metáfora barroca gongorina. En Góngora, como se recordará, hay también un proceso de segundo grado que produce un (bello) exceso de artificio, dificultad y oscuridad.[10] Hay una demasía de significantes en las constantes perífrasis gongorinas, un exceso de correspondencias ingeniosas y sensualidad que obstruye el significado. A mi entender, la dramatización en segundo grado del auto calderoniano que propone Cilveti, aunque fundada en la teología dramática de los Padres de la Iglesia, constituye una marca de exceso, un derroche de drama de todos modos, y esta exorbitancia dramática será otro aspecto del auto calderoniano que se explorará en este estudio.

Cilveti propone también en este artículo que existe una continuidad entre las Escrituras, el pensamiento patrístico (sobre la Eucaristía) en el que se funda el auto calderoniano, y el mito del eterno retorno "presente en todas las culturas" (161) que es "lo que dota al auto calderoniano de su fundamental garantía de universalidad" (165). Como es bien sabido, el mito del eterno retorno se basa en una concepción cíclica del tiempo, en el que hay un constante proceso de regeneración que a su vez implica el de decadencia ya que "el deterioro del orden y la vuelta al mismo es rasgo esencial de la existencia humana" (168). Cilveti alega que el dualismo dramático teológico que se basa en este mito del eterno retorno puede localizarse de modo ejemplar en Colosenses (1.15–20) y Romanos (8.19–23). Considérense los siguientes versículos de San Pablo: "Porque la creación fue sujetada a vanidad, no por su propia voluntad, sino por causa del que la sujetó en esperanza; porque también la creación misma será libertada de la esclavitud de corrupción, a la libertad gloriosa de los hijos de Dios" (Rom. 8.20–22). El versículo 20 es particularmente interesante a causa de la antítesis "sujetar en esperanza." Más aún, la creación fue sometida a la vanidad y esclavitud de la corrupción no por deseo de ésta, sino por una voluntad que la trasciende y que le infunde la esperanza de liberación. El más bello y noble "anhelo ardiente de la creación es aguardar la manifestación de los hijos de Dios" (Rom. 8.19). De este modo, la negatividad de la corrupción del pecado a su vez produce la feliz positividad de la esperanza de liberación y/o reconciliación del universo con Dios. Pero por otro lado, dicho bello deseo de liberación exige la esclavitud del pecado. Igualmente, el feliz eterno retorno de la "reintegración al ser" (Cilveti, "Teología dramatizada" 163) a su vez exige o presupone un igualmente eterno proceso de degeneración del mismo "porque el deterioro del orden y la vuelta al mismo es rasgo esencial de la existencia humana" (168).

Lo que significa todo esto es que si en el auto sacramental se articula el mito transcultural del eterno retorno de la renovación del universo, "cosa bien diferente del dogmatismo lineal en que han sido habitualmente presentados" (Cilveti, "Teología dramatizada" 177), ello implica también que la derrota de las fuerzas del mal no ha sido definitiva y que, por tanto, a la apoteosis triunfal del final de los autos le seguirá el inevitable, insondable deterioro del orden, como mostraré en mi análisis de *Lo que va del Hombre a Dios.* Es un hecho que Cilveti pone mucho más énfasis en su artículo al aspecto restaurativo del mito del eterno retorno que al degenerativo, lo cual resulta en una domesticación de la dualidad que informa este mito. De todos modos, el plantear que el auto sacramental calderoniano se inserta en esta coyuntura transcultural ya es una contribución significativa que prepara el terreno para toda una nueva gama de posibilidades de acercarse al auto.

Otra postura desarrollada recientemente en torno al auto ha sido la de Barbara E. Kurtz. En su libro *The Play of Allegory in the Autos Sacramentales of Pedro Calderón de la Barca,* asume una posición radicalmente logocéntrica, que trasciende incluso la de Parker. Según la autora, uno de los grandes hallazgos de Calderón que no ha sido debidamente reconocido es su teoría y práctica de la alegoría en el auto. Kurtz sostiene que la estructura de la Eucaristía, tal y como queda articulada en los autos, simula "in a telling way the Calderonian definition of allegory. The resemblance suggests that allegory in the *auto sacramental* is, for Calderón, fundamentally sacramental, a veil for sacral, transcendent reality, and the manifestation or conduit for divine intentionality and divine grace" (206). Para sustentar este logocentrismo radical,[11] Kurtz enfoca la conspicua dimensión metatextual del auto de un modo innovador y brillante. El modo alegórico en los autos calderonianos se define a sí mismo en numerosas instancias a través de un personaje alegórico, a veces mediante el mismísimo personaje Alegoría. Lo que dicen los personajes alegóricos sobre el discurso alegórico dentro del cual ellos figuran debe ser, en principio, lo que hace ese discurso alegórico. En otras palabras, el modo alegórico en el auto calderoniano es fundacional, performativo: se constituye a sí mismo al enunciar lo que hace. Y lo que dice el personaje Alegoría es que ella es una materialización confiable de lo trascendente: "un espejo que traslada / lo que es con lo que no es" (Calderón 1242b). Alega Kurtz que este ver simultáneamente "a dos visos" que posibilita el auto, semeja la explicación calderoniana de la presencia real de Cristo en la Eucaristía (56). Así, el auto en efecto es una copia estructural del sacramento que celebra en tanto que ambos implican la presencia coextensiva de dos realidades: la cotidiana/material y la trascendente/sagrada. De la misma manera que el pan de la Eucaristía es algo material y cotidiano que oculta algo sagrado, el cuerpo de Cristo, así también son los prácticos conceptos del auto algo material y cotidiano que ocultan la Eucaristía misma "beneath the material accidents of metaphorized discourse" (57). De esta forma, como el personaje Alegoría dice que comparte una estructura semiótica que según Kurtz es la misma que la de la Eucaristía, la crítica llega a la conclusión de que para Calderón el auto debe ser una manifestación de intencionalidad divina (61). La lectura de Kurtz es muy productiva porque revela el enorme poder retórico del auto. No obstante, aunque el personaje Alegoría enuncie voluntariosamente dentro de la alegoría la coincidencia entre la materialidad de sus significantes y el significado sagrado que los antecede y sucede, ello no garantiza que tenga la autoridad para realizarlo en efecto. Además, ésta no es la única posibilidad de lectura que rinde el nivel metatextual. Como veremos en este estudio, hay muchos otros pasajes con claras resonancias metatextuales en que el auto representa su relación con el significado sacramental de un modo más discontinuo y problemático.

Cuando trata los nueve autos mitológicos, Kurtz propone que, al igual que los mitógrafos cristianos medievales y renacentistas, Calderón se apropió los mitos paganos como prefiguraciones de la redención. Como la alegoría del auto apunta o significa entonces la Eucaristía y la salvación, la autora concluye que la hermenéutica del auto debe ser para el dramaturgo una manifestación de intencionalidad divina. Sin embargo, Kurtz problematiza su argumento de modo muy sugerente cuando escribe que en *Psiquis y Cupido* "the equations of Satan-darkness on the one hand, and the Christ-light on the other, suggest theological conceptions dangerously close to Manicheism" (92). Si el maniqueísmo se considera herético en el siglo XVII y la alegoría del auto en cuestión de todos modos juega provocativamente con él, ¿es que dentro de los discursos teológicos del momento en España *Psiquis y Cupido* no podrá coincidir *totalmente* con la intencionalidad divina aunque Calderón creyese que sí? ¿Es que para él sus autos podían estar infundidos de "verdades garantizadas por la divinidad" (Kurtz, *Play* 118, la traducción es mía) incluso aunque a veces dramatizasen la teología de modo inexacto? ¿O acaso en este auto mitológico debemos asumir que Calderón no quiso coincidir con semejante intencionalidad del mismo modo que en los otros? ¿Dónde debería situarse este auto con respecto a su calidad (imaginada) de vehículo de intencionalidad divina?

En el tercer capítulo de su libro, Kurtz trata de reivindicar los autos circunstanciales, los cuales de hecho han sido tachados por la crítica como los más débiles del repertorio. Arguye la autora que éstos son los que mejor articulan el valor de los autos como *kerygma,* o testimonio de la grandeza de Dios, pues "the contemporaneous events analogize prototypes in sacred history; and the allegorical *auto* itself is posited as contemporized witness of sacred truth" (133). Sin embargo, los eventos contemporáneos que son tipologizados en los autos calderonianos generalmente son aquéllos en que la Corona española somete a sus enemigos, resultando en que "national history is conceived as sacral" (142). Esta selección tan exclusiva sugiere unos intereses de legitimación política que, aunque no contradicen una interpretación cristiana de la historia, tampoco se reducen con tanta facilidad a la piadosa función del auto sólo como *kerygma.*[12] La autora sin duda reconoce el interés propagandístico que en parte motiva la selección de eventos que se representan tipológicamente, pero no indaga en cómo tal interés incide en su argumento.

A pesar de estos reparos, considero que el libro de Kurtz es una de las contribuciones más valiosas a la crítica del auto sacramental calderoniano en los últimos años. Su proyecto de reconstruir la intencionalidad teórica del dramaturgo mediante las implicaciones de su práctica alegórica produce una osada lectura metatextual del auto calderoniano que ha elevado y fijado una nueva norma en el debate sobre el mismo.

Además de los estudios realizados por Cilveti y Kurtz, hay innumerables artículos y libros excelentes dedicados al auto sacramental en las últimas décadas.[13] Sin embargo, por no formar escuela, o por ser estos estudios cortos y en general aislados, es prácticamente imposible resumir o describir las contribuciones de todos ellos. Aunque siempre siguiendo el paradigma parkeriano ante el auto como "sermón en verso," ha habido todo tipo de enfoques críticos a los autos: fuentes e historia literarias,[14] histórico-social,[15] filosófico-moral,[16] y descriptivo-analítico de algún aspecto del auto tal como la música,[17] el uso del emblema y la parábola,[18] o la puesta en escena.[19] También comienzan a publicarse artículos con enfoques posmodernos sobre los autos.[20] Queda por consignar un desarrollo reciente cuyo impacto en el estudio de los autos será de indudable importancia. Se trata del proyecto de ediciones críticas del cuerpo de autos calderonianos concebido y dirigido por Cilveti e Ignacio Arellano. *El divino Jasón* es el primer auto editado de la serie, con introducción y notas de Arellano. También de este crítico y de la misma serie es una valiosa bibliografía crítica con más de mil trescientas entradas.

Aunque por lo arriba expuesto es claro que se ha adelantado mucho en la comprensión de este género esquivo y fascinante, en este estudio sobre el auto calderoniano pretendo ir todavía un paso más allá en el sendero tan concurrido de la crítica del auto sacramental calderoniano.

Capítulo dos

La alegoría y el auto calderoniano

Casi todo estudioso del auto sacramental parte de la definición de que éste es una pieza dramática en un acto o una jornada, que se componía para representarse en las fiestas del Corpus Christi y que por tanto tiene vínculos con la Eucaristía, más o menos estrechos, según el dramaturgo. Otro elemento fundamental que distingue el auto sacramental de otros géneros dramáticos en el Siglo de Oro es que es alegórico. Como ya se ha señalado, la alegoría del auto ha sido interpretada en el siglo XX como una figura que al decir una cosa para significar otra establece vínculos de similitud y coincidencia entre sus términos. Hay un gran consenso entre la crítica hispanista en que el auto calderoniano constituye la culminación del género. Con relación a su modo alegórico, tal culminación puede pensarse en términos de una dimensión metatextual mucho más sofisticada, compleja y posiblemente consciente de sus alcances y limitaciones que la de sus precursores. También se propuso anteriormente que uno de los caminos para abrir nuevas posibilidades de lectura del auto calderoniano es precisamente la consideración de los aspectos diferenciales de la alegoría a los cuales la crítica hispanista de nuestro siglo apenas ha prestado atención. El proyecto de este capítulo es entonces repasar la historia del término de la alegoría para delimitar con más claridad los contornos dónde se sitúa el auto calderoniano. Una vez hecho esto, me propongo representar algunas posiciones críticas en torno a la alegoría que ofrecen otras perspectivas importantes sobre la figura. Ello podrá sentar una base teórica desde la cual abrir nuevas posibilidades para acercarse al cuerpo de autos calderonianos.

El término *alegoría* procede del griego *allos,* "otro," y *agoreuein,* que quiere decir "hablar en la asamblea pública." Al combinar ambos, resulta "hablar otro que en la asamblea pública," o hablar en secreto. Hay un segundo significado del término en griego. Cuando se desprende el sufijo *-os* de la palabra *allos,* y se combina la raíz con el verbo *agoreuein,* se produce un término compuesto que significa "decir otra cosa de la que se quiere decir." Esta es una de las definiciones más comunes de la alegoría que tenemos.[1]

Hay básicamente dos tradiciones alegóricas: la de exégesis o interpretación, y la de la composición alegórica (Whitman, *Allegory* 4–5).[2] La primera de estas tradiciones se desarrolló seis siglos antes de nuestra era. A finales del siglo VI a.C. surgió una oposición vigorosa a la teología homérica, acusada de representar a los dioses inmoralmente. Al mismo tiempo, aunque no hayan podido establecerse vínculos definitivos entre ambos fenómenos (Pépin 93), aparecen las primeras interpretaciones alegóricas de Homero para defenderlo de esta acusación. La tradición de exégesis alegórica se caracterizará desde sus orígenes por la apropiación, con diversos fines, del nivel literal del mito, poema o escrito, superponiéndole un significado oculto ya sea de índole física (fuerzas naturales), psíquica o moral. Así, por ejemplo, el filósofo Anaxágoras a mediados del siglo V a.C. interpreta la poesía homérica como tratando ocultamente de la justicia y la virtud (Pépin 100; Geffcken 328). Su discípulo, Metrodoro de Lámpsaco, alega que los dioses y héroes homéricos son substancias o fuerzas cósmicas de la naturaleza: Héctor era la luna, Aquiles el sol, Helena el aire, etc. (Geffcken 328). Los estoicos por su parte aportarán a la exégesis alegórica la interpretación etimológica. Los dioses y sus historias representan para los estoicos a veces las disposiciones del alma, y con más frecuencia las fuerzas elementales de la naturaleza. El método más certero para discernir el verdadero sentido de los dioses fantásticos es la interpretación etimológica de sus nombres. Saturno, en latín *Saturnus,* cuando devora a sus hijos ha de interpretarse como el tiempo, "saturado de años," que lo devora todo. Apolo es el sol en el sentido de ser único o solo, ya que ningún otro astro puede comparársele. La Luna, o Lucina, es la luna porque esclarece (*a lucendo*); Venus es la que viene a animarlo todo (*quae ad res omnes veniret*) (Pépin 127). A través de la interpretación etimológica y alegórica, Zenón, fundador de la secta de los maestros del Pórtico (circa 300 a.C.), buscaba reconciliar algunas declaraciones contradictorias de Homero.

En el primer siglo de nuestra era, Filón de Alejandría comienza a aplicar los modos de exégesis alegórica pagana a la Biblia. Aunque muchas de sus interpretaciones entroncan con la tradición rabínica del *midrash,*[3] la especificidad de su método radica en que busca en el nivel no-literal de las Escrituras enseñanza filosófica oculta. En su intento de defender las Escrituras ante los paganos griegos y romanos, él será quizá el primero en afirmar que la Biblia tiene un nivel literal, semejante al cuerpo, y otro simbólico, análogo al espíritu (Pépin 232; Wolfson 47). Tal nivel simbólico-espiritual se refiere, no tanto a la ley ni a la venida del Mesías (que sería lo que intentaría buscar el rabino), sino a verdades universales enseñadas también por los filósofos griegos. Las circunstancias que según Filón exigirían recurrir a un nivel alegórico son inconsistencias, contradicciones y/o dificultades en el nivel literal del texto sagrado, así como impropiedades con respecto a la representación de Dios (Pépin 234).

Este proceso de apropiación "clarificadora," revisionaria o defensiva del nivel literal que realiza tanto la alegoría pagana como la judaica alejandrina y palestina, será adoptado también por la exégesis cristiana. De la misma manera que lo habían hecho Anaxágoras con respecto a los poemas homéricos y el propio Filón con respecto a las Escrituras, propondrá San Agustín en su *Sobre la doctrina cristiana* la interpretación alegórica de la Biblia para intentar eliminar las inconsistencias de la superficie del texto: "Todo cuanto en la divina palabra no pueda referirse en un sentido propio a la bondad de las costumbres ni a las verdades de la fe, hay que tomarlo en sentido figurado" (174; 3.10.14). Por otra parte, la interpretación tipológica de Adán como *figura* de Cristo se apoderaba de las Escrituras hebreas al plantearlas como una sombra o anticipación del cristianismo por venir, despojándolas de este modo de su autoridad normativa y legislativa (Auerbach 50–51). A pesar de sus diferencias, entonces, en la exégesis alegórica pagana, judía y cristiana hay un intento de apropiarse de narrativas de enorme prestigio cultural, resolviendo sus contradicciones o determinando que aquéllas ocultan o anticipan grandes verdades bajo una superficie verbal figurativa.[4]

Esta propuesta alegorizante de que los textos grecolatinos y hebreos contienen enseñanzas ocultas propiciará que a través de la Edad Media y, sobre todo, en el Renacimiento y en el Barroco (en particular en los autos mitológicos de Calderón) se mezclen leyendas y mitos grecolatinos e historias del Antiguo Testamento con el conocimiento cristiano. Así por ejemplo, Fulgencio escribe en el siglo VI un influyente tratado alegórico, la *Mythologiae,* en que da significaciones morales a las figuras mitológicas paganas, haciéndolas compatibles con la filosofía moral cristiana. En la enciclopédica (y ciclópea) *Genealogia deorum,* Boccaccio interpretará los mitos grecolatinos a base de los niveles de significado literal, moral y alegórico, dilucidando por doquier edificantes significaciones compatibles con la moral y doctrina cristianas. Y ya en pleno Renacimiento, los célebres mitógrafos españoles Juan Pérez de Moya y Baltasar de Vitoria adoptarán este método de interpretación alegórica en sus obras respectivas, *Philosophia secreta* (1585) y *Teatro de los dioses de la gentilidad* (1620). Sobre todo, el título *Philosophia secreta donde debaxo de historias fabulosas, se contiene mucha doctrina provechosa a todos los estudios, con el origen de los idolos o dioses de la gentilidad* anuncia con claridad este proyecto exegético.

En conclusión, la exégesis alegórica grecolatina, judía y cristiana está motivada en gran parte por un deseo de recuperar, apropiar y controlar el significado(s) de un texto o cuerpo de textos. La alegoría siempre propone (o produce) entonces la existencia de por lo menos dos niveles de significado: uno que es accesible e inmediato, y otro que está oculto, pero que se postula que existe debido a la autoridad, al carácter cuasisagrado, o al interés particular que ofrece el texto en cuestión. La diferencia entre el nivel inmediato y el nivel oculto es tanto causa como efecto de la interpretación alegórica.

* * *

En sus autos sacramentales, Calderón se servirá de varios recursos de la tradición de la *allegoresis.* Hará uso, por ejemplo, de la interpretación etimológica introducida por los estoicos, así como de la alegoría profética, cristiana, la cual se aplicará en el Renacimiento a los mitos paganos, intentando ver en ellos anticipaciones de la venida de Cristo. También se servirá del método figural de interpretación del Antiguo Testamento, y de los cuatro niveles de significación de las Sagradas Escrituras, desarrollados por Clemente, Orígenes, San Agustín y Santo Tomás.[5] No obstante, es la alegoría composicional, la segunda de las tradiciones de la alegoría, la que constituye la base estructural del auto sacramental.

El texto que desarrolla la primera alegoría composicional es la *Psicomaquia* de Prudencio, escrita aproximadamente en 405 Tiene dos partes: la primera trata sobre Abraham e Isaías y la segunda sobre la batalla entre las virtudes y los vicios, que tanta influencia tuvo en la Edad Media. Los eventos históricos de la primera parte se representan como figura del triunfo de las virtudes sobre los vicios en la segunda, triunfo que se inserta en la temporalidad del Nuevo Testamento. Varias tradiciones y desarrollos de la exégesis alegórica que hemos visto condicionan la emergencia de la *Psicomaquia.* Entre ellas se encuentra la desmitologización del panteón pagano por Metrodoro y los estoicos cuando mediante los nombres de los dioses se figuraban las disposiciones del alma. El entendimiento refinado de las figuras estilísticas, facilitado por Cicerón y Quintiliano, es también otro factor importante. Pero quizá el elemento decisivo en la emergencia de la alegoría composicional fue el enorme empuje del cristianismo con su osado deseo de apropiarse de las tradiciones religiosas y culturales que la rodeaban. Como ya se apuntó, mediante el recurso de la tipología cristiana iniciado por San Pablo, el nivel literal del Antiguo Testamento será interpretado como prefiguración de los grandes eventos espirituales e históricos del Nuevo Testamento. En este sentido, aunque echando mano de muchas tradiciones exegéticas y filosóficas de la antigüedad grecolatina, la *Psicomaquia* y la alegoría composicional se arraigan en la era cristiana, como afirma Stephen Barney ("Allegory" 56). Algunos hitos de la alegoría composicional narrativa son la *Consolación de la filosofía* (ca. 524), la *Cosmografía* (ca. 1147), *El lamento de la Naturaleza* (ca. 1170), el *Romance de la rosa* (ca. 1230; ca. 1270), *El laberinto de la Fortuna, Decir de las Siete Virtudes* (ca. 1400–50), y desde luego, *La divina comedia* (1307–14). Todas ellas se articulan dentro de una cosmovisión cristiana.

Debido a la importancia sin igual de *La divina comedia* en la tradición medieval de la alegoría composicional, y cuya influencia en el desarrollo de la alegoría barroca en España es indudable,[6] conviene detenerse por lo menos brevemente a hacer algunas consideraciones sobre su estructura. En el célebre *Convivio,* Dante emplea los cuatro niveles de la alegoría de las Escrituras para interpretar *La divina comedia.* Arguye que el nivel literal no es simplemente pura exterioridad, pura diferencia del significado alegórico, sino un escalón necesario para llegar a éste: "Por lo cual, dado que el sentido literal es siempre sujeto y materia de los demás, principalmente del alegórico, es imposible lograr venir primero a conocimiento de los demás que al suyo" (Dante 42). Más adelante dice el poeta que conocer el significado literal es preciso porque "la naturaleza quiere que en nuestro conocimiento se proceda ordenadamente, esto es, procediendo de lo que conocemos mejor a lo que no conocemos tan bien" (Dante 43). El nivel literal no es entonces algo que se oponga al sentido alegórico, sino que al servirle de fundamento, a pesar de su diferencia, queda integrado a él. Este es el canon medieval de la alegoría o del *alieniloquium* como correspondencia y conjunción.

Y sin embargo, como veremos con respecto a la *Comedia,* la cuestión de cómo interpretar y delimitar los contornos del nivel literal de la alegoría problematiza esta clara y precisa formulación conjuntiva. Dante toma de San Agustín la idea de la diferencia entre la alegoría de los poetas y la alegoría de los teólogos. Tal diferencia radica precisamente en la manera en que se interpreta el nivel literal. En la alegoría teológica o *allegoria in factis* que informa las Escrituras, el nivel literal se lee como histórico, "real," como algo que trasciende, por así decir, lo figurativo. Al interpretarse el nivel literal como algo inmediato y leerse en él los niveles alegórico, moral y anagógico, se inserta la realidad y lo histórico dentro de un plan providencial. El autor de la alegoría teológica no es así un inventor o productor, sino un *scriba Dei.* El nivel literal de la alegoría poética es sin embargo metafórico, y en este sentido, por constituirse de una ausencia o insuficiencia y por ser una ilusión producida por un poeta, no puede asumir el carácter de autoridad que la teológica.

Uno de los puntos más debatidos con relación a *La divina comedia* es entonces si su nivel literal debe leerse de modo metafórico o histórico, como *allegoria in verbis* o *allegoria in factis.* Giuseppe Mazzota propone que la alegoría en la *Comedia,* más que la conjunción de los cuatro niveles, describe el proceso de interpretación mediante el cual el lector decide si la metáfora del peregrino que asciende a Dios es una piadosa pero ilusoria ficción bella, o si tiene la misma autoridad bíblica de una verdad garantizada por Dios. Tal necesidad de decidir sitúa al lector fuera del texto, implicando una ausencia en el mismo pues "to decide means that something is always left out, that the poem, bound to a world of representation made of absence and presence, has no simple truth to give" (271).[7] Lo que es importante de esta discusión para el estudio del auto sacramental calderoniano es precisamente que la alegoría barroca también asume esta distinción entre la *allegoria in factis* y la *allegoria in verbis* (Neumeister 40). Por ser un producto humano, por así decir, la *allegoria in verbis* presenta similitudes imaginarias, y por lo tanto, está sujeta a error, a ambigüedad, a rupturas y no coincidencias. Excepto por los autos de circunstancias que, como proponen Sebastián Neumeister ("Bodas") y Kurtz (*Play* 120–63), podrían considerarse una categoría aparte, el nivel literal de la fábula del auto calderoniano no se postula como histórico, tipológico, sino como una ficción poética, teatral, como retóricos tropos, conceptos imaginados o incluso como alegorías de alegorías ¡a veces incluso conjeturadas por Lucifer![8]

Finalmente, uno de los antecedentes de la alegoría dramática del auto son las moralidades. Surgen en Europa en el siglo XIV junto a los ciclos dramáticos del Corpus Christi. En las moralidades se representan alegorías de la situación difícil de la condición humana siguiendo la secuencia de la inocencia, caída y redención (Potter 8), secuencia que tan frecuentemente veremos en el auto calderoniano. En *The Castle of Perseverance* (1405–25), por ejemplo, el protagonista, *Humanum Genus,* es asediado por personajes como la Carne y el Mundo. Luego de ser redimido por Confesión y Penitencia, es nuevamente atacado por los vicios, quienes entran en terrible batalla con las virtudes por su alma. Otras moralidades son *Everyman* (1495) y *Wisdom* (1450–1500). Las primeras moralidades de la península no se escriben hasta el siglo XVI, con Gil Vicente (¿1475?–1536).[9] En el *Auto da Sibila Casandra* aparecen juntos Abraham, Moisés y Salomón, ofreciendo las primeras manifestaciones de anacronismo que permite la figura de la alegoría, y que con tanta frecuencia veremos en los autos de Calderón. En el auto *La barca de la gloria,* aparece el personaje de la Muerte, el cual también veremos figurar con frecuencia en el auto calderoniano.

Pasemos entonces a una discusión más detallada de la estructura de esta alegoría composicional que constituye el auto sacramental calderoniano. Hay que comenzar por decir que, como en la alegoría interpretativa, en la alegoría composicional también se implica un *allos,* una alteridad que supone por lo menos dos planos o dimensiones. En esta segunda tradición o modo se hace uso frecuente, *aunque no exclusivo,* de la personificación o prosopopeya en torno a la cual o a las cuales se desarrolla una narrativa (Whitman, *Allegory* 4–5; Van Dyke 28). Es verdad que en esta narrativa (pensemos en las alegorías más sofisticadas de Calderón) pueden aparecer también personajes históricos, bíblicos o mitológicos, los cuales refieren a un texto anterior que la alegoría reescribe "para transformarlo a otro plano y 'continuarlo' con el nuevo complejo imaginario" (Fothergill-Payne, *Alegoría* 23). Pero en este nuevo complejo imaginario los dichos personajes históricos, bíblicos o mitológicos usualmente representan un concepto, idea o abstracción. Es decir, no funcionan sólo literalmente, sino también de modo alegórico en tanto que significan otra cosa que sí mismos. Así por ejemplo, en el auto sacramental *El palacio del Buen Retiro* el personaje del rey representa al rey histórico Felipe IV y también a Cristo, mientras que la Esposa debe entenderse como Isabel de Borbón y como la ley de Gracia. En *Psiquis y Cupido,* Psiquis remite al personaje mitológico del mismo nombre y también representa la Fe. Cupido es simultáneamente el dios del amor y Cristo. Incluso cuando el Hombre figura como personaje central en una alegoría composicional, no lo hace como un individuo, sino como la personificación de un concepto del género humano.[10] En otros casos más elementales, la personificación alegórica llevará el mismo nombre del concepto que significa. Así pues en *El año santo en Roma* el concepto del temor es representado por una personificación (dramática) llamada Temor, e igualmente los conceptos de la verdad, el honor, el desprecio, la obediencia y otros.

Con respecto a la realidad o metaforicidad de estos conceptos, es cierto que pueden darse varias instancias en la historia de su existencia: todos hemos experimentado en nuestras vidas cotidianas el temor, el amor, la verdad, la falsedad, la justicia y demás. Sin embargo, la *personificación* de la Justicia en un texto dado propone en el nivel literal de ese texto una existencia animada y total de la misma "qui est hors de l'histoire; c'est-à-dire qu'il n'y a pas, il n'y a pas eu et il n'y aura pas, des autres *Justices* à côté de cette ci" (Valesio 11). Puede verse entonces que la personificación de la Justicia en un texto implica un *allos* con respecto a la realidad, puesto que la justicia no existe como una entidad humana o física absoluta que aparece (o no) ocasionalmente en la historia.[11] Aunque el alegorista quisiera "literalmente" significar la justicia cuando presenta la personificación Justicia, no lo puede hacer sino de modo figurativo. Si, como alega Morton Bloomfield, la personificación alegórica es "the process of animating inanimate objects or abstract notions, and that a personification is the animate figure thereby created" ("Grammatical Approach" 163), entonces el llamado nivel literal o sensible de la alegoría ya implica el *allos* de una ficción animista. Aunque mediante el procedimiento alegórico se propone una correspondencia entre el nivel literal y una realidad significada (Barney, *Allegories* 49; Wardropper 92), siempre queda un residuo de alteridad que resiste la ilusión de coincidencia total.

Muchos de los críticos contemporáneos de la alegoría que piensan que el momento inicial de la propuesta alegórica representa una correspondencia literal (Frank 243; Whitman, *Allegory* 5–6) sostienen sin embargo que es en la acción narrativa de las personificaciones donde se revela el *allos.* Para Robert Worth Frank, la relación entre los personajes alegóricos así como sus acciones es lo que presenta la dificultad de entendimiento para el lector (245). Es en la acción y en la red de relaciones que se establece entre los personajes en donde se dice una cosa y se significa otra, desarrollándose "un proceso de divergencia" (Whitman, *Allegory* 5). De acuerdo a esta posición, el personaje de la Culpa en el auto calderoniano *Tu prójimo como a ti* no significaría otra cosa que el concepto de la culpa; lo que requiere el trabajo interpretativo del lector es cuando la Culpa convoca al Mundo, al Demonio y a la Lascivia, vestidos estos últimos de bandoleros. Aunque en este caso el trabajo de descodificación es relativamente sencillo (las fábulas alegóricas de Calderón pueden volverse mucho más intricadas), de todos modos se exige que el lector provea, comprenda o acceda a los vínculos no explícitos entre el Mundo, la Lascivia y el Demonio, así como también a su vestimenta de bandoleros. A medida que el lector/espectador del auto va confrontando el desenvolvimiento de la fábula, ésta le exige que vaya traduciendo o descodificando las acciones (la Culpa convocando a sus aliados), y las relaciones entre los personajes alegóricos (Mundo, Culpa, Demonio y Lascivia). Debido a la extrañeza (y a veces incoherencia) de los personajes alegóricos así como de las acciones y relaciones que el lector/espectador del auto va encontrando, es evidente que éste tiene que hacer un ajuste en su modo de entender puesto que lo que ve en escena o lee, en palabras de Northrop Frye, "obviously and continuously refer to another simultaneous structure of events or ideas, whether historical events, moral or philosophical ideas, or natural phenomena" ("Allegory" 12). Esto supone una relación simultánea de identidad y diferencia entre los dos planos de la alegoría que es lo que abre la posibilidad, según Van Dyke, de que sea interpretada como una figura de conjunción o disyunción. No obstante, es preciso admitir que para Van Dyke percibir la alegoría como disyunción "es una respuesta menos completa" a la figura: "Disjunction itself appears to be a significant kind of correlation. Even if no metaphysical hierarchy assimilates the alternative forms of an agent, even if . . . the signifiers exist in continuous tension with their apparent referents, the disparities and tensions themselves constitute a distinctive and significant whole" (43–44).

El concepto de Van Dyke ante la alegoría como figura de conjunción empalma con el que ha sostenido la crítica calderonista de los autos en el siglo XX, sobre todo a partir de *The Allegorical Drama of Calderón.* Aunque estoy de acuerdo con el aserto de que la alegoría como disyunción siempre produciría un significado (la imposibilidad de hacer coincidir el significado con el significante, por ejemplo), de todos modos puede ser muy diferente al significado que se produciría si se viese la alegoría como conjunción. El punto de interés es que la alegoría ofrezca estructuralmente el potencial de leerse como identidad y/o diferencia. Como espero mostrar en los capítulos donde analizo los autos, el significado e incluso la propuesta de la praxis dramática del auto sacramental de Calderón cambia dependiendo si su fábula se interpreta como conjunción o disyunción con el concepto teológico o dogma. No es el concepto teológico o dogma lo que se propone como ambivalente, sino la posición del auto frente a él. En muchas ocasiones, en los autos de Calderón habrá evidencia textual para que no puedan considerarse como enteramente sometidos al discurso de la teología.

En un estudio de 1977 ya clásico sobre la alegoría composicional, Angus Fletcher propone una teoría de la figura mediante la disección de los aspectos que constituyen la textura de su nivel literal. Partiendo de la tradición estoica de exégesis alegórica que, como vimos anteriormente, interpreta a base de la etimología, para Fletcher la personificación alegórica casi siempre se comporta de acuerdo a su nombre. Esto hace que dicho comportamiento semeje al de los *daemons,* en tanto que ambos, personificación alegórica y *daemon,* compartamentalizan distintas funciones (Fletcher 40), excluyendo otros aspectos. Así, el personaje alegórico de la Culpa en *Tu prójimo como a ti* nunca cesa de conspirar contra el Hombre para robarle las joyas de sus facultades, obstruyendo de esta manera su salvación. Incluso después de la redención del Hombre, la Culpa queda asombrada, pero no arrepentida y nunca destruida. Lo mismo puede decirse de la Gracia en *El año santo en Madrid* y en casi todos los autos de Calderón en donde aparece. A pesar de los olvidos, deslealtades y desdenes del Hombre, la Gracia invariablemente gestionará y ofrecerá sus favores para que éste regrese a ella. Esta compartamentalización de funciones, uno de los rasgos dominantes de la figura para Fletcher, limita las posibilidades de la personificación y coarta su libertad de tal forma que el comportamiento del personaje semejará el del neurótico compulsivo. En estrecha relación con el agente alegórico como *daemon,* Fletcher indica que el conflicto alegórico tiende a una estructura abierta. Puesto que el *daemon* nunca se cansa ni tampoco cambia su naturaleza, el conflicto continuará hasta que aquél desaparezca o sea destruido (Fletcher 176). Cuando el *daemon* es una personificación de un concepto universal, la clausura de la acción sólo puede ser provisional.

En el caso de los autos calderonianos esto puede verse con claridad. A pesar de que el Hombre (constantemente) inconstante y/o la (siempre) mudable Naturaleza Humana son casi siempre redimidos al final del auto, la Culpa actual, el Pecado, los Vicios, el Demonio o incluso el Mundo nunca son, ni pueden ser, destruidos por completo. En *La segunda esposa y triunfar muriendo* el Pecado y la Muerte son muertos dos veces, pero siguen vivos al final para presenciar el triunfo de la Eucaristía (446–47). Esto sugiere, claro, que volverán a surgir de nuevo aunque el Hombre tenga la Eucaristía y los Sacramentos para defenderse. Por su parte, la aparición final en casi todos los autos de la Eucaristía y los Sacramentos, como bellos suplementos de gracia, irónicamente anticipa que el Hombre o la Naturaleza Humana sucumbirá una y otra vez a las fuerzas del mal, subrayando así la apertura del final.

Como varios otros críticos de la alegoría, Fletcher opina que esta figura se caracteriza por un fuerte deseo de ordenar y sistematizar el mundo, el cual restringe la libertad del lector (305). Esta restricción lo pondrá en contacto con ciertas verdades, e incluso es necesaria para realizar el proyecto didáctico de la alegoría, pero también implica una violenta exclusión. En este sentido, la alegoría que emerge del análisis de Fletcher es un modo bastante ambivalente: iluminador por un lado, oscuro y patológico por otro. Hay una discordancia entre los nobles fines culturales a los que sirve la alegoría y el irritante deseo de una "razón sobreordenada" (339) de controlar la realidad.[12] Hay una incompatibilidad entre el deseo de verdad que informa la figura y el modo artificialmente reduccionista y jerárquico, semejante a un "autoritarismo lunático" (Fletcher 339), con el cual se pretende articular esa verdad.[13] En resumidas cuentas, va a crear un dilema, una figura que intenta acercarse a una verdad distanciándose o diferenciándose de ella (Whitman, "Allegorical Dilemma" 64).

Esta generalidad sobre la alegoría se puede aplicar, desde luego, a los autos de Calderón. Pero en ellos puede observarse todavía otro modo más específico de ambivalencia entre el proyecto y deseo de la alegoría de proclamar ciertas verdades y la manera en que lo realiza. En *El año santo en Madrid* por ejemplo, se articula esta inconsistencia cuando canta la Lascivia:

> No hay Sentido, de que yo
> no sea objeto, o sea hechizo;
> con mi hermosura, a los ojos;
> con mi voz, a los oídos:

con mis blanduras, al tacto;
con mis aromas lascivos.

(543b)

La Lascivia declara en este pasaje que los sentidos del Hombre están vinculados de alguna manera u otra a ella, y de hecho, vemos al Hombre caer en sus brazos malévolos a causa del placer que ella le ofrece. Así pues, el significado de este pasaje, o la "verdad" que quiere impartir, es que el espectador/lector debe controlar y resistir las inclinaciones de sus sentidos, pues estando éstos ligados a la lascivia, pueden conducirlo a su perdición. Lo irónico del caso es que la práctica dramática del auto dentro de la cual se significa esto explota inimitablemente placeres visuales y auditivos. La deslumbrante práctica dramática del auto contradice el ascético significado al mismo tiempo que lo quiere transmitir.[14] Esto ocurre constantemente en los autos sacramentales de Calderón. Los casos más interesantes son cuando la representación teatral misma se representa como fascinando al Hombre y facilitando así su seducción por los agentes del mal, lo cual veremos con gran claridad sobre todo en el capítulo donde tratamos *La nave del Mercader.* ¿Cómo puede el auto predicar la verdad de los valores de la pobreza, la moderación y la resistencia a los placeres de los sentidos, cuando él mismo se vale de un exceso de estos placeres para predicarlo? En tanto que la alegoría calderoniana seduce al espectador para conducirlo a la verdad e impedir que sea seducido por el mal, ella es ambivalente, dual y contradictoria, tal y como apunta Fletcher con respecto a los procedimientos de la figura en general.

Otro gran crítico moderno de la alegoría como medio de expresión es Walter Benjamin. El es particularmente relevante para este estudio sobre los autos de Calderón de la Barca pues, como afirma Anthony Cascardi, "[he] is one of the few critics who might help us explain seventeenth-century allegory at all; indeed, our whole notion of the nature of allegory may some day be rewritten in light of the *Ursprung*" (6). Benjamin escribe el célebre *Ursprung des deutschen Trauerspiels* sobre la alegoría barroca, desde la tradición moderna europea que rescata la alegoría de la posición subalterna frente al símbolo a la que los románticos la habían sentenciado. Como apunta John Hillis Miller, la especificidad de esta tradición moderna radica no en introducir un concepto único y totalmente nuevo de la alegoría, sino en explorar la oscilación dentro de una teoría y práctica de esta figura que siempre se ha dado, de alguna manera u otra, en toda su trayectoria histórica (361–62). Puede argüirse que el privilegiar, enfocar o intentar reivindicar el aspecto negativo de la alegoría de cualquier época histórica es parte de un interés contemporáneo que parece privilegiar los temas del desarraigo y la pérdida de significado. Es decir, la fascinación con la no-correspondencia entre la materia sensible y el significado de la alegoría que veremos en Benjamin y más adelante en Paul de Man sin duda puede interpretarse como sinécdoque de esa crisis de la metafísica y del lenguaje que para muchos es la marca distintiva de la cultura occidental moderna (Schleifer 3). No obstante, la rehabilitación de la alegoría como figura de no-coincidencia no es sólo parte de una siniestra conspiración nihilista: es también ingresar en la tradición de indagar otra vez más en las múltiples posibilidades que la figura siempre ha ofrecido. En el caso mismo de Calderón, como vimos en nuestro primer capítulo, ya los neoclásicos y el propio Menéndez y Pelayo habían trabajado el aspecto disyuntivo de esta figura al declarar la imposibilidad de que la fábula dramática del auto representase adecuadamente los conceptos teológicos. Lo que me propongo hacer ahora es representar dos interpretaciones sobre la alegoría generada por la crítica moderna europea y por la crítica posmoderna norteamericana que contribuirán, a mi entender, a abrir distintas posibilidades de lectura para el auto calderoniano, de modo que podamos redescubrirlo, recuperarlo y apropiarlo para esta época contemporánea en que la transfiguración y disolución semiótica de todos los signos en el *logos* no son igualmente patentes para todos.

Escrito en 1925, *Ursprung des deutschen Trauerspiels* fue el *Habilitationsschrift* de Benjamin. Debido a su originalidad y dificultad, fue duramente rechazado por los círculos académicos, y por tanto, Benjamin nunca logró un puesto como profesor. La triste historia de Benjamin como intelectual no nos concierne aquí sino para apuntar que no fue hasta 1977 que finalmente se tradujo al inglés su *Ursprung,* haciéndose disponible para audiencias no-germánicas. Quizá esto explique el hecho de que este texto, aunque celebrado por Frank Kermode como "matchless in intuitive power" (citado en Cascardi 1), haya tenido muy poca influencia en la crítica norteamericana moderna de la alegoría hasta el surgimiento de los desconstruccionistas y de los estudios culturales.

Ursprung des deutschen Trauerspiels se escribe en el contexto de la controversia romántica acerca de la superioridad del símbolo sobre la alegoría.[15] Como es bien sabido, para los románticos la alegoría es una figura fría, mecánica, calculada y pseudo artística. El símbolo, por el contrario, "is characterized by a translucence of the special in the individual, or of the general in the special, or of the universal in the general; above all by the translucence of the eternal through and in the temporal" (Coleridge, *The Statesman's Manual,* citado en Fletcher 16). Porque en la bella materia del símbolo brilla brevemente la totalidad, éste participa de la plenitud de aquello que lo origina y lo trasciende. Benjamin propondrá sin embargo que el modo alegórico es el que deja entrever con mayor veracidad la realidad del sometimiento del ser humano a la naturaleza. Pues a causa de su modo oblicuo e indirecto, la alegoría está asociada a la culpa:

> The allegorically significant is prevented by guilt from finding fulfilment of its meaning in itself. Guilt is not confined to the allegorical observer, who betrays the world for the sake of knowledge, but it also attaches to the object of his contemplation. This view [is] rooted in the doctrine of the fall of the creature. . . . Because it is mute, fallen nature mourns. But the converse of this statement leads even further into the essence of nature: its mournfulness makes it become mute. . . . (224)

La caída del ser humano provoca que las cosas dejen de irradiar la luz de un sentido inmanente. La mirada culpable y melancólica del alegorista, efecto de esta caída, despoja al objeto del espíritu divino y lo reduce a la *physis* de su nivel literal. Alienado de la totalidad cósmica, cosificado y rebajado a ser un mero fragmento sin posibilidad de conectarse con nada, el objeto está silencioso, en estado de duelo. El alegorista barroco se apodera entonces de la mudez del objeto para conferirle sus propios significados arbitrarios:

> If the object becomes allegorical under the gaze of melancholy, if melancholy causes life to flow out of it and it remains

> behind dead, but eternally secure, then it is exposed to the allegorist, it is unconditionally in his power. That is to say it is now quite incapable of emanating any meaning or significance of its own; such significance as it has, it acquires from the allegorist. (183–84)

La función que Benjamin le atribuye al alegorista barroco es opuesta a la del *scriba Dei.* En vez de revelar el *me fecit Deus* o lugar del objeto en la totalidad divina, el alegorista barroco lo despoja de la ingenuidad de la voz y vida de un significado inmanente, inmediato, reduciéndolas a una materialidad física sin espíritu. Al "producir" de este modo el "cadáver" del objeto, el alegorista barroco puede ya apropiarse del mismo, atribuyéndole un significado u otro, el que a él le plazca. Esta función también difiere mucho de la concepción renacentista del alegorista como portavoz arrebatado por una verdad inexpresable, inspirada por la divinidad, según Michael Murrin (70). En dicha concepción, fuertemente influida por los neoplatónicos florentinos, el alegorista echa mano del velo de la ficción para transmitir verdades que, por su poder y grandeza, no pueden ser recibidas en su espléndida desnudez por todos. El alegorista es un vate, un ser superior con una visión y proximidad privilegiada a la verdad y al origen que sabe, por tanto, que "once they [la audiencia] thought like him, they could not avoid a certain ethical maturity" (Murrin 115–16).

La alegoría barroca, por el contrario, es luciferina. Se produce desde la condición caída del ser humano y por tanto exige el repudio de la inocencia o del mito de una totalidad y verdad dadas. Pero he aquí que cuando el alegorista maneja y da significado a los fragmentos en duelo que resultan de este repudio, genera la ganancia de una "intensificación de su subjetividad" (Pensky 110). Mientras más medita y profundiza sobre los fragmentos silenciosos del mundo caído que él ha producido arbitrariamente por su culpa y melancolía, mientras más conocimiento particular deriva de la contemplación de éstos, más espacio le abre a su interioridad e intencionalidad: "This knowledge, the triumph of subjectivity and the onset of an arbitrary rule over things, is the origin of all allegorical contemplation" (Benjamin 233). Al fin de cuentas, sin embargo, el alegorista regresará con las manos vacías del abismo de su triunfal subjetividad ilusoria. El poder de conferir sus propias significaciones particulares sólo puede conducirlo a la significación última, que es la de la muerte y la de la nada.

Pero todo no habrá sido en vano. La ganancia del poder de la subjetividad malvada (en cuanto alejada de Dios) y la renuncia a ella una vez que se ha llegado a los confines de su vacío mediante la dialéctica de la alegoría, sitúa al alegorista en una posición más elevada que aquélla en la que estaba antes de comenzar el proceso. Esto hace deseable esa ruptura o alejamiento inicial. Es sólo a través del sufrimiento de esa melancolía, producto de la culpa y de la alienación, que podrá efectuarse el deseo y esperanza de la vida eterna (Pensky 135).

En el caso del auto sacramental calderoniano, la metáfora del demonio como productor del auto dentro del auto es quizá la articulación más clara del vínculo entre la alegoría barroca, la subjetividad y el mal que señala Benjamin. En diecisiete autos el alegorista ya es el personaje de Lucifer mismo: quiere prevenirse de un futuro Mesías del cual ha leído u oído. La alegoría que el espectador/lector ve o lee es entonces una malévola conjetura que el demonio hace para prevenirse de su contrincante futuro, y de este modo preservarse mejor de él:

Furor: que blandido el arco, que
enarbola la flecha,
no hiere tan a su salvo
al que embrazado le encuentra
del escudo como al que
perezoso y sin defensa.
(*La redención de los cautivos* 1323b)

Pero incluso cuando no queda representado como alegorista del auto dentro del auto, Lucifer es quien de todos modos casi siempre pone en marcha la acción fabulosa que narra la alegoría, desplegando el poder de imponer una significación sobre el mundo. Tal significación y/o acción repudia la verdad y el estatismo de un universo sometido "a la inercia de la supremacía divina."[16] La alegoría del auto representa la capacidad del malévolo de sacudir al Hombre y al mundo mismo de su simplicidad paradisíaca, de su lugar en una totalidad armoniosa, obediente al creador. Y cuando el espectador goza de esas escenas magníficas en que Lucifer conspira contra Dios, el auto lo hace participar metafóricamente de la independencia de una significación representada como producida al margen de las pautas divinas.

Sin embargo, como todos sabemos, el auto siempre concluye con el triunfo de la Eucaristía sobre Lucifer y sobre la interioridad malvada a que él incita. Con la hermosura de la figura crística en metáfora de Febo, Mercader o Peregrino, el alegorista Calderón ya no produce ningún significado subjetivo, alienante, puesto que Cristo debe ser objetivo e inmanentemente bello. El gozo de la representación del Febo y de la Eucaristía reincorpora entonces al espectador/lector a la verdad objetiva. Pero he aquí que cuando se considera la aparición de la Eucaristía como motivada por el combate en contra de la subjetividad y belleza malvadas desatadas por Lucifer, en cierto modo, como proclama la paradoja de la *felix culpa,* se preserva la deseabilidad y necesidad de tal subjetividad malvada. En la alegoría benjamiana, la melancolía causada por la culpa es deseable en tanto que produce la degradación y alienación del mundo que luego provocará la fe desesperada en un milagro o rescate, pues "the continuous line of impoverishment in allegorical action is only in the service of a final replenishment. . . . The eschatological moment, the motive force, defining allegory, exists in allegory only under the condition of death and doubt" (Cowan 119). Es decir, la salvación mesiánica a la que apunta la acción alegórica sólo puede darse como efecto de la ruina de la historia que la alegoría misma, a través del aspecto disyuntivo de su forma, refleja y narra.

Análogamente en Calderón, la miseria que produce la fascinante subjetividad vacía de Lucifer, que él incita en la Naturaleza Humana, y que pone en marcha la alegoría, es también deseable ya que induce a implorar misericordia. De ese modo se produce finalmente el compasivo y bello rescate. La redención mesiánica en la alegoría del auto sacramental casi nunca se representa sin la degradación, miseria y sufrimiento del pecado o de la subjetividad malvada. Y puesto que la bella Eucaristía que queda en lugar de Cristo es (misteriosamente) iterable y así repetirá una y otra vez el sacrificio de la redención hasta el final de la historia, se anticipa hasta entonces el obstinado regreso de la dialéctica de la caída en la subjetividad malvada, la experiencia de la miseria terrible de su vacío, y el hermoso deseo desesperado de salvación. Esto supone una fluctuación entre el bien y el mal, entre objetividad y subjetividad, que no cesará sino hasta el fin de los tiempos. Tal fluctuación se verá dramatizada especialmente en aquellos autos calderonianos que representan la culpa actual, a saber, la culpa a la cual constantemente está sujeto todo individuo en su vida particular, y por la cual se puede condenar, incluso aunque como parte de la humanidad haya sido redimido ya de la original.[17] La aparición del Sacramento —aunque implica la plenitud de la historia, paradójicamente no erradica de una vez por todas la subjetividad del mal y los padecimientos del pecado que ésta acarrea— sólo cierra el ciclo provisionalmente. Si bien para el Benjamin del *Ursprung* la alegoría barroca exige una concepción de la historia como algo que progresivamente se erosiona y degrada hasta llegar al callejón sin salida de la muerte, en Calderón vemos que la alegoría, promovida casi siempre por Lucifer, exige que la historia sea un tiempo/espacio en que el mal y el bien se debaten incesantemente. Visto desde este ángulo, mientras se esté inserto en el modo alegórico, el carácter recurrente del mal impedirá la coincidencia definitiva y permanente con el origen. Es por esto que, como planteaba Benjamin, la alegoría reproduce con mayor veracidad que el símbolo la realidad de la condición caída del ser humano y que, como afirma Eduardo González Pedroso con respecto al auto calderoniano: "Nunca afectaron ser menos graves los autos. . . . Un sello de solemnidad, que casi parece de tristeza, altera ya su genial sonrisa; la cólera de Dios y la depravación de las criaturas dan sombrío resalte a los recuerdos de la bondad celeste" (lix).[18]

* * *

Según Murray Krieger, fue el ensayo "The Rhetoric of Temporality" de Paul de Man el que finalmente registró la revolución teórica en los Estados Unidos que reivindicaba la alegoría de su posición inferior ante el símbolo (14).[19] En este importante ensayo, de Man regresa a la controversia romántica sobre alegoría y símbolo. En la primera parte del mismo, de Man intenta mostrar que la alegoría, lejos de ser mecánica y falsa, es más "auténtica" que el símbolo. Al incorporar de modo constitutivo el tiempo a su estructura, la alegoría impide mistificaciones espaciales simbólicas que generan la ilusión de identidad, simultaneidad y unidad. La posibilidad de la alegoría radica en el tiempo porque hay un vehículo (o un significante) que clara e intencionalmente remite a un tenor (o significado) que siempre ha de antecederlo:

> It remains necessary, if there is to be allegory, that the allegorical sign refer to another sign that precedes it. The meaning constituted by the allegorical sign can then consist only in the *repetition* . . . of a previous sign with which it can never coincide, since it is of the essence of this previous sign to be pure anteriority. (207)

El énfasis que pone de Man en la relación entre signo y signo es, desde luego, en su no-coincidencia. Esta no-coincidencia es necesaria para mantener la diferencia, el *allos* que es lo que define el tropo etimológicamente. La anterioridad de un signo con respecto al otro es la no-simultaneidad, la no-identidad del tiempo. El significado que genera la alegoría sólo puede ser uno de igualdad y diferencia con el signo anterior. Otra vuelta más de tuerca en esta definición (¿irónica?) de la alegoría es que la esencia del tenor es la de ser pura anterioridad, es la de ser puramente irrepresentable para posibilitar la propuesta del tropo. Sería, sin embargo, precipitado implicar que la pura anterioridad que constituye el modo alegórico necesariamente postula una negación, una no-existencia de aquello que para siempre precede el dicho modo. A mi entender y para efectos de este estudio, la pura anterioridad del tenor, su *allos,* implica tan sólo su irrepresentabilidad, su ausencia en el momento de la constitución y desarrollo de la figura.

Por otro lado, es cierto que esta anterioridad, en tanto que ausencia y diferencia, es *por lo menos* un momento negativo. En este sentido, difícil es aceptar sin reservas el aserto de Van Dyke cuando arguye con respecto a la alteridad de la alegoría en su estudio citado: "Moreover, language that operated on parallel levels would also conceal any disjunction of meaning that existed within the first or literal level, for readers would take the significance of that level for granted when they set out to look beyond it" (28). La negatividad de la disyunción semántica puede resolverla Van Dyke con la incitación del lector a la interpretación,[20] pero no la negatividad del tiempo. Cuando se alude a lo que el lector ha de dar por sentado para salir a completar el significado de la alegoría, se implica un futuro y un pasado. Esa culminación semántica de la alegoría en el futuro así como las presuposiciones interpretativas del lector para poder realizarla (esto último algo bastante contingente), implican una no-simultaneidad y diferencia con el presente de la figura que es el vacío de la disyunción. Aunque el tiempo en la alegoría no niega necesariamente la existencia del signo anterior al que ella se refiere, sí niega la coincidencia con él en el presente de la figura.[21]

En un pasaje posterior, de Man continúa (¿irónicamente?) con su diferenciación entre símbolo y alegoría:

> Whereas the symbol postulates the possibility of an identity or identification, allegory designates primarily a distance in relation to its own origin, and, renouncing the nostalgia and the desire to coincide, it establishes its language in the void of this temporal difference. In so doing, it prevents the self from illusory identification with the non-self, which is now fully, though painfully, recognized as non-self. (207)

El símbolo es la posibilidad de la identidad, de la simultaneidad, de la abolición de la diferencia. En él no hay residuos, ni interferencias: la materialidad del símbolo participa de su significado, se disuelve en él en una unidad sin interrupciones. Tiene el símbolo romántico en común con concepciones más atávicas y mágicas del símbolo la noción de la presencia de lo expresado o imitado en la materia representante.[22] La alegoría, por el contrario, supone una distancia con el origen y establece su lenguaje en "el vacío de esta diferencia temporal." El estar distanciado del origen, aclaro yo, implica cierto desarraigo, cierta ilegitimidad, puesto que se funciona (o se intenta funcionar) independientemente, a la deriva, olvidando, desplazando o no pudiendo coincidir ya con aquello que ha permitido el ser. En este sentido, la estructura de la alegoría que propone de Man tiene algunos puntos en común con la concepción agustiniana del pecado como un desvío del bien supremo u origen (a un bien inferior), desvío o distanciamiento que está constituido de la nada: "Hence that movement of turning away [de Dios] which we agree to be sin, is a defective movement [*defectivus motus*], and a defect comes from nothing [*omnis autem defectus ex nihilo est*]" (San Agustín, *Free Choice* 137; 2.20.54). El vacío temporal en el cual se establece el lenguaje alegórico según de Man para designar su desarraigo es esa misma "nada," ese *nihil* inexplicable por el cual se aleja y desvía la voluntad del origen o bien supremo, y que, por tanto, constituye el pecado para San Agustín. Esta distancia del origen, común a la estructura de la alegoría según de Man y a la voluntad pervertida de San Agustín, empalma con la concepción de la alegoría de Benjamin como una figura propiciada por la discontinuidad con lo trascendente. De la misma manera que el alegorista barroco impone los significados que él o ella desean sobre el objeto mudo, apartado de la totalidad y de su origen, igualmente la voluntad "patológica," pecaminosa, se apega al mundo excesivamente, dejando atrás a Dios, quien ha de ser el principio y fin de todas las cosas.

Si aplicáramos la "renuncia a la nostalgia y al deseo de coincidir" que predica de Man a la alegoría composicional dentro de un contexto cristiano, veríamos que ello implicaría una renuncia al deseo de coincidir con la palabra divina, lo cual sería refutable. Mas no incurre en este error de Man puesto que en su ensayo alega referirse a la alegoría secular pre-romántica, y no a la alegoría composicional en general. Sin embargo, como veremos más adelante, ni es enteramente cierto que en la alegoría secular pre-romántica que emerge del análisis realizado por de Man se renuncie de modo definitivo a la "nostalgia y deseo de coincidir," ni tampoco que en la alegoría composicional cristiana se decrete incontrovertiblemente la recuperación total de la palabra divina que la antecede, como alega el crítico.[23] En este sentido, *malgré lui,* la lúcida concepción de la alegoría propuesta por de Man será apropiable para el contexto de la alegoría composicional barroca (y por lo tanto, también para la alegoría sacramental calderoniana), y de hecho, constituirá una aportación valiosísima para comprender mejor su funcionamiento.

Continuemos con las reflexiones de de Man: "In so doing, it prevents the self from illusory identification with the non-self, which is now fully, though painfully, recognized as non-self" ("Rhetoric of Temporality" 207). El *self* es una categoría de la dicción romántica que francamente no nos concierne con respecto al auto. Lo que es a mi entender más importante para efectos de una discusión estructural de esta figura que pudiésemos aplicar al auto calderoniano es el hecho de que la alegoría impide "una identificación ilusoria" de algo que "es con lo que no es" (Calderón 1242b), y esto, según de Man, es doloroso. Es decir, el vacío temporal dentro del cual se constituye la alegoría impide que tomemos su nivel literal como co-substancial con el mundo extra-lingüístico (o con el *non-self*), y esto es doloroso porque obliga a renunciar al deseo de una identidad hipostática entre materia y lenguaje. Mas, como observa sagazmente Carol Jacobs con respecto a "The Rhetoric of Temporality": "If the knowledge gained in the language of allegory is painful, the tale about that knowledge often appears remarkably satisfying" (116). El lenguaje de la alegoría causa dolor porque *no reprime* el conocimiento del *allos,* o el espectáculo de su condición desarraigada. Ahora bien, la narrativa de "The Rhetoric of Temporality" sobre el despliegue de negatividad (desarraigo, no-coincidencia, pecado, distancia del origen, etc.) de la alegoría es placentera porque no sólo cuenta una pérdida total con su concomitante renuncia a la posibilidad de identidad, sino porque también produce el conocimiento o la "verdad" de la discontinuidad que informa ese lenguaje caído. No es cierto entonces que la alegoría implique el *pathos* de una renuncia absoluta. El despliegue del *allos* de su materia lingüística con respecto al significado no es algo totalmente irrecuperable para el entendimiento. La alegoría según de Man tiene el ("piadoso") proyecto desengañador de dramatizar o encarnar la imposibilidad de una plenitud en la que signo y referente coincidan. En este sentido, la disyunción de la estructura de la alegoría refleja, irónicamente "simboliza," las relaciones reales e irreductiblemente diferenciales entre el lenguaje y el mundo. Esto, al menos, produce el placer, la ganancia y el poder del conocimiento, aunque dicho conocimiento sea negativo y momentáneo.[24]

En el caso de la alegoría del auto sacramental calderoniano, la no-coincidencia y distancia temporal con el origen implica el pecado, la culpa, el estado caído de la criatura humana. Hay que hablar alegóricamente debido al "corto caudal nuestro" (Calderón 1215a), producto del desvío del máximo bien, que es Dios. Esto no implica de ningún modo la renuncia al deseo de coincidir con el origen nuevamente y, de hecho, el sacramento de la Eucaristía que el auto celebra implica una reconciliación con él. Pero mientras se permanezca dentro del modo alegórico produciéndose el placer, la satisfacción y la gloria del espectáculo de la alteridad cuasi-culpable y parcialmente vacía de su nivel literal, la coincidencia con el origen correrá el riesgo de quedar desplazada. Mientras las maravillosas apoteosis del cáliz y la hostia de cartón piedra del auto puedan conmover al espectador/lector tanto o más que los originales de la misa, estará habiendo un desvío del bien máximo hacia un bien inferior. Si, como propone Parker, con su espléndido arte dramático Calderón felizmente "consigue con más éxito que los sermones ordinarios que la teología sea accesible al pueblo" (*Autos sacramentales* 55), por otro lado, no debe olvidarse que también está suplantando y/o superando el sermón en parte debido al extraordinario despliegue de sensualidad del auto, que satisface el insaciable deseo de la naturaleza humana por la materia, lejos o no de su origen, vaciada o no de la presencia fundadora. Digamos entonces que otro de los puntos de contacto significativos entre la alegoría secular según de Man y la alegoría sacramental calderoniana es que ambas producen, mediante su materia alterna y derivada, el placer de una ganancia, ya sea de conocimiento o de espectacularidad. Este placer de ganancia que rinde lo negativo, lo subjetivo y/o la ausencia es lo que dificulta que se abandone el modo definitivamente.

En las páginas anteriores he querido esbozar un breve panorama de la práctica de la *allegoresis* para establecer su diferencia y sus puntos de contacto con la tradición de la alegoría composicional, a la cual pertenecen los autos sacramentales calderonianos. En particular, he querido examinar la ambivalencia de la estructura de la alegoría composicional, para emplear los resultados de este análisis en la lectura de cinco autos sacramentales calderonianos a continuación. Aunque he aludido a destacados críticos de la alegoría como Barney, Bloomfield, Frye, Murrin y Van Dyke, he puesto mayor énfasis a tres críticos que enfocan la alegoría composicional como figura de disyunción. He esbozado entonces algunos de los vínculos entre sus respectivos conceptos de la alegoría y el auto calderoniano, que retomaré en capítulos posteriores con más detalle. Las lecturas de los autos producidas por la postura ante la alegoría representada por Van Dyke, Murrin, Barney y otros ya las hemos visto sostenidas y argumentadas sobre todo por Parker y

Kurtz en el capítulo sobre la historia de la recepción del auto calderoniano.

A modo de recapitulación, recordemos que para Fletcher, uno de los tres críticos de la alegoría que hemos examinado con cierto detenimiento, quizá el aspecto más importante de la ambivalencia de la figura radica en la incompatibilidad entre el deseo de verdad de ésta, y el modo artificial, jerarquizante y opresivo de representarla. Para Benjamin, la alegoría barroca está vinculada a una subjetividad malvada en que el alegorista impone sus propios significados al mundo, y de Man enfatiza la alegoría como figura del desarraigo. La postura tomada por de Man ante la alegoría, mucho más que la de Fletcher y la de Benjamin (pues éste de hecho aspira a una redención después de un fin catastrófico de la historia), refleja el cuestionamiento de la posmodernidad referente al presupuesto de que haya un verbo originario del cual se deriva el lenguaje humano y hacia el cual siempre se dirige (Steiner 132–33). Aunque absurdo sería proponer que en el barroco español se cuestiona la existencia de Dios, el llamado "pesimismo" que lo informa sí reconoce un vacío, una necesidad constante de luchar con las seductoras e inerradicables fuerzas del mal que es lo que marca la condición caída del mundo y su fractura con lo trascendente. En palabras de E. Lafuente Ferrari, la sensibilidad barroca "deja de lado el artificial mundo platónico de los humanistas para plantearse de nuevo los eternos y angustiosos problemas del hombre, y en primer lugar, los de su libertad y su salvación, su responsabilidad y miseria" (citado en Frutos 59). La estructura de la alegoría como disyunción, su materialidad opaca que alude a una anterioridad con la que no puede corresponder, es una posibilidad que ofrece la figura que no debemos ignorar al acercarnos al auto sacramental calderoniano. Pues éste, a pesar de todo su fausto que debe servir como evidencia del triunfo de la reconciliación entre materia y espíritu, también se produce desde el ambivalente y problemático espacio de la criatura caída.

Capítulo tres

La vida es sueño (1673) o la economía del derroche

De los cinco autos que se analizan en este estudio, *La vida es sueño* es el que dramatiza la temporalidad más antigua. Es un auto enigmático, de una simbología muy poderosa que representa una interpretación o reescritura del mito de la creación. En su análisis de este auto en su ya tan citado libro *Los autos sacramentales de Calderón,* Parker escribe que "nos presenta, en forma de alto interés, muchas de las ideas morales y filosóficas que los dogmas de la caída y el sacrificio despertaban en la mente reflexiva de Calderón. De hecho, no hay otro auto en el que estas ideas aparezcan integradas de modo tan íntimo y claro en un todo sistemático" (190–91). Quizá sean precisamente estas propias ideas morales y filosóficas de Calderón ante las doctrinas de la caída y el sacrificio, expresadas de un modo a la vez personal y sistemático, las que en parte lleven a Valbuena Prat a considerar que *La vida es sueño* va más allá del dogma católico: "Al ser una interpretación del problema capital de la filosofía 'finalista' del origen del hombre y del mal en el mundo, y la posible extirpación de este último, se refiere a algo exclusivamente humano y asequible a toda creencia" (1381). Aunque decir que en este auto se representa "la posible extirpación del mal" revela un optimismo acaso excesivo, hay implicaciones muy sugestivas en las observaciones de Valbuena Prat: *La vida es sueño* es una fábula alegórica sobre la condición humana que no está únicamente suscrita a la finalidad pedagógica de dramatizar un dogma para clarificar y promover su aceptación entre el público feligrés. Además, como se verá a continuación, en *La vida es sueño* hay una corriente trágico-irónica que excede o no puede ser resuelta por completo con la celebración del sacramento de la Eucaristía. Es en estos dos sentidos en que pienso pueden entenderse las observaciones tanto de Parker como de Valbuena Prat cuando hablan de Calderón como interpretando y pensando sobre el dogma, más que de Calderón como reproduciendo dramáticamente el dogma sin reaccionar ante él.

Lo primero que debe apuntarse sobre *La vida es sueño* es que uno de los aspectos más inquietantes de su fábula alegórica es la fuerte presencia de la dualidad.[1] Esta comienza articulándose inmediatamente en el auto mediante los temas de la división y la discordia. Es significativo al respecto que el auto abra con los cuatro Elementos disputándose la primacía o la corona del universo. Como todos tienen reclamos fuertes para ella, no puede decidirse la disputa. Entra entonces el origen de todos, también dividido, pero en tres: Poder, Amor y Sabiduría. Los Elementos desisten de su pelea en el acto, y el Poder deja saber que "aunque enemigos no os quiero / tampoco os quiero amigos" (1388b). El Poder explica la razón de la deseabilidad de esta oposición/diferencia: si fuesen todos de una misma cualidad, la simpatía con la que se mezclan y transforman no sería necesaria. Pero por otro lado esta misma diferencia produce desavenencias e impide que puedan conservarse contiguos. Finalmente, el Poder dice que "es fuerza que eslabonados / cuando vaya a dividiros / el odio, os tenga el Amor / y que amigos y enemigos / duréis conformes y opuestos / lo que duraren los siglos" (1388b–89a). Está muy claro entonces que el principio de la diferencia es sancionado y deseado por el Poder. Quiere a los Elementos amigos y enemigos al mismo tiempo. Como escribe Parker:

> El amor es el origen del universo, el principio de la unidad, armonía y orden, es decir, de vida. Pero cada principio positivo presupone la posibilidad de su negación; la contingencia del ser presupone la posibilidad del no ser. La unidad de cosas y seres distintos presupone la posibilidad de su división; si se destruye el amor, o si desaparece, el orden del universo queda interrumpido, se convierte en una *confusión* negativa. (*Autos sacramentales* 196)

El problema al que apunta el crítico aquí, pero que nunca llega a plantear, es que el tipo de unión en oposición que prescribe el Poder es bastante ambivalente. La unión que decreta el Poder implica una precaria coexistencia entre la amistad y la conformidad (amor) y la enemistad y la oposición (odio). Si desapareciera el amor, el universo se volvería confusión, como alega Parker. Mas si desapareciera el odio, no existiría la división, la ruptura ni la variedad, que necesita del amor "para no dudar distintos" (1388b). La negatividad del odio juega entonces un papel esencial en la eslabonamiento/fracción de la obra de este Poder, que es lo que a su vez la mantiene en "igual equilibrio" (1389a). El problema es que este equilibrio positivo que ha producido el Poder, debido a que está constituido por violentas fuerzas contrarias en perpetua armonía y oposición, implica constantemente el riesgo de su propia negación.

Luego de ser adornados los Elementos con objetos y criaturas bellas tales como el sol, peces, pájaros, selvas y demás, habla el Poder de un deseo de representarse a sí mismo como creador y origen de todas sus obras:

> Yo, que sin necesidad
> de criaturas, de edificios,
> de pompas y majestades,
> en principio, sin principio,
> para fin, también sin fin,
> dentro estaba de mí mismo,
> para ostentarme Criador,
> saqué, con solo decirlo,
> del ejemplar de mi Idea
> las obras, que ya habéis visto.
>
> (1390a–b)

El Poder, completamente satisfecho de sí, por sí y para sí, sólo con motivo de ostentarse a sí mismo como creador, verbalizó sus ideas para materializarlas en bellas obras. Sin embargo, es de notar que en el momento de enunciar el parlamento, el deseo gratuito de ostentarse y representarse a sí mismo creador del cual habla el Poder, ha acarreado ya resultados negativos. Los ministros que había criado el Poder para que le sirvieran los había hecho tan bellos y sabios que uno de ellos, el más hermoso, se le volvió en contra al serle mandado que jurase vasallaje a un inferior ser, que sería el Hombre (1390b). Hubo entonces una batalla en los cielos a la cual acudieron Vicios y Virtudes que dejaron "escarmentado" al Poder que entonces afirmó, "(bien puedo / en esta frase decirlo, / que no es baja voz, que a mí / me escarmienten los delitos)" (1390b).

Sin duda alguna pueden entenderse estos versos en sentido metafórico, por analogía a lo que hacemos nosotros que, cuando nos arrepentimos, destruimos lo que hemos hecho. No obstante, como parte del *allos* del bello cuerpo del nivel literal de la alegoría del auto, que no es idéntico al significado teológico, también ofrecen el riesgo de una lectura en la que el creador ha sido sorprendido por la rebelión de su criatura más hermosa. El escarmiento del Poder implica que no domina o no anticipa por completo las posibilidades de su creación. Hay una deficiencia, un resquicio en esa belleza suprema creada por el Poder para ostentarse creador a sí mismo, en tanto que se le ha vuelto en contra (¿inesperadamente?), negándose a acatar su providencia. Esto es lo que escarmienta un poco al Poder, quien —pensando "cuando me tenía indeciso / si en la segunda criatura / me sucediera lo mismo / que en la primera" (1391b)— antes de crear a aquélla, consulta consigo mismo. La Sabiduría advierte que así ocurrirá: el Poder ha tenido al Hombre encerrado en el "lóbrego seno de la Tierra" (1391a) del no ser. Al sacarlo a la luz del ser, igual que Lucifer, el Hombre se le rebelará.

Notablemente, las precauciones de la Sabiduría contradicen la noción agustiniana del mal únicamente como privación del ser. Dice Parker: "Todo lo que es, es bueno por el mero hecho de que es, sólo en caso de que se le prive de la plena perfección de su ser queda la puerta abierta para la aparición del mal. Así pues, el mal, aunque increado, puede aparecer en toda creación por defecto, pues lo que no tiene ser puede no ser en todo o en parte" (*Autos sacramentales* 201). Pero la inevitabilidad del mal en *La vida es sueño* no es algo pasivo, que se limite a la no-existencia de todo lo no creado frente a lo creado, como propone Parker que sostiene Calderón en este auto, siguiendo la doctrina agustiniana y tomista del carácter negativo del mal. Según las advertencias de la Sabiduría, el sacar al Hombre de la prisión/maldad del no-ser, va a producir un terrible delito que será "tan heredad del Abismo, / que nazcan de sus raíces / el pasmo, el susto, el peligro, / el adulterio, el rencor, / el hurto y el homicidio" (1391a). Tanto el presente de la creación y su futuro están atravesados por una ausencia de lo que nunca será y de lo que no es todavía, que dará rienda suelta a una negatividad *activa* del mal. El deseo de Parker de ceñir el auto calderoniano a una teología de corte agustiniano y tomista le impide ver que la alegoría dramática del auto exige una representación/

encarnación del mal en su nivel literal que infringe la noción de éste sólo como ausencia o defecto del bien.

Aunque la Sabiduría anticipa entonces los negativos resultados a los cuales puede dar lugar el gratuito deseo del Poder de ostentarse creador a sí mismo, el Amor se enternece y defiende a pesar de todo al Hombre. Alega que si los riesgos fueran tan certeros como los representa la Sabiduría, no habría lugar para el mérito ni el demérito. La solución que propone el Amor es darle al Hombre cinco Sentidos, tres Potencias, un Entendimiento y un Arbitrio con los cuales pueda ganar o perder el universo por él mismo, no por las predicciones funestas de la Sabiduría (1391a–b). El nivel literal de la alegoría de *La vida es sueño* ofrece así una representación de la Trinidad dentro de la cual hay oposición e incertidumbre: si el Amor tiene razón, esto implica un reto a las advertencias de la ciencia de la Sabiduría y a su facultad para anticipar y conocer el futuro. Si es esta la que ve claramente, significa entonces que el Amor yerra al insistir bondadosamente que se le dé una oportunidad al Hombre que ya la Sabiduría sabe que va a desperdiciar.[2] Esta dificultad no se resuelve en esta escena por argumento, sino por afición: el Poder decide aceptar el dictamen obviamente incompleto del Amor porque "aunque en los Tres no distingo / mayor ni menor, primero / ni postrero, siempre inclino / más el Poder al Amor" (1391b). El Poder, quien dice que no distingue preeminencias, es sin embargo quien toma la decisión. Además, aunque alega que no existe ni primero ni segundo, privilegia el dictamen del Amor, lo cual implica un rechazo de las advertencias de la Sabiduría, o una aceptación del mal contra el que ella advierte. El Poder está diciendo que no hay jerarquías ni negación cuando, de hecho, su propio acto de escoger no puede dejar de implicar una jerarquía y una negación. La fábula de *La vida es sueño* nos representa que en Dios mismo se encuentra ya un momento de indecisión, disociación, contradicción y conflicto para decidir traer al Hombre del no-ser al ser. ¿No será en parte por esta negatividad dentro del propio origen que resulta de la diferencia entre sus tres aspectos, que sus dos máximas criaturas, por ser tan bellas, incurren en la fealdad/maldad/negatividad de volvérsele en contra?

El Poder determina finalmente sacar al Hombre de "la prisión del no ser" (1391b) y antes de que éste sepa quién es, trasladarlo "a un hermoso alcázar rico, / que a oposición de azul Cielo, / será verde Paraíso" (1391b). Allí le habrá de auxiliar la Luz, haciéndolo esposo de la Gracia (1391b–92a), y se probará si es digno o no de gobernar el orbe (1392a). Al haberse sometido el Poder a los ruegos del Amor de no aceptar la anticipación funesta de la Sabiduría, se facilita la representación del concepto del libre albedrío del Hombre en tanto que se admite la posibilidad de no saber qué hará hasta que actúe. No obstante, esto pone en cuestión la unidad de la omnisciencia del Poder. Pues incluso la doctrina molinista de la *scientia media* (la cual rechazaban los tomistas por pensar que hacía que la eficacia de la gracia dependiese demasiado del consentimiento del Hombre) propone que con su conocimiento medio de eventos futuros contingentes, Dios puede prever desde toda la eternidad si el individuo aceptaría o no su gracia si ésta le fuera concedida (Sheerin 1013; Mourant 338). En este sentido, el Poder debería saber muy bien que lo que ha anticipado su Sabiduría es correcto, y que el Hombre se le volverá en contra, de lo cual derivarán innumerables males. Al inclinarse entonces a las peticiones del Amor en esta escena, se da el paradójico caso de que o bien el Poder esté negando su omnisciencia, lo cual es inaceptable teológicamente; o bien que por su gran bondad de todos modos desee la creación de la criatura humana, cuya libertad de la "cárcel del no-ser" la conducirá a la miseria de la ingratitud, el adulterio, hurto y homicidio, según la Sabiduría.

Lo que estamos viendo en esta escena del dilema del Poder (y que ocurre en muchos autos calderonianos) es que uno de los riesgos de teatralizar los conceptos de la teología es la necesidad dramática de tensión y de conflicto. La sacra teología "contempla todas las cosas existentes en el plano de la creación desde la atalaya de la eternidad; lo ve todo de arriba a abajo, de causa a efecto; conoce a Dios en sí mismo, y en Dios como primera causa y último fin, contempla todas las cosas creadas" (Muñiz 34; 1.1). Es decir, la sagrada teología intenta conocer a Dios desde su propio punto de vista, revelado en las Sagradas Escrituras. En este punto de vista de "la atalaya de la eternidad" las contradicciones, incoherencias y discontinuidades a las que se enfrenta el ser humano en su inescapable dimensión histórica, sin duda se disuelven y resuelven. Al omitir muchas de las ilaciones lógicas y discursivas que se emplean en la ciencia teológica para deducir y concluir las verdades atemporales de los principios revelados, puede resultar que la fábula del auto intensifique el *pathos* de la imposibilidad humana de entender racional y éticamente al "Dios inefable" y su perspectiva eterna. Y digo *intensifique,* porque el propio discurso teológico sólo puede ofrecer evidencia de la propiedad de las conexiones lógicas para concluir las verdades de los principios revelados. No puede ofrecer evidencia de esas verdades "porque esta evidencia sólo puede obtenerse en la visión del principio" (Muñiz 37; 1.1) que tienen únicamente Dios y aquellos que le acompañen en el cielo. En este sentido, en vez de aclarar y explicar mejor el dogma, el auto puede magnificar, intensificar o agudizar la incomprensibilidad de éste para el espectador/ lector precisamente porque como drama no sólo no es su tarea ceñirse a un rigor filosófico o científico, sino que además debe crear conflicto y tensión. La incomprensibilidad creativa de Dios dentro del discurso teológico se decreta un misterioso bien absoluto. Sin embargo, en la fábula o nivel literal de *La vida es sueño,* por carecer ésta de tanta autoridad dogmática y científica y por exigir su modo dramático división y conflicto, se puede interpretar tal incomprensibilidad desde la fragmentada perspectiva antropocéntrica. Tal interpretación será sin duda un tanto perversa en tanto que se realiza desde una subjetividad humana caída de la inocente plenitud y objetividad de la perspectiva divina. Y sin embargo, esta subjetividad alienada, que remite a la del alegorista benjamiano, representa la realidad innegable del sometimiento del ser humano a la naturaleza y las constricciones de la historia.

Tomando en cuenta las dudas y el debate consigo mismo que tiene el Poder con respecto a la creación del Hombre, no sorprende entonces que su entrada al mundo no sea nada fácil. Aunque la Gracia le aconseja que siga su luz para poder entender quién es él, el Hombre está lleno de confusiones, y da torpemente su primer paso. Comienza entonces su monólogo que tiene como intertexto aquél inolvidable de Segismundo, cuando lamenta su falta de libertad. Se pregunta si es extraño que "¿si se ve / torpe el Hombre en su Creación / tropiece la razón / donde ha tropezado el pie?" (1394b). Es de notar entonces que en *La vida es sueño* el Hombre no experimenta en ningún momento el estado de beatitud propio de la inocencia. Angustiado por las torpezas de su ser, el Hombre desea dejar de existir y regresarse a su risco esperando que su Autor se duela de él. Su entrada al ser queda dramatizada en la fábula de *La vida es sueño* como tropiezo, tribulación, angustia. Desde su origen en la mente divina hasta su difícil nacimiento hay una profunda carencia en el Hombre que lo aflige y que lo distancia de ese origen. Ya hay pues un grave riesgo a que está expuesto por la tosquedad de su hechura de la cual él no es completamente responsable por "no saber, / quién soy, quién seré, quién fui" (1394b). En esta representación del Hombre que se siente cautivo sólo por existir se simboliza una experiencia del mal que no puede reducirse a un fácil monoteísmo ético, en que, como apunta Paul Ricoeur en *The Symbolism of Evil,* se confronta a un sujeto moral dotado de una libertad completa y espontánea, todavía y siempre intacta después de cada acto (322). En *La vida es sueño* vemos que el primer Hombre nunca habita el paraíso: antes de nacer y de pecar ya está inserto en una economía cósmica en la que el mal —siquiera como ausencia, negación o defecto (la cárcel del no-ser)— es una realidad que lo antecede y que constituye una atormentada experiencia de su ser. En este sentido, el sufrimiento que el primer Hombre articula, por lo menos en sus primeros versos en el auto, no puede entenderse ética o moralmente; es decir, no puede interpretarse como un castigo a una ofensa cometida por un agente libre y completamente responsable de sus actos.

El Príncipe de las Tinieblas junto con la Sombra admiran la obra supuestamente maestra que es el Hombre, en quien se unen la materia del barro y la infinitud del alma. Se lamenta de que el creador haya hecho al Hombre rey de la "terrenal esfera" (1395a), colmándolo del bien de la Gracia, únicamente por estar "sujeto / a más que un leve preceto!" (1395a). La Sombra malvada se consuela enormemente al oír que hay un precepto que romper, pues esto será lo que posibilitará que ellos actúen. De modo similar, al haber ordenado al magnífico ángel adorar a un futuro ser inferior, el Poder había abierto las posibilidades de su desobediencia y caída. Pero la ironía de tales posibilidades es que aunque funestas, no fueron del todo improductivas o indeseables ya que generaron la oscuridad que se opone a la luz y, por tanto, los bellos objetos cósmicos de "la Luna, estrellas y signos" que, según el mismo Amor, presiden la Noche (1389a). Ahora, la obligación de guardar un precepto es el resquicio en el sistema. Tal brecha es lo que permitirá la proliferación de la diferencia/deficiencia, propiciando la eventualidad de que la segunda criatura desobedezca y caiga, y que haya después que redimirla. Irónicamente entonces, el Poder moviliza parte de su energía creadora mediante la rebelión y desobediencia de sus criaturas. En *Calderón: The Secular Plays* apunta Robert ter Horst que el arte de los autos calderonianos se somete al servicio del dogma y de la moral, pero un aspecto de este servicio es precisamente desobedecerlos, no sujetarse a ellos por completo. La desobediencia creativa del arte forja un contramundo dentro del texto que "threatens, challenges, and *activates the inertness of supremacy.* Because of it, God bestirs himself and intervenes, drastically or beneficently, in human affairs" (49; el énfasis es mío). Así pues, en esta escena de *La vida es sueño,* la Sombra y el Príncipe contribuyen a movilizar la supremacía del Poder. Los personajes malditos lo retan a que continúe actuando al tener ellos la ingeniosa y siniestra idea de confeccionar un maravilloso hechizo para que enajenando al Hombre de sus Sentidos, lo hagan romper el precepto y lo incapaciten para heredar el estado (1395a). Las desobediencias, negaciones e insuficiencias de las criaturas contribuyen a la productividad o creatividad del Poder en tanto que éste habrá de concebir nuevas e ingeniosas estrategias para atraerlas de nuevo a su seno, castigarlas, socorrerlas y/o remediarlas.

En la próxima escena, salen los Elementos, el Albedrío y el Entendimiento cantando y celebrando la entrada del Hombre al alcázar. Este, que recuerda su humilde prisión de origen, no entiende su nuevo estado y lujoso ambiente, volviendo a cuestionarse quién ha sido, quién es y quién será. Le responde el Entendimiento con una terrible pero certera sentencia: "Polvo fuiste, polvo eres / y polvo después serás" (1396a). A esto replica el Albedrío, tampoco sin algo de razón: "¡Si fuiste polvo, ya eres / la más perfecta criatura / que vio del Sol la luz pura; / . . . en ser Príncipe Heredero / del Rey, que hoy te declaró, / goza la felicidad, / sin que te entristezca nada!" (1396a). Puede verse entonces una lucha/división/diferencia entre estas dos facultades que repite la que padecían los Elementos al principio del auto por voluntad divina, e incluso la que se veía dentro del creador mismo. Y en efecto, el Albedrío aconsejará a la criatura que se admire de su perfección y belleza. Para contrarrestar esta influencia, el Entendimiento pide a los Músicos del alcázar que canten, advirtiendo al Hombre de los peligros que lo acechan escondidos en flores y frutas (1396b).

A manera de recapitulación, vemos aquí una proliferación de fuerzas negativas que amenazan al Hombre aún en su estado de inocencia. Por una parte, antes de pecar, ya queda negada la plenitud y bienestar de la proximidad del Hombre a su origen. Ya están en su lugar las condiciones que propician y que resultan del pecado, tales como la angustia y la torpeza. Antes de caer, el Hombre ha padecido ya del rigor del cautiverio que supuestamente es consecuencia de la culpa, y sufre la lucha entre su Entendimiento y su libre Albedrío, los cuales le habían sido otorgados por el Poder para auxiliarlo. Conspiran activamente contra él el Príncipe de las Tinieblas y la Sombra, cuya maldad antecede la creación y caída del Hombre, y cuyos embates él tendrá que resistir. Finalmente, el desposorio del Hombre con la Gracia, que podría ayudarlo tanto a combatir estos peligros, según el Entendimiento no ha sido confirmado todavía (1396b). No puede decirse entonces que hasta este momento de *La vida es sueño,* las circunstancias que anteceden y rodean al Hombre contribuyan a su obediencia, ni faciliten su calidad de heredero del orbe. Mas parecería que, inexplicablemente, conspirase casi todo contra él.

El aserto de Parker de que no hay ningún bien en *La vida es sueño* que no se asocie con su contrario (*Autos sacramentales* 201)[3] queda ilustrado muy a propósito con los dones que le regalan los cuatro Elementos al Hombre. Cuando el Agua le obsequia un "cuajado vidrio / . . . [en que] puedes verte al natural / retrato" (1397a), el Hombre se envanece de inmediato con el espectáculo de su excelencia: "la más perfecta / criatura soy" (1397a). Esto hace intervenir al Entendimiento, quien impacienta al Hombre al confrontarlo con la muy barroca paradoja de una alta fortuna a la cual hay que renunciar constantemente para poder conservar. El Entendimiento advierte contra el peligro de gloriarse en una perfección que en realidad no pertenece sino al creador que la hizo. Puede verse entonces que incluso en la perfección del Hombre (igual que en la del Lucero), hay ya un resquicio, una posibilidad de negación, lo cual si no pone en duda el concepto mismo de perfección, sí muestra lo problemático y ambivalente del mismo. Paradójicamente, debido a su propia excelencia, la criatura es capaz de disfrutarla poniendo en olvido a su creador, volviéndose de este modo imperfecta. La perfección puede convertirse en imperfección y pecado, ya que al gozar de su magnificencia en sí, inmediatamente se degrada. Nada parece tener una identidad fija en esta creación del Poder, que por sus redundancias, paradojas, dualidades, constantes transformaciones y contradicciones, muy bien podría llamarse barroca.

Cada uno de los cuatro Elementos va entonces homenajeando al Hombre en correlación pentamembre[4] con bellísimos objetos pertenecientes a su esfera. Irónicamente, esto será lo que propicie la ocasión en que la Sombra, vestida de zagala, al fin pueda presentar su veneno. Esta logra encantar al Hombre haciendo alusión a sus estudios agrícolas que no sólo acrecientan las obras de la naturaleza, sino también logran penetrar las cualidades ocultas de los Elementos:

> Soy, no tan solo en la Tierra
> agricultora, que estudia
> esmerar sus obras; pero
> tan sabia, que en ella apura,
> y en los demás elementos,
> las cualidades ocultas.
> Caracteres para mí
> en valles, montes y grutas,
> son sus plantas las estrellas.
>
> (1398b)

Este pasaje tiene resonancias metatextuales. Lo que dice la Sombra que sus estudios realizan semeja mucho la retórica dramática del propio auto. En primer lugar, el lenguaje poético del auto esmera el lenguaje "silvestre" natural. Si aceptamos que lo oculto remite al misterio, al enigma y a la oscuridad, podemos postular que la penetración o sabiduría agrícola de la Sombra, al apurar o iluminar las cualidades ocultas de los elementos, irónicamente semeja "le fil tranchant de l'acuité . . . [el cual] se forge et s'affine à lacérer l'énigme, affirme sa volonté joyeuse de répondre par son audace à l'horreur stimulante de l'obscurité" (Pelegrín 165). La agudeza e ingenio de la Sombra es lo que le permite "expresar las concordancias ontológicas" (Hidalgo-Serna 145), lo cual para muchos críticos es el fin del arte conceptuoso barroco, dentro del cual sin duda se inscriben los propios autos sacramentales de Calderón.[5]

Ahora bien, Parker señala cómo el pecado se vincula en este auto con lo artificial, con la agricultura, con aquello que no es natural: "La *Sombra* . . . es la 'agricultura' que mejora la naturaleza, que transforma los 'primores' de las flores de la Tierra en los 'arreboles' de los frutos. . . . El pecado no está en la naturaleza sino que proviene de un 'refinamiento' ('pulir') de la naturaleza por el que los hombres creen mejorarla" (*Autos sacramentales* 209). No obstante, los artificios que implica la práctica dramática del auto como nuevo teatro (a saber: "canto, las voces, los instrumentos, las pinturas, las bambalinas . . ." [Amadei-Pulice 55])[6] están mucho más vinculados a las ciencias de la Sombra que a las silvestres y naturales flores de la Tierra. En la espectacular puesta en escena de *La vida es sueño,* por ejemplo, cuatro globos enormes bellamente pintados se abren al principio, mostrando una actriz sentada sobre una criatura simbólica de alguno de los cuatro elementos.[7] Si se aceptase el aserto citado de Parker con respecto al vínculo entre pecado y artificio en el texto de este auto, habría que admitir entonces que el Calderón dramaturgo se apropia formalmente de los artificios "malévolos" de la retórica y de las invenciones escenográficas para acercar al espectador al significado trascendente. En este sentido, la práctica dramática de *La vida es sueño* como artificio malvado que tiene un fin piadoso también participaría de la ambivalencia en que vemos sumergida la producción del Poder dentro de *La vida es sueño.*

La Sombra entonces le ofrece al Hombre una manzana de oro con la promesa de que una mordedura le infundirán las Ciencias de la zagala para igualarlo a su rey. El Entendimiento suplica al Hombre que no escuche y que recapacite, pero el Albedrío le induce a que coma de la manzana: "¿Por qué esperas, / pues qué dudas? / Llega y come de ella" (1399a). Aquí se ve sin duda que el Albedrío, la facultad que el Amor había sugerido le ayudaría a decidir entre el bien y el mal (1391b), le aconseja al Hombre precisamente lo que no debe. Por otra parte, el Entendimiento ha sido venerable siempre, pero poco persuasivo. En este sentido, también adolece de *cierta* carencia ya que no puede lograr su cometido, sobre todo en este momento crítico. Hastiado pues de los consejos del Entendimiento, el Hombre, con ayuda del Albedrío, lo arroja por una de las ventanas del alcázar. Una vez despeñado el Entendimiento, come el Hombre de la fruta. Los cuatro Elementos, de nuevo en bella correlación tetramembre, van sintiendo cada uno cómo se fragmenta algún aspecto de su esfera. Con este acto transgresivo, apaga también el Hombre la Luz de la Gracia, la cual tampoco ha sido lo bastante poderosa como para contrarrestar los letales impulsos del Albedrío, o como para iluminar al Entendimiento haciéndolo más eficaz en sus argumentos.

Todos los recursos que le habían sido concedidos por el Poder al Hombre para suplementar su deficiente naturaleza han sido insuficientes para impedir que cometa el único acto que le había sido prohibido por ese mismo Poder. Así, se necesitará todavía otra invención o transformación más para remediar las consecuencias desastrosas de la desobediencia humana. Se ve entonces en la creación del Poder cierto derroche, cierto exceso e ineficacia que desafía la lógica y que emula varios aspectos de la estética barroca. Dice Severo Sarduy, con respecto al barroco:

> El barroco, superabundancia, cornucopia rebosante, prodigalidad y derroche . . . , irrisión de toda funcionalidad, de toda sobriedad, es también la solución a esa saturación verbal, al *trop plein* de la palabra, a la abundancia de lo nombrante con relación a lo nombrado, a lo enumerable, al desbordamiento de las palabras sobre las cosas. De allí también su mecanismo de la perífrasis, de la digresión y el desvío, de la duplicación y hasta de la tautología. ("Neobarroco" 176)

Las criaturas, objetos y hasta el tiempo continúan acumulándose y proliferando en la cornucopia del universo del Poder de *La vida es sueño* no sólo mediante el amor y la armonía, sino también mediante la insuficiencia, la dualidad y la ineficacia de aquéllos. Parecería haber cierto exceso y confusión de criaturas puesto que muchas de éstas se apartan de su función original, e incluso dañan a otras. Hay un mecanismo de perífrasis, digresión y desvío en tanto que las perversiones de las criaturas dan lugar a nuevas posibilidades de ser para repararlas o remediarlas. La pródiga estrategia creativa barroca del Poder desafía a la lógica de la sobriedad, de la eficiencia, del orden, de la conservación de energía. Sus peripecias, semejantes a las del poeta-dramaturgo Calderón, resultan en exceso retorcidas y enrevesadas y, por tanto, difícilmente comprensibles para el espectador/lector, y para el propio Hombre dentro del auto.[8]

En la próxima escena, nuevamente escarmentado ahora por la insubordinación de su falible criatura, "que tal vez / digan Sacras Escrituras / que me pesó de haber hecho" (1400b),[9] el Poder decreta que regrese al centro de la Tierra y que permanezca en manos de "esa fiera poderosa / Sombra injusta" (1400b), de la cual, como recordaremos, él también es el origen. Para salvar la situación, la Sabiduría propone que:

> Persona hay que enmiende y supla
> la insuficiencia del Hombre;
> pues la Humanidad conjunta
> a la Sabiduría, como
> hipostásicas se unan,
> satisfacción infinita
> tendrá la infinita Culpa.
>
> (1401a)

Los vocablos "enmendar," "suplir," "insuficiencia" hacen surgir de nuevo el tema de la deficiencia productiva, de la carencia que va a requerir un suplemento o enmienda para llenarla. Sin esta necesidad de reparo, la Sabiduría no habría producido la ingeniosa solución de una insólita unión hipostática que diera satisfacción infinita a una Culpa infinita. Mas ¿qué ineficaz economía del derroche es ésta en que el creador se ostenta como tal (a sí mismo) produciendo nuevas obras para reparar y suplementar la deficiencia de las obras anteriores? ¿Por qué no deseó el Poder un Albedrío menos loco e inconstante, o un Entendimiento más eficaz y poderoso, de modo que no tuviera ahora la Sabiduría que ir a efectuar la enmienda terrible? ¿A qué se debe el deseo misterioso del creador de remediar las imperfecciones o desvíos de su obra en vez de hacerla bien desde el principio? ¿Qué causas impenetrables e insondables para el infeliz entendimiento humano gobiernan su destemplada economía creativa, causándole no sólo sufrimientos y desventuras a sus amadas criaturas, pero también a sí mismo, como se verá pronto a través de su bella aunque terrible estrategia redentora? [10]

Una vez de regreso a la cuna/cueva/tumba de la Tierra, el Hombre lamenta su fortuna. Por una parte recuerda su extraña estadía en el alcázar, y aunque la considera un sueño, piensa que al menos ha obtenido el beneficio de saber quién era. Mas al intentar salir a reclamar el reino que había visto mientras creía dormir, se encuentra con que está encadenado y con que todos los Elementos están en su contra. Al preguntarle a la Luz dónde está, le responde la Sombra. Es enigmático su intercambio con la Sombra, pues el Hombre no la reconoce: "[N]unca te vi, / ni aun a lo lejos oí / el sonido de tus voces." A esto, replica aquélla: "Esa es tu pena más fiera, / y esta mi astucia más rara; / porque ¿qué al Hombre faltara / si su Culpa conociera?" (1402a). La pena más grande del Hombre, y según la Sombra, su estrategia más efectiva, es que éste no conozca su culpa. Hay en estos versos una referencia a la teología de la satisfacción que se entreteje con la inefable economía del Poder que hemos venido observando. Esta teología de la satisfacción sostiene que cuando se considera la culpa de Adán, ésta es poca si sólo se toma en cuenta al pecador, su conciencia, su subjetividad, por así decir.[11] Mas cuando se toma en cuenta al ofendido, que es Dios, la culpa se vuelve objetivamente infinita por ser infinito el agraviado. Por lo tanto, sólo Cristo encarnado es quien puede satisfacer esta deuda, que lo hace por amor.

Pero la lógica de los enigmáticos versos de la Sombra tiene más implicaciones que la mera alusión a esta bondadosa teología. Estos versos sugieren que el ignorar su culpa es el gran defecto del Hombre: nada le faltaría si pudiera conocer la gravedad de ésta. No carecer de nada significa la plenitud, la totalidad de la presencia que sólo es posible cuando se está próximo a sí y al origen. Paradójicamente entonces, esta ignorancia de la culpa y no tanto la culpa misma, es lo que produce el vacío de la separación, de la falta, y del error. Así, el Hombre no carece o está distanciado (del origen) por ser culpable, sino por carecer de la consciencia de la extensión objetiva de su culpa. Esta inconsciencia culpable de la culpa revela la miseria de una condición humana que sin desear o saber que peca, peca ante todo por no saberlo, peca por una inconsciencia de sí que es ya producto del pecado. Es por esto que la "astucia más rara" de la Sombra es mantenerse oculta, y la "pena más fiera" del Hombre es padecer a causa de una ignorancia que, por ser tal, no puede evitar, resistir, conocer o desear. Es sufrir el descentramiento y la disociación de una subjetividad que no se puede poseer a sí misma.

Y sin embargo, tal desoladora situación tampoco es definitiva. Tanta angustia y pena felizmente producen el mesurado deseo del Hombre de tener su Entendimiento. Como el deseo del Entendimiento ya implica un poco del mismo, sale éste acto seguido en escena. Además, por primera vez, también debido a otro sensato deseo, el Entendimiento logra sujetar al Albedrío. Estos deseos comedidos paradójicamente son suscitados en estado de culpa, de alienación, y privación extrema, mientras que en estado de inocencia, como dichos deseos nunca estuvieron presentes, se produjo la caída. En este sentido, el Hombre es más razonable y más humilde después de los sufrimientos de la caída, que antes de ellos. En "The Rhetoric of Temporality" apunta de Man con respecto a la caída en "sentido literal y teológico": "In the idea of fall . . . a progression of self-knowledge is certainly implicit: the man who has fallen is somewhat wiser than the fool who walks around oblivious of the crack in the pavement about to trip him up" (214). En Benjamin habíamos visto cómo la ruina de la historia y el abismo de la subjetividad malvada producían el bello deseo de redención. La experiencia de la caída en el pecado también implica una ganancia o progreso en la economía de la creación de *La vida es sueño* puesto que, paradójica o irónicamente, propicia un aumento de conocimiento de sí del Hombre, que ni la Gracia ni la Luz, ni el Entendimiento o el Albedrío, con ser tales, pudieron proveer.

Porque se oyen dulces voces que alaban a Dios cuando el Entendimiento ha vuelto al lado del Hombre, la Sombra, asustada, va en busca del Lucero para que le explique de dónde vienen dichas voces. Aunque el Albedrío y el Entendimiento no pueden quitarle las cadenas de sus yerros al Hombre, la partida de la Sombra y el bello sonido de las voces les da esperanza de futuras venturas. Aparece entonces la Sabiduría en forma de galantísimo peregrino. Como el Hombre pide perdón y llora su delito, el bello Peregrino inocente rompe las cadenas de su culpa y las asume:

> Mas yo las haré tan mías,
> que a la Culpa lo parezcan,
> hallándome en tu lugar,
> sea cabal la fineza.
>
> (1404b)

Vemos pues toda la textualidad, toda la historia y "cabal fineza" que el pecado y la caída generan. Es a través de su delito que el Hombre entiende su "feliz herencia" (1404a), y que puede establecer una relación estrecha con el Peregrino redentor para "ir en busca de mi Patria" (1404a). Es a causa de ser liberado de los hierros/yerros de su pecado que el Hombre se postra humildemente ante el bondadoso Peregrino y le da gracias por haber roto "las ataduras, que eran / eslabones de mi Culpa" (1404a). Por último, es también a causa del pecado que la Sabiduría se reconcilia con el Amor, transformándose en peregrino, representándose a sí misma y al Hombre su bella e insólita misericordia hacia la miserable criatura humana. En esta escena, se ve entonces articulada en la estrategia creativa del Poder, el recurso retórico del *contrapposto* en tanto que el mal del pecado felizmente genera o se convierte en su contrario. Según Helmut Hatzfeld, este recurso, muy importante en el arte barroco de Calderón, "se dirige a conciliar asimetrías en equilibrio definitivo" (38). No obstante, el problema de esta conciliación de asimetrías, o "de los contrastes que son compatibles armónicamente" (38), es que el equilibrio nunca es tan definitivo o armonioso como Hatzfeld sugiere. De la misma manera que la asimetría felizmente puede resolverse en simetría, asimismo puede siempre la simetría disolverse en su contrario por estar constituida de asimetrías. En el caso particular de esta escena en *La vida es sueño,* la culpa y el mal se resuelven en el bien de la redención, pero es precisamente por eso que su presencia negativa se vuelve imprescindible en la estrategia creativa del Poder, y que, de hecho, continuarán regresando hasta el fin de los tiempos, como la noción de la culpa actual supone.

Una vez más, Santo Tomás de Aquino ha hecho alusión a este problema de la fluctuación incesante entre el bien y el mal en el artículo titulado "De la providencia divina" de su *Suma teológica.* Escribe este doctor de la Iglesia: "Pues como quiera que Dios es provisor universal de todas las cosas, incumbe a su divina providencia permitir que haya ciertos defectos en algunos seres particulares para que no sufra detrimento el bien perfecto del universo, ya que si se impidiesen todos los males se echarían mucho de menos muchos bienes en el mundo; no viviría el león si no pereciesen muchos animales, ni existiría la paciencia de los mártires si no moviesen persecuciones a los tiranos" (567; 1.22.2). Estamos viendo pues que poco o nada hay en *La vida es sueño* que no tenga un intertexto en Santo Tomás, algún padre de la Iglesia o las propias Escrituras. Sin embargo, el auto como texto dramático-alegórico que es representado en la plaza pública por actores profesionales (de reputación harto dudosa en muchos casos) no supone tanto control sobre el significado como el sermón, el evangelio o el discurso de la teología sacra. Esta falta de autoridad permite que se dialogice mucho más con la aplastante alteridad de la perspectiva divina que representa el pasaje citado de Santo Tomás. Así, la fábula dramática de *La vida es sueño* no sólo auxilia "el corto caudal" del débil y miserable ser humano, haciéndole visible la perspectiva divina de la estética del mal. El nivel literal de la alegoría de este auto también está contagiado de la subjetividad del punto de vista histórico de esa criatura deficiente para la cual el mal es sobrecogedor, aterrador y a veces inexplicable. Es en este último sentido en que propongo que el nivel literal de la alegoría y el discurso teológico no necesariamente coinciden por completo en este auto.

Cuando el Peregrino asume las cadenas del Hombre, éste huye de la prisión. Muere entonces el bello redentor a manos de la Sombra y del Lucero que regresan a destruir al Hombre antes de que pueda ser salvado o rescatado. Se escucha un terremoto, y toda la Naturaleza lamenta por la muerte del Peregrino. Cuando el Hombre ve que éste resucita, pregunta si es victoria o tragedia la antitética "viva muerte y muerta vida" que está presenciando (1405a). La Sabiduría responde:

> Victoria y Tragedia es, puesto
> que, porque no te siguiera
> y tú pudieras salvarte,
> en tu prisión, con tus señas,

ellos me han dado la muerte,
y yo a ellos, de manera
que es Tragedia y es Victoria;
pues que, supliendo tu ausencia,
he dado a infinita culpa
infinita recompensa.

(1405a)

Hasta el acto de la redención se articula semánticamente en *La vida es sueño* en términos antitéticos que desestabilizan la identidad. Es difícil separar la victoria de la tragedia pues la terrible, trágica muerte del Peregrino es lo que a su vez salda la infinita deuda y produce la feliz victoria de la salvación del Hombre. Esto vuelve a aludir al productivo papel del mal/ negatividad en la creación del Poder en este auto. Nótese, por otra parte, que el acto redentor se expresa como "suplir una ausencia." De hecho, el Peregrino es el suplemento que viene a llenar o compensar la infinita culpa del Hombre, causada por sus deficiencias. Es decir, el Peregrino es la Sabiduría del Poder creador que ha asumido la forma de su propia criatura, con el propósito de remediar/suplementar las carencias y desvíos de ésta, los cuales han resultado en la infinita ofensa en contra del creador que él ya había previsto. Esta economía de redención se articula pues en términos de un movimiento enigmáticamente tautológico y perifrástico.

Irónicamente, de la misma manera que la Sabiduría ha resucitado, la Sombra y el Príncipe de las Tinieblas también regresan a la ira y soberbia de antaño:

Ya que sincopado el tiempo
en representable escena,
el término de tres días
a solo un instante abrevias,
volviendo de mí triunfante
a segunda vida, vuelva
también yo a segunda ira.

(1405b)

Reclaman los maléficos que puesto que la primera culpa es hereditaria, no es posible que la muerte del Peregrino haya saldado la deuda. Mas el bello acto redentor produce más gracia al haber el Peregrino asumido la negatividad de una culpa ajena, lo cual salda la impagable deuda infinita contraída por el Hombre. Además, el Elemento del Agua suplementará a la Gracia, de modo que pueda repararse la "corrompida . . . masa / de su formación primera" (1405b). Canta entonces este Elemento, diciendo que las hermosas aguas de Jordán abrirán las puertas al Hombre incluso "a mejor Paraíso" (1406a). Esta proposición tan paulina (Rom. 5.12–21) implica que el Hombre, luego de recibir el bautismo, está más a salvo y más seguro que en el mismo paraíso, antes de haberse topado con el mal. La economía de la redención en estos versos se modela entonces en el tópico de la intrincada, paradójica e insondable *felix culpa,* la cual supone que el pecado del Hombre, por haber merecido tan gran redentor, propicia un estado superior al estado incorrupto.[12] El mejor paraíso al cual será conducido el Hombre por las aguas de Jordán, paradójicamente transforma entonces el mal del pecado original y de la culpa en el bien más deseable, desestabilizándose así la identidad del bien y del mal, inocencia y culpa.

A pesar de la superabundancia/cornucopia de suplementos de Gracia, el Príncipe de las Tinieblas aún presenta la objeción de la culpa actual del Hombre. Para vencer esta objeción, el Poder produce todavía otro sacramento más "con que en aumentos de Gracia / pueda durar en la enmienda [el Hombre]" (1406a). Cada vez que el Hombre confiese sus pecados, tendrá disponible el sacramento de la Eucaristía que lo ayudará a perseverar en la enmienda, hasta la próxima caída. Todos los Elementos se alegran de los suplementos y reparaciones. Dice entonces el Poder:

> Hombre, que hice a imagen mía,
> yo te saqué de la Tierra,
> en real alcázar te puse,
> perdióle tu inobediencia,
> a la Tierra te volví,
> y vuelvo a buscarte en ella:
> dónde, cobrado en mi Gracia,
> quiero que tu esposa sea;
> mira, pues, lo que me debes.
>
> (1406b–07a)

A lo cual añade la Sabiduría:

> Mira lo que a mí me cuestas.
> (1407a)

Y el Amor:

> Mira lo que yo te amo.
> (1407a)

Si por una parte la función de estos parlamentos es la de representar la indudable e inmerecida bondad infinita de las tres personas del creador, por otra parte también empeñan al Hombre en una deuda que no sólo nunca podrá pagar, sino que, para colmo, él como criatura nunca pudo haber soñado en contraer. La desobediencia que le reprocha el Poder al Hombre fue posible, como vimos, por la flaqueza, indecisión y ambivalencia de éste ante las escaramuzas de su Albedrío y Entendimiento. Ambos suplementos habían sido ideados por el Amor para ayudarle a remediar otras carencias en la naturaleza humana producida por el Poder, quien, irónicamente, la había hecho a imagen suya. La enorme deuda del Hombre para con el Poder entonces ha sido, si no propiciada por éste, al menos permitida y ciertamente anticipada en su inescrutable deseo de ostentarse creador a sí mismo. El insólito sacrificio de la Sabiduría para salvar a la ingrata criatura, así como el inaudito amor del Amor (que tampoco el Hombre nunca osó solicitar), son también instancias mediante las cuales la Sabiduría y el Amor se muestran como lo que son. El Hombre es el barro a través de cuya torpeza Dios incomprensiblemente se representa y se reconoce a sí mismo como un amantísimo y sapientísimo poder.

Mas porque en este auto el Hombre ya fue deficiente desde siempre en la mente de su creador, porque se sintió cautivo y fragmentado en su estado de inocencia, porque el malvado Príncipe de las Tinieblas conspira sin muchas trabas para provocar su desobediencia, la caída del Hombre en *La vida es sueño* no puede ser explicada o resuelta aludiendo únicamente a su culpa moral. Así, viene muy al caso la observación de Frye con respecto a la representación de la caída en el *Paraíso perdido:*

> The tragedy of Adam, therefore, resolves, like all other tragedies, in the manifestation of natural law. *He enters a world in which existence itself is tragic, not existence modified by*

> *an act, deliberate or unconscious.* Merely to exist is to disturb the balance of nature. (*Anatomy* 213; el énfasis es mío)

En el sentido de que el Hombre puede perturbar el equilibrio de la naturaleza no por un acto propio sino meramente por nacer en la forma que le ha conferido Dios, más que ira, habría de hacerlo merecer la misericordia de su creador. El terrible y bello acto redentor de la Sabiduría en *La vida es sueño* que felizmente produce mayor cantidad de Gracia no puede explicarse entonces sólo como el puro acto gratuito de Amor y Sabiduría del creador que viene a saldar una deuda inesperada contraída por la desobediencia terrible de un Hombre/sujeto centrado, apropiado, pleno, libre y próximo a su origen. Este acto redentor es también parte de su enigmática y derrochadora economía creativa en la que aumenta y acrecienta su creación, remediando las imperfecciones de sus obras.

Y sin embargo, a pesar de la ingeniosa estrategia hipostática de la redención, y de la cornucopia de suplementos que han dejado el Amor y la Sabiduría para que el Hombre persevere en la enmienda/remedio, aquél siempre está sujeto a volver a caer, pues "cesa la culpabilidad del pecado original, pero su actividad no se extingue" (*Suma teológica* 74; 1–2.3.2). La redención borra la culpa original y el bello sacramento de la Eucaristía confiere gracia en abundancia, pero no erradican la necesidad de luchar contra el acecho constante de la Culpa actual ni extirpan la terrible posibilidad de condenarse en caso de que no se venza. En este sentido, los deseos de auto-representación del creador y la pródiga economía dentro de la cual se produce y se remedia el Hombre no es motivo de una celebración tan absoluta para éste. Debido a la deficiencia y las contradicciones de su propia hechura, y debido a que estos bondadosos suplementos nunca remediarán dicha deficiencia por completo, en todo momento estará el Hombre a riesgo de regresar a prisión "aún más estrecha" (1407a) que aquélla del no-ser, si por su mala fortuna, en una de sus caídas recurrentes, en palabras del Poder: "con culpa en el letal / último sueño despiertas" (1407a). Esto sin olvidar, claro, los terribles sufrimientos que parecen ser de rigor para moverlo a detestar su culpa actual y buscar el perdón cada vez que caiga. A pesar de la feliz apoteosis de la Eucaristía, la situación difícil del Hombre como criatura al final de este auto tiene todavía un claro potencial trágico.[13]

En sus conclusiones sobre este auto, dice Parker:

> El análisis de la "verdad-sueño" que atormenta al inquieto corazón del hombre, el empeño con que se nos dice que la plenitud de la vida y la verdadera paz no pueden encontrarse más que en la armonía y orden de la Ley de la Naturaleza, y que, por tanto, el obstáculo real a la salvación del hombre *se halla en la soberbia del egoísmo inflexible, el espíritu rebelde de independencia,* todos estos aspectos del tema revelan, a mi entender, la importancia y el valor de esta obra de gran calidad. (*Autos sacramentales* 217–18; el énfasis es mío)

Al situar el gran obstáculo de la salvación del Hombre sólo en su egoísmo y rebelde espíritu de independencia, las conclusiones de Parker revelan una clara tendencia a reprimir la ambivalencia de *La vida es sueño.*[14] La perspectiva de Parker ante la fábula alegórica de este auto articula entonces una insuficiente visión ética y moral del universo, en la que todo el mal y sufrimiento que le acaece al Hombre es responsabilidad suya. Esta interpretación pretende hacer coincidir el nivel poético de la alegoría del auto con el discurso teológico, en el que sólo se despliega la perspectiva divina. No obstante, espero haber mostrado que en este auto la producción de la culpa y el mal también se representan de modo ambiguo, como algo que es y no es enteramente atribuible al Hombre. Así, la perspectiva divina del Poder, la Sabiduría y el Amor, cuando le indican al Hombre todo lo que debe, lo que cuesta y lo que es amado, no coincide con la perspectiva de la miserable criatura que ya antes de ser estaba en la prisión del no-ser, cuyo primer deseo al entrar al mundo fue salir de éste cuanto antes y que tiene la posibilidad constante de volver a caer y de condenarse por ello para siempre a una cárcel más breve aún que la del no-ser.

La melancolía barroca que recorre la poderosa fábula del auto *La vida es sueño,* y que oscurece el gozo de la celebración del significado teológico y de la Eucaristía, se origina en la subjetividad del reparo en el calvario del Hombre dentro de la economía de la creación. Esta melancolía, que nos remite a la alegoría benjamiana discutida en el segundo capítulo, implica la no-coincidencia entre la objetividad estética y todo bondadosa de la perspectiva de Dios (que es lo que propone el discurso teológico) y la perspectiva de la criatura caída que puede leerse en las fábulas y figuras de su nivel literal. Tal subjetividad plasmada en el nivel literal de la alegoría, puesto que supone una distancia y apartamiento de la verdad de la providencia divina, es culpable y es malvada. Y sin embargo, tras el horror del vacío a que semejante subjetividad conduce, ¿qué más puede haber sino una plegaria por la condición humana, cuya desdicha y miseria no son totalmente merecidas?

Capítulo cuatro

El jardín de Falerina y la escritura de Lucifer

Escrito en 1675, *El jardín de Falerina* es uno de los autos tardíos de Calderón.[1] Según Parker, pertenece al grupo de autos dogmáticos que evolucionan hasta convertirse no sólo en ingeniosa teología alegórica, sino también en buen drama (*Autos sacramentales* 189–90). Para Parker, este buen drama consiste en que la acción representada ya no se ubica en un abstracto momento histórico, alejado del espectador/lector, sino que lo involucra en ella: "Se pide a los espectadores que sean más que meros espectadores, que se conviertan en actores del drama, que participen con sus vidas, mediante el arrepentimiento, en las esperanzas humanas en el Mesías, en la preparación de su llegada por la penitencia y por la aceptación de la fe" (189). Estas palabras de Parker revelan una brillante intuición con respecto a la dimensión metatextual del auto. El auto no sólo representa una historia o una acción a unos espectadores/lectores a través de la cual seguramente podrán sentir un placer tragicómico desde la seguridad de sus asientos o su mesa de lectura. La acción del auto acorta las distancias e inscribe al espectador/lector dentro del espectáculo/texto; y esto es lo que hace que sea buen drama. Puesto que la acción del auto trata usualmente sobre la caída y redención del Hombre, si se admiten las palabras y posición de Parker, debe prestarse un poco de atención también a la manera en que el auto, como buen drama, incita al espectador/lector a participar de la caída del Hombre dentro del auto.

A mi entender, la alegoría de *El jardín de Falerina* apunta a una irrecuperabilidad parcial de la palabra divina mediante la metáfora metateatral del demonio como dramaturgo.[2] Denomino metateatral o metatextual el comentario o figuración de un texto dramático sobre cualquier aspecto o componente de su propia factura. Estas figuras o comentarios pueden ser sobre el acto de escritura, modo o lenguaje del texto, sobre la conciencia de los personajes como personajes o figuras retóricas; o pueden ser metáforas sobre el ver y el oír, más relacionadas con el público.[3] En *El jardín de Falerina* vemos el proceso de creación del auto representado como parte del auto mismo: uno de los personajes, Lucifer, imagina y/o compone con la Culpa la acción dramática que el espectador ve. Parker opina que con esta representación del proceso de creación del auto dentro del auto culmina la técnica y teoría dramáticas de este género (*Autos sacramentales* 81–84). Para Cilveti, la alegoría producida por el Demonio es una "hipótesis de trabajo," una conjetura mediante la cual éste intenta especular sobre el futuro para deshacerse de los males que le aquejan (*Demonio* 95–127). Kurtz trata las implicaciones del experimento alegórico del Demonio desde el punto de vista de su fracaso y de cómo éste refleja las limitaciones diabólicas ante la preeminencia del Autor Supremo (*Play* 207). Yo, sin embargo, también veo en la metáfora de Lucifer como dramaturgo, del Demonio como aquel que pone en marcha la alegoría, una alusión al papel estelar del mal en la constitución del texto dramático del auto. Como demostraré en el análisis a continuación, tal estelaridad no se limita únicamente al imprescindible papel del mal como personaje, sino también al manejo seductor de la imagen dramática para atraer a un indolente espectador/lector, incapaz de interesarse por la "verdad desnuda" del dogma.

El jardín de Falerina abre con el Lucero invocando a la Culpa mediante una serie de apóstrofes:

> ¡Oh, tú, si te he de dar tu propio nombre,
> inordenada voluntad del Hombre,
> con pálido receso,
> de la primera Ley amable exceso,
> que adúltero engendro [*sic*] aquel elocuente
> pacto de la mujer y la serpiente,
> coloreado delito
> de la afectada paz del apetito,
> doméstico homicida,
> familiar enemigo de la vida!
>
> (1506b–07a)

Del largo y bellísimo parlamento del perverso, lleno de imágenes y metáforas, hacemos hincapié en estos versos porque tienen resonancias metatextuales. El parlamento del Lucero (o Demonio) que enuncia la asociación con la elocuencia y con la Culpa en el pacto malévolo, es él mismo sumamente elocuente. Nuestro drama metatextual abre entonces con una problematización indirecta de la elocuencia porque ésta (que es la marca de la facilidad de expresión y/o representación), fue lo que generó los amables excesos de la voluntad que condujeron a la transgresión original. Y en efecto, luego de estos elocuentes apóstrofes del Lucero "del segundo carro, que será un peñasco muy horroroso, sale la Culpa" (acotación, 1507a). Esta salida que responde a los fogosos llamados del Lucero repite el consorcio entre la elocuencia, el Lucero y la Culpa. El Lucero relata sus temores a ésta, de cómo habiendo tenido él éxito con una mujer, sería vencido por otra. Interesa su insistencia en hacer *ver,* que no sólo oír, a la Culpa:

> (pues no compadecen penas
> oídas, tanto como vistas)
> quiero, porque más te muevan
> los Ojos, que los Oídos,
> que en fantásticas ideas,
> ya que estáis viendo mis ansias,
> sus felicidades veas,
> y teniendo de él la envidia,
> de mí la lástima tengas.
>
> (1507b)

El Lucero declara que es más persuasivo el sentido de la vista que el del oído. Así, le pide a la Culpa que vuelva sus ojos hacia la selva de delicias que ha vuelto a alcanzar el Hombre por haberse arrepentido de sus pecados. Luego de este parlamento en efecto se ven "atravesando el tablado" los cinco sentidos con objetos emblemáticos, y tras ellos la Gracia y el Hombre.

La vista es el sentido más eficaz para persuadir según el pasaje del Lucero, pero es importante señalar que no coincide con el modo teológico/cristiano más apropiado para aproximarse a la verdad. Según San Pablo, San Agustín y Santo Tomás de Aquino, es el sentido del oído el que se asocia a ésta, porque es el único que no puede ser engañado.[4] Y en efecto, en los autos calderonianos con frecuencia se afirma la preeminencia del oído sobre los demás sentidos para dilucidar cuestiones de fe.[5] No obstante, como es el Lucero quien habla en este pasaje, no amenaza el vínculo entre el oído y la fe, ya que es apropiado que sea de gran interés para el Demonio persuadir con medios que distraigan de la verdad.

Sin embargo, el género del auto sacramental hace una gran inversión retórica en lo visual con sus costosísimos carros pintados que se abren, sus escenografías espectaculares y sus mismas alegorías dramáticas. Si la función del auto es "honrar la Eucaristía," el oído debería ser el sentido absolutamente privilegiado. No obstante, sabemos que esto no es cierto. En su voluminosa *Historia de la literatura española,* escribe Juan Alborg:

> Es necesario hacer hincapié acerca de la importancia excepcional que tuvo en la representación de los "autos" la parte escenográfica, hasta alcanzar —sobre todo en las producciones de los últimos años de Calderón— carácter de auténticas apoteosis; bajo el aspecto escenográfico los autos vinieron a ser los equivalentes en el teatro religioso de las brillantes escenificaciones de las comedias mitológicas en las fiestas reales. Este aparato impresionante, *que inspiraba el deseo de honrar el Sacramento,* resultaba posible por el subsidio económico recibido de los fondos públicos de las corporaciones encargadas del mantenimiento de las fiestas, de los gremios de los artesanos, de particulares, etc. (717; el énfasis es mío)

Esta cita corrobora la gran inversión en lo visual en los autos, cuya función es la de fortalecer la fe. Lo que resulta problemático es que el modo de "honrar el Sacramento" en el auto no sea sólo mediante el oído, que está más asociado a la fe, sino también mediante una inversión "excepcional" en el sentido de la vista, que al mostrar, mitiga, hace más amable la dificultad de creer. El pasaje del Lucero que manifiesta su opinión sobre la superioridad persuasiva de lo visual frente a lo auditivo abre la posibilidad de que pueda interpretarse metatextualmente, como un comentario irónico (o diabólico) con respecto a la constitución visual del género del auto.[6] Por otro lado, es *por lo menos* perturbador que Lucifer quiera servirse, y de hecho se sirva, de recursos similares a los que utiliza el auto para conmover al lector/espectador.

Hay un cambio de escena y regresan el Lucero y la Culpa, hablando sobre la venida de Dios "a pagar . . . la deuda" (1509a) y cómo la esperanza de tal venida es lo que ha restituido la gracia al Hombre luego de su caída. El Lucero confiesa a la Culpa que la lectura de las Escrituras lo ha hecho temer que en efecto Dios venga encarnado.[7] Estos temores lo han puesto sobre aviso:

> Estas y otras muchas sombras,
> de que la Escritura llena
> está, me han hecho pensar
> cómo formaré una idea,
> cómo dispondré una industria
> en quien hacer experiencia
> de cómo he de cautelarme,
> para que cuando suceda
> venir a pagar por él,
> me [*sic*][8] halle tan de otra manera
> prevaricado, que no
> le conozca ni le crea;
> de suerte que haya quien diga:
> que vino al mundo, y las mesmas
> gentes que crió, no solo
> le admitan, pero le ofendan.
>
> (1509a–b)

Más adelante, retomando esta idea, prosigue:

> La industria y la idea que dije
> (aquí no te me diviertas)
> en una fábula intento
> fundarla, que para prueba
> de que es tuya y mía, no obsta
> ser fabulosa materia;
> demás, de que cuando haya
> a quien disuene, nos queda
> en la autoridad de Pablo
> abonada la respuesta,
> cuando diga que a su gremio
> vendrán gentes tan perversas,
> que las más puras verdades
> en fábulas se conviertan.
>
> (1509b)

La importancia del fragmento me ha obligado a reproducirlo extensamente. El pasaje es metatextual porque habla de la escritura. El intertexto es la Biblia. La industria del Lucero lo ha movido a querer representar una escena para poder prevenirse del Verbo Encarnado que está anunciado en esas Escrituras.

Su idea es que una vez avisado por la representación y resultados de la fábula, el Lucero podrá pervertir tanto al Hombre que cuando venga el Verbo a pagar por él, éste no lo reconocerá. Tal incapacidad de creer y reconocer será una afrenta para el Verbo y un triunfo para el Lucero. Ahora bien, si hubiera objetores a esta representación de la Culpa y del Lucero, la autoridad de San Pablo la justificaría.

Varias cosas inquietantes están ocurriendo en estos pasajes. Por una parte, el Lucero quiere tener una visión de lo que sucederá en el futuro para prevenirse, pero por otra, sabe ya lo que dicen los textos de San Pablo, que son posteriores incluso al momento que teme. Estos son los anacronismos y contradicciones que parecían inadmisibles a los neoclásicos[9] pero que permite el modo alegórico por la no-coincidencia entre el significante y el significado inherente a su estructura. Sin embargo, más perturbador que este enmarañamiento del tiempo lineal es que en *El jardín de Falerina* se está proyectando hacer precisamente lo que advierte San Pablo: las verdades bíblicas y sacramentales van a ser transformadas en fábulas y alegorías por un agente perverso. Además, si la fábula dentro del auto va a prevenir al Lucero, ayudándolo en sus malévolos designios a perder más al Hombre para que no reconozca a su salvador cuando venga a redimirlo, ¿no parecería que las fuerzas del mal estuvieran dominando en demasía el texto y/o la representación dramática que debería celebrar el sacramento de la Eucaristía? Continúa el Lucero en este pasaje fundamental:

> Y pues, para una fingida
> o representable escena,
> la Retórica nos da
> alegórica licencia;
> no sin propiedad la fundo
> en las diabólicas ciencias
> tuyas, pues de Encantadora,
> de Mágica, y de Hechicera
> te dan nombre los venenos
> de tu voz y tu belleza.
>
> (1509b)

El texto sigue elaborando la asociación entre retórica, Culpa y Lucero. La retórica permite que personajes alegóricos como la Culpa y el Lucero imaginen, creen y representen una escena fingida por medio de la figura de la alegoría. Tenemos aquí pues una compleja alegoría doble, o "elevada al cuadrado," similar a las complicadas metáforas de metáforas gongorinas.[10] A su vez, esto añade otra dimensión figurativa que hace difícil despejar el significante, o la parte sensual de la alegoría, para llegar a un significado o concepto definitivo. Tenemos dos figuras alegóricas que a su vez tienen licencia para representar una "escena fingida." Con gran perspicacia T. E. May opina que este tipo de estructura es un truco conceptista que protege al dramaturgo de resultados negativos o desafortunados que puedan tener sus aventuras imaginativas ya que siempre puede argüir que todo era figura o alegoría.[11]

Estos pasajes claramente aluden a la perversa metáfora metateatral del Demonio y la Culpa como dramaturgos, que señalaba al principio del capítulo. Debido a que la retórica permite la alegoría que dará voz a la Culpa, el Lucero funda la retórica en las encantadoras artes maléficas de ésta. En otras palabras, el Lucero está arguyendo que la retórica es una aliada de la Culpa en tanto y en cuanto aquélla le abre un espacio figurativo a ésta para que, como Falerina, represente con elocuencia seductora sus maldades y hechicerías. Este aserto es problemático porque la retórica es también en lo que se funda el auto como género dramático,[12] y como figura alegórica.[13] Al vincular las ciencias diabólicas de la Culpa/Falerina a la retórica, puede inferirse por extensión que los recursos dramáticos y figurativos que se ven empleados en el auto para persuadir y convencer son los mismos que utiliza la maléfica. Más inquietante aún, claro, es considerar que semejante fabulación demoníaca vaya a ocurrir dentro del drama del Corpus Christi. Lo que el espectador va a ver y a disfrutar según esta escena ¡es una representación de la Culpa que pervertirá al Hombre y aumentará el poder de Lucifer al avisarlo del futuro! En este punto inicial de *El jardín de Falerina,* entonces, la tensión dramática es inmensa: implicar que el auto se sirve de ciencias diabólicas y representar a la Culpa y al Demonio como los productores de un texto que supuestamente debe celebrar el sacramento de la Eucaristía y edificar al espectador es, a todas luces, un escándalo. La única solución dramática que podrá combatir semejante perfidia, es, desde luego, desvirtuar la autoridad diabólica del Lucero y la Culpa con peripecias posteriores en el auto. No obstante, y a pesar de las soluciones que inevitablemente aparecerán, ¿no es perverso que el texto homilético, que ha de mover la voluntad del espectador al amor por la Eucaristía, se presente a sí mismo como originado por Lucifer? ¿No es ligeramente malvado el *pathos* (meta)dramático que se deriva del juego con la posibilidad de la depravación del auto? Al representar a Lucifer y a la Culpa como dramaturgos, el auto de Falerina abre la provocativa posibilidad de ser una escritura/espectáculo demoníaco. ¿No es contradictorio servirse del placer dramático que produce esta pecaminosa posibilidad insólita para llevar a cabo los piadosos fines didáctico-morales del auto?[14]

La estrategia que sugiere el Lucero para comenzar la representación que lo habrá de prevenir del Verbo Encarnado es alejar al Hombre del jardín de la Gracia. Ni corta ni perezosa, responde la Culpa convocando de inmediato a cinco vicios asociados con los cinco sentidos "que no quiero que me debas / palabras hoy, sino obras" (1510a). En la primera escena de esta alegoría demoníaca aparecen la Gracia, el Hombre y sus Sentidos bajo "el Arbol sin sierpe" (acotación, 1511a). El Hombre continúa su alabanza a Dios, hasta que se oye un canto muy dulce, de adentro. Es la hechicera Falerina que mediante su bella voz, o magia, atraerá irremediablemente a sí a los cinco sentidos. Todos éstos, incluso el Hombre mismo, quedan cautivados en el acto, anticipando ya la Vista la aparición de la Culpa en todo su esplendor. Y en efecto:

> Abrese el cuarto carro, que será peñasco, y salen de él la Culpa en la Hidra de siete cabezas: las cinco de mujeres que hacen las cinco culpas traerán unas colonias en las manos, que vendrán pendientes de las cinco cabezas; la otra traerá la Culpa, y la principal cabeza sin colonia; y asimismo en la otra mano de la rienda traerá la Culpa una copa dorada, donde, a sus tiempos, saltará un áspid, y canta ella. . . . (acotación, 1512a)

Sin duda, ésta ya es la representación planeada por el Lucero y la Culpa. Son ellos los autores del auto de este momento en adelante y como buenos dramaturgos, tal y como lo hace Calderón con respecto al espectador/lector, explotan todas las posibilidades persuasivas de las formas visuales y musicales para impactar al Hombre. Continúa la Culpa con su canto y estribillo del brindis, al que van respondiendo los Sentidos, guiados por los Vicios. La Gracia trata de impedir que los Sentidos se sometan a la Culpa, pero fracasa en su intento. De hecho, la seducción de éstos demuestra ser escandalosamente fácil si se considera que en el jardín de la Gracia estaban en dulce armonía, deleitando al Hombre con los objetos cósmicos que allí habían.

Una vez el Hombre se encuentra en el jardín de Falerina, los Vicios y los Sentidos le cantan y bailan. La Culpa pide entonces que la dejen sola con él para seducirlo definitivamente. Acompañándose ahora sólo de la Música, le representa poéticamente al Hombre un bellísimo alcázar donde él habría de habitar. Como es la Culpa quien canta, la Música aquí es sensual, malvada. Es música engañosa, cuyo propósito es seducir al Hombre mediante "falsas armonías." Lo que está en juego en el hecho de que la Culpa y la Muerte puedan servirse de la Música para sus nefastos artilugios y artificios, lo expresa Jack Sage en su clásico artículo sobre la función de la música en Calderón: "Hence man's dilemma within the allegory is that he has to distinguish between the Voice of God presented as true harmony but not inmediately beautiful, and the voice of the devil presented as superficially beautiful harmony" (222).

La belleza de la música ya no puede garantizar su verdad o un origen celestial. Lo bello de una apariencia no significa necesariamente que sea buena, ni que el espectador esté vislumbrado a través de ella una idea arquetípica. Lo bello ya no se somete a la concepción renacentista de la proporción perfecta, lógica, cuya verdad es irrefutable e inmutable.[15] Lo bello en el Barroco puede ser simplemente una apariencia fantasmal, sin ninguna conexión con lo trascendente, poniendo al Hombre en la crítica situación de no poder confiar en la inclinación natural de sus sentidos. Pero más problemático quizá que la dramatización de la triste ruptura entre lo bello, lo bueno y lo verdadero (distancia que no todo historiador del Renacimiento opina que esperó al Barroco para hacerse sentir) es que cuando Falerina canta para ablandar y someter la voluntad del Hombre, Calderón mismo está utilizando en el auto la música sensorial que según Sage, asocia a los poderes seductores del demonio (222). Lo perturbador del empleo de este "bello estiércol del oído"[16] en el auto es que una estética supuestamente diabólica sea parte del arte evangelizador de Calderón. Pues a pesar de que esta música provenga de la Culpa, no por eso dejará el espectador de disfrutarla tanto ni el lector de gozar de su concepto.[17] Pero es ese mismo deleite en las hermosas apariencias engañosas del mal lo que está precipitando la recaída del Hombre en este auto. Al fascinar al espectador/lector con los versos, las flores y la música de la Culpa, la acción del auto deja de ser algo remoto para éste, pues lo inscribe dentro de su representación, haciéndolo participar, siquiera metafóricamente, del error del Hombre.

Continuando con su seducción, la Culpa le promete al Hombre que en su alcázar, él habrá de disfrutar de la poesía y del ingenio:

En él a todas horas
tendrás, tras el festín,
poéticas academias,
en que puedan lucir
tus Ciencias, que mis damas
te sabrán argüir,
que no es la del Ingenio
la menos dulce lid,
pues todas estudiosas . . .
Música — Las verás añadir
al primor de lo bello,
del Alma lo sutil.

(1516a)

Es de interés metateatral este parlamento por su referencia al Ingenio y a las "poéticas academias," significantes vinculados a la producción y transmisión de la textualidad que los contiene. Tras el festín de los sentidos, las cultas damas de la Culpa conseguirán el rendimiento del Hombre mediante poéticas contiendas en que añadirán las sutilezas del Alma a lo bello. El ingenio de la Culpa es tal que puede prometer, deleitosamente, el deleite de todas las facultades y sentidos del Hombre. Como productora del texto dentro del texto, en esta escena se ve de forma ejemplar a la Culpa articulando la estructura del *mise en abyme,* que define de Man como "the kind of structure by means of which it is clear that the text becomes itself an example of what it signifies . . . a story within the story of what is its own statement" ("Task" 86).[18] Veamos cómo funciona esta estructura del *mise en abyme* y sus implicaciones.

En primer lugar, la escena revela la inmediatez fascinante de la poesía cuando muestra que la promesa de un gozo futuro de poesía, cuando se articula como poesía, ya produce gozo aunque nunca se realice. La encantadora materialidad del significante poético no se funda en la realidad o irrealidad, veracidad o falsedad de su referente, ni en la calidad moral del sujeto enunciador. En este sentido, la lustrosa superficie del significante poético se muestra operando en esta escena de forma "narcisista e idólatra,"[19] es decir, al margen de su referencia a la realidad (del mal). No hay que olvidar, claro, que esta autoreferencialidad "idólatra" es parte de lo que según Roman Jakobson caracteriza la función poética en general.[20] El significante poético, en tanto que exige una gran atención a su forma, no oblitera su función referencial, pero la suspende como único valor posible. Es por esto que al igual que la bondadosa Gracia, Lucifer puede crear con el lenguaje esa belleza que afecta tanto al Hombre. La indiferencia narcisista del significante poético ante el bien o el mal es pues un resquicio, un intersticio por el cual siempre puede introducirse el maligno para seducir, crear conflicto y posponer el fin de la historia. Pues cuando lo bello deleita, sea bondadoso o malvado, porque ya no se desea única y solamente el bien, esto facilita la tarea de Lucifer de hacer olvidar la verdad máxima.

Es entonces por esta indiferencia narcisista que los placeres de la poesía pueden ser apropiados por la Culpa para promover su diabólica estrategia de seducción. Pero lo inquietante del pasaje no se limita a mostrar la corruptibilidad de la poesía por un elocuente agente malvado. Cuando el espectador/lector goza de los significantes malditos de la Culpa en esta escena, está participando, siquiera figurativamente, de la flaqueza que precipitará la caída del personaje del Hombre. Al presentarnos a la Culpa como productora de bellas promesas vacías cuya poesía el espectador(/lector) no puede dejar de disfrutar, *El jardín de Falerina* expone la debilidad del Hombre/espectador ante la fascinante función poética del lenguaje. Puesto que esto ocurre *dentro* del auto, éste, por medio de la estructura de *mise en abyme,* se muestra utilizando una vez más las mismas estrategias de la Culpa: ambos se sirven de la vulnerabilidad del Hombre/espectador ante la bella materialidad del lenguaje para dominar su voluntad. El lenguaje poético del relato alegórico de *El jardín de Falerina* apunta entonces no sólo al *logos* de la Eucaristía, sino también al ambiguo e inmenso poder amoral de su propia materialidad. En este sentido, la fábula alegórica no recupera ni coincide por completo con el gran significado original que lo antecede. La disyunción o discontinuidad yace en el placer narcisista que rinde ese irresistible material poético, especialmente cuando lo manejan la Culpa y Lucifer.

Así las cosas, el Hombre en *El jardín de Falerina* finalmente cae rendido ante el placer del significante que con tanta facilidad se presta a las manipulaciones de la Culpa/Falerina. Sella el Hombre su pacto con la maléfica bebiendo de su copa y acto seguido salta un áspid de ésta, oyéndose un terremoto terrible. La Culpa revela entonces sus engaños y ardides, y el Hombre va perdiendo sus sentidos uno a uno hasta convertirse en "nueva estatua / del mágico *Jardín / de Falerina*" (1518a) dentro de *El jardín de Falerina.* Es importante apuntar que la caída del Hombre no lo convierte en algo repugnante para el espectador/lector, sino en un ingenioso concepto dramático.[21] Es decir, su metamorfosis en estatua como consecuencia de su encuentro con la Culpa produce gran placer de ingenio debido a la referencia intertextual con la Medusa (quien también transformaba a los hombres en piedra) y debido a la ingeniosa similitud y diferencia entre una estatua y los sentidos del Hombre petrificados bajo los efectos de la Culpa. Esta es otra instancia en la cual la superficie de la imagen brilla independientemente de su significado, que es la condición terrible del hombre en estado de pecado. Hay en efecto una correspondencia entre este estado y una estatua de piedra, y la Culpa como Medusa, de la cual el espectador puede avisarse. Pero al mismo tiempo, la correspondencia es tan ingeniosa que, paradójicamente, hace gustosa la representación del pecado. Así, esta escena de la caída del Hombre en el jardín de Falerina se vuelve *deseable* para el espectador/lector, siquiera porque produce el placer del concepto. Lo ambiguo del auto es entonces que al hacer de la representación del mal del pecado algo deleitoso, irónicamente repite lo que hacen la Culpa y Lucifer al tentar al Hombre: mitigar, hacer más amable la negatividad del significado del pecado. Puede decirse entonces que el auto sacramental en esta escena comparte la resbaladiza estructura de un *pharmakon:* cura mientras enferma; es bueno y malo al mismo tiempo; nunca es enteramente beneficioso. De manera similar a ese *pharmakon* que participa de la enfermedad que pretende curar, que es remedio y veneno al mismo tiempo, *El jardín de Falerina* hace del olvido de la Gracia y de Dios algo apetecible (como parte de la espectacular textura dramática del auto), mientras que pretende avisar contra ese mismo olvido. El auto seduce al Hombre mediante la maravillosa poesía, música y puestas en escena de su nivel literal para que no se deje seducir por las bellas apariencias de agentes malvados. En este sentido, no es una cura libre de todo riesgo porque, aunque con el fin de erradicar el perverso apego humano al esplendor de la materia, se está sirviendo del poder de éste para realizar semejante objetivo. Puede verse entonces una vez más cómo la estructura de la alegoría de este auto calderoniano en esta escena no es una de total "conjunción semiótica"[22] con el signo eucarístico que la precede. Al participar en cierto grado del mal que pretende suprimir, la materia poética del nivel literal de la alegoría del auto suscita un interés "idólatra" en sí misma que no se somete enteramente al proyecto de alabar al Sacramento.

Ahora bien: no se le haría justicia a *El jardín de Falerina* si no se tuviese en cuenta la apropiación del significante poético y la fábula alegórica por parte de las fuerzas del bien. Al escuchar al Hombre quejarse y llorar por la miseria de su estado, la Gracia aboga o intercede por él en un hermoso apóstrofe, que resulta ser una imagen especular del apóstrofe del Lucero en el principio del auto, y también de suma importancia en términos metatextuales. La Gracia convoca al "Señor Increado," pidiendo que mande a rescatar la obra más importante de la creación:

> Y pues, en alegoría
> hoy solicita el Lucero
> de aquel siglo venidero
> ver el esperado día,
> de quien fía
> cautelarse, que vea es bien
> yo también,
> si a una idea nos reduces,

que a mí los consuelos me den en tus luces
las penas que a él en sus sombras le den.
(1519a)

A partir de este pasaje, la Gracia comienza a controlar el texto dramático. A instancias suyas aparece una serena Nave con un Peregrino,[23] asombro ante el cual la Culpa y el Lucero confiesan que ha perdido "el encanto la fuerza" (1521a). Más adelante, invirtiendo la escena en que el Lucero le pedía a la Culpa que volviera sus ojos al jardín de la Gracia, ésta ahora persuade al Peregrino de que vuelva los suyos al jardín de Falerina para moverlo a la acción. Y en efecto, según la didascalia: "Al pie del tronco de la Serpiente aparece el Hombre como en éxtasis, a manera de estatua; y alrededor un león, un tigre, un espín, un erizo y un camaleón" (1522a).

El bellísimo soneto de contrición que escucha y ve el Febo/ Peregrino proferir al Hombre movido por la Gracia finalmente mueve a aquél a asumir las culpas de éste. Un par de escenas más adelante, aparece la Culpa-Medusa en la copa del árbol de la Ciencia. Acto seguido, se abre el carro de la derecha y aparece el Peregrino en la copa del árbol del jardín de la Gracia, que ahora tiene una cruz en el remate. El bello Peregrino entonces se ofrece a morir desangrado en un tronco en infinito abono por el prisionero, perpetuando su estado de figura especular, puesto que si un árbol había condenado al Hombre, otro le redimiría. Finalmente expira, y desapareciendo él y la Culpa, baja el Hombre de un carro a escena todo confundido. Pregunta entonces quién lo ha librado de sus prisiones, y replica feliz la Gracia que ha sido un bondadoso aliado de ella que ha vencido a la Culpa.[24]

Pero todavía no toca a su fin la fábula alegórica. El Lucero le reprocha a la Gracia estarle ofreciendo más seguridad de la debida a aquél. Pues si bien la Culpa original ha desaparecido con la muerte del Peregrino, no así la Culpa actual, que puede hacer prisionero al Hombre una y otra vez. La Gracia objeta, diciendo que ha dejado como aliados "dos Sacramentos de Muertos" que servirán para combatir a la Culpa cada vez que ésta aparezca: bautismo y penitencia (1525a). Por si esto fuera poco, el generoso Peregrino deja aún otro recurso que aumentará el poder de la Gracia, y ése es la Eucaristía. Excepto

Lucifer y la Culpa, claro, todos se alegran. Irónicamente, sin embargo, mientras más armas triunfales acumula el bondadoso aliado contra la Culpa y Lucifer, más poder les confiere el texto a éstos y más se anticipa su regreso. Este es uno de los problemas de simetría que presenta la forma del auto como alegoría dramática. Escribe Fletcher:

> Allegories tend to stress the equality of two opposing forces, and the implication is that by paralleling virtue and vice the poet is showing the latter to be magically overcome by its equal antithesis. . . . A less primitive view assumes rather that evil is "the absence of good," according to Augustine's formula; Augustine would tend to say that by making a frontal attack on evil, as the Manicheans do, one only creates new evil. But the allegorist assumes that, when virtue imitates vice at the moment of the attack, it can, by that very isomorphic imitation, destroy its opposite. (189–90)

El jardín de Falerina articula esta estructura isomórfica, "primitiva," que vencerá (aunque no destruirá) a su opuesto descrita por Fletcher. Cuando el Lucero pregunta quién puede otorgar tanto poder a la Eucaristía, el Febo, "vestido de resurrección," replica :

> Yo,
> pues debajo de la tersa
> blanca nube, y esta copa,
> a la de la Culpa opuesta,
> estoy en Cuerpo, alma y Vida;
> porque si al Jardín de aquella [*sic*]
> le llevó de falaz ira,
> al de la Gracia le vuelva
> estotra, para que en todo
> la oposición resplandezca,
> de que quien venció en un Leño,
> en otro Leño se venza.
>
> (1525b)

En estos bellos versos, el Peregrino redentor invierte la iconología de la Culpa en este auto para vencerla como su contrario. A pesar de que hay en ellos una clara alusión a la tradición patrística de interpretación figural[25] también, como dice Fletcher, establecen estos versos un paralelo entre las fuerzas opuestas que se debaten. Es cierto que el Peregrino logra liberar al Hombre de las fuerzas de la Culpa, pero sometiéndose a la *autoridad* de ésta mediante el modo alegórico de figuración isomórfica. Al invertir los emblemas de la Culpa para derrotarla en la fábula de *El jardín de Falerina,* el Peregrino la representa como una fuerza casi fundacional, que no puede dejar de tomarse en cuenta. Esto hace que el triunfo del rescate sea una gran hazaña, lo cual demuestra al lector/espectador el gran poder del Peregrino, y el enorme amor que siente por el Hombre, por cuya causa se somete a tan terrible lid. Mas mediante la figuración isomórfica se le otorga también una prominencia excesiva a la figura del mal, que requiere tanto esfuerzo y sutileza mimética de la omnipotencia para ser dominada.[26]

Asimismo, es revelador el bello verso del aliado sobre la oposición resplandeciente. Según éste, lo que resplandece no es su gran intervención sola, directa, sino la oposición, el contraste isomórfico entre su papel y el de la Culpa. El resplandor apoteósico con que brilla *El jardín de Falerina* al final no hubiera sido posible sin la presencia/autoridad del Lucero y de la Culpa. En este sentido, aunque es indiscutible que vence el Febo en este auto, su poder no puede representarse dramáticamente, sino como resultado de una lucha contra las fuerzas del mal. La espectacularidad de *El jardín de Falerina* como fenómeno es producida por el contraste, por la contienda entre dos bandos, e incluso por el malvado deseo del demonio/dramaturgo de producir una (hermosa) alegoría que le revele el futuro. El triunfo de la Eucaristía que llena los corazones de la audiencia de felicidad ocurre, después de todo, a causa de la alegoría desatada por Lucifer y la Culpa, que son quienes ponen en marcha la representación. Así, la escritura dramática de este auto exige la presencia del bien tanto como la del mal puesto que sería irrealizable sin alguna de estas dos fuerzas.[27] Mientras más simétrica y encarnizada sea la lucha entre ambas potencias, mientras mejor pueda desafiar el mal la omnipotencia del bien, más bello, resplandeciente y conmovedor resultará el texto dramático del auto para el espectador/lector, así como el triunfo mismo de la Eucaristía al final del auto.

La figura metateatral del demonio y la Culpa como dramaturgos de la representación de *El jardín de Falerina* dentro de *El jardín de Falerina* permite considerar la estructura diferencial y disyuntiva de la alegoría como un modelo para este auto. La prominencia del papel del mal dentro de la fascinante dimensión poética y dramática del auto puede hacer que ésta no coincida totalmente con el signo sacramental que la antecede. *El jardín de Falerina* no recupera por completo el significado del misterio de la Eucaristía ni mueve únicamente a su devoción pues cuando se trata del esplendor dramático del auto, la perversión del Lucero será amada, deseada y exigida, ya que es lo que lo pone en marcha y facilita su resplandeciente y simétrica textura de contrastes. Cuando está en juego la belleza del significante, ésta será gozada incluso aunque provenga del personaje de la Culpa. Tal apetencia o al menos tolerancia del mal, debido a su función constitutiva del auto, es una contradicción que no debe dejar de tomarse en cuenta cuando se estudia este género, el cual no sin razón califica Octavio Paz de fluctuar "entre el pensamiento más abstracto al arte más sensual, de la lógica al baile, de la teología a la bufonada" (450).

Es preciso señalar que lo dicho con respecto a *El jardín de Falerina* podría aplicarse en muchos casos a varios otros autos sacramentales no sólo de Calderón, sino también de Lope, de Valdivielso, y de otros dramaturgos del auto.[28] No obstante, con Calderón el género alcanza la plenitud de su potencial dramático, alegórico y escenográfico (Kurtz, *Play* 12). Es significativo entonces que sea él quien más destacadamente utilice la metáfora metatextual de Lucifer como productor de la ilusión dramática dentro de la ilusión dramática. Posiblemente, es en los textos de este poeta del catolicismo en donde mejor quede figurada la profunda ambivalencia del auto sacramental como género, el cual combate el mal al mismo tiempo que le confiere esa irresistible voz seductora que lo hace tan amable y deseable para el Hombre/espectador/lector. En este sentido, la culminación de este género, su momento más espectacular y triunfante, a su vez perpetúa la enorme debilidad humana de su ardiente deseo de lo bello, el cual puede hacer olvidar incluso hasta el significado que acaso dé origen a todas las cosas.

Capítulo cinco

Los encantos de la Culpa y las culpas de la representación

El "baudeleriano" título *Los encantos de la Culpa* ya anuncia la representación en este auto de la inquietante irresistibilidad del mal. La etimología de *encantos* indica que proviene del latín *incanto, incantas,* del verbo *incantare.* En su diccionario etimológico, Vicente García de Diego interpreta el sentido original de *incantare* como "cautivar, hacer maravillas" (153). Sebastián de Covarrubias define a los agentes que encanta como "maléficos, hechizeros, magos," y nos refiere a las *Disquisiciones mágicas* del padre Martín del Río "donde difusamente trata de esta gente perdida y endiablada" (512).

Es significativo que Covarrubias asocie lo diabólico con aquello que maravilla y cautiva. Los encantamientos son "las apariencias que nos representan los encantadores" y el efecto de estos encantamientos o apariencias maravillosas es el de paralizar: "Hombre encantado, el retirado y pasmado, que no trata con nadie." Para Covarrubias, el hombre encantado es un hombre asombrado, ensimismado y enajenado: es decir, un hombre despojado de su voluntad. La negatividad asociada al vocablo es pues evidente. En el *Gran Diccionario de la Lengua Castellana (de Autoridades),* Aniceto de Pagés define el vocablo, vinculándolo también a la magia y a lo sobrenatural: "ENCANTAR: Obrar maravillas por medio de fórmulas y palabras mágicas, y ejerciendo un poder preternatural sobre cosas y personas, según la creencia del vulgo." Nada de novedoso hay aquí. No obstante, interesa mucho el sentido figurativo que registra Pagés para el verbo *encantar,* apoyándose nada menos que en la autoridad de Cervantes: "Ocupar toda la atención de uno por medio de la hermosura, la gracia o el talento."[1] En este sentido figurativo (que es el que más se conserva en el español moderno), se relajan los vínculos con lo diabólico, pero permanece la idea siniestra de Covarrubias de una voluntad o una atención "ocupada," tomada, pasmada si se quiere, aunque ahora por lo bello. La hermosura, lo gracioso, y/o lo producido por un gran talento hacen las veces de las maravillas de los hechiceros que ejercen poder sobrenatural sobre las personas. Con el sentido literal (etimológico) y el figurativo confluyen entonces significaciones en el vocablo *encantos* del título *Los encantos de la Culpa* que invitan a (o al menos permiten) considerar similitudes entre la Culpa y el auto, en tanto que ambos fascinan y ocupan la atención con maravillas y apariencias. El considerar tales similitudes entre los efectos que produce un personaje dentro del auto y los efectos que produce el auto mismo borra las fronteras entre el interior y exterior de la representación, borradura que, como bien ha observado Orozco Díaz, ocurre con frecuencia en el teatro barroco español del XVII. Y de hecho, como ya hemos visto en *El jardín de Falerina,* habrá también cierta afinidad ejemplar entre la situación del Hombre como personaje del auto y del hombre (y mujer, claro) como espectador/lector de *Los encantos de la Culpa,* puesto que toda la atención y voluntad de ambos serán fascinadas, pasmadas y "ocupadas" por maravillas, apariencias e invenciones.[2]

Ahora bien, entre las innumerables cosas que ocuparán toda la atención del espectador de este auto está la correspondencia de la fábula con la rapsodia X de la *Odisea,* al mismo tiempo que alegoriza el género humano, la idea abstracta de la culpa y la lucha entre el entendimiento y los sentidos mediante los personajes del episodio en cuestión. Calderón basa su auto en su propia comedia mitológica *El mayor encanto, amor,* representada por primera vez ante la Corte el 25 de junio de 1635. La comedia adapta su argumento de este famoso episodio, dándole ya cierto contenido moral explícito mediante el personaje de la Virtud que aparece amonestando a Ulises a que abandone los placeres del amor y se entregue al deber de la guerra.[3] En el auto se reducen los tres actos de la comedia a uno solo; desaparecen muchos de los personajes de la comedia, y se le da carácter sacramental a la pieza. Así, los siete acompañantes de Ulises en la nave se vuelven los Sentidos y el Entendimiento, y el propio Ulises se convierte en personificación del Hombre. Circe se transforma en personificación de la Culpa, y la Iris mensajera, en la bellísima Penitencia. La sacramentalización de un célebre episodio de *La odisea* y de una comedia del propio dramaturgo ofrece, entre otras cosas, un gran placer al espectador/lector porque implica el ejercicio del ingenio poético y de la dificultad conceptuosa. Escribe Emilio Cotarelo y Mori en 1921 sobre el virtuosismo alegórico de Calderón en los autos:

> Buscaba sus metáforas en la historia antigua y moderna y aún en la contemporánea suya; en la naturaleza; en el cielo; en las costumbres; en la mitología, leyendas y supersticiones; todas las cosas del cielo y tierra se presentaron sumisas y obedientes a los giros a que el gran poeta quiso someterlas. (263)

Cotarelo y Mori entiende el ingenioso proyecto alegórico de Calderón como un gran gesto tropológico católico, ecuménico, integrador, ya que transforma todo en metáfora del signo teológico cristiano. Sin embargo, no es Calderón el osado iniciador de este ingenioso procedimiento. Como se ha visto en el capítulo sobre la alegoría, el gesto de interpretar los mitos griegos como alegorías de verdades cósmicas tiene su origen en los estoicos. Pasa luego a la tradición judía mediante Filón de Alejandría y más tarde a la cristiana por medio de Clemente y Orígenes.[4] Esta tradición apropiadora de exégesis alegórica estoica, y judeocristiana, será revivida con especial entusiasmo por el humanismo renacentista. Los tratados españoles de mitología de Pérez de Moya y de Vitoria ingresan en esta corriente revivificadora, así como lo hacen los propios autos de Calderón.

En su citado libro, Kurtz propone que al mostrar las verdades cristianas ocultas bajo el velo de la narrativa mitológica, "the dramatist of the allegorical auto sacramental is the mystagogue, the illumined expositor and transmitter of revealed truth" (*Play* 118). Además, Kurtz señala cómo Calderón no se conforma simplemente con alegorizar las fábulas de la tradición grecolatina, sino que las reelabora, adapta y modifica. Este proceso de alterar los mitos pudiera entenderse como una dramatización radical de la metamorfosis que sufren cuando se les somete a la exégesis cristiana: "Yet the transpositional possibilities must have been there (as in etymology), immanent and divinely ordained, or the allegorist could not have discovered them" (114). No debe olvidarse sin embargo que la alegorización de los mitos griegos nunca es sólo ganancia total para el cristianismo. Por lo pronto, implica también la inextricabilidad y el enorme prestigio del panteón pagano en la cultura occidental tal y como apunta Jean Séznec en *La Survivance des dieux antiques.* Según Séznec, la Iglesia contrarreformista volvió a llamar la atención con respecto a los peligros que implicaba el tratar de reconciliar el espíritu pagano con la moral cristiana, empresa que aunque presente durante la Edad Media, sobre todo el Renacimiento había llevado al extremo. Sin embargo, viéndose impotente para erradicar una cultura muy distinta al cristianismo pero de un enorme prestigio artístico e intelectual, la Iglesia volvió a aceptar una vez más la herencia pagana y a continuar transmitiéndola, sirviéndose del "conveniente y flexible" recurso de la alegoría (Séznec 274). A pesar de que no creo que la alegorización de los mitos grecolatinos en Calderón únicamente se trate de una legitimación y promoción cultural que realiza el cristianismo como afirma Séznec, tampoco pienso que pueda explicarse sólo en términos de la articulación del elevadísimo propósito de manifestar o hacer visibles las verdades sacras ocultas bajo las figuras del paganismo. Tal alegorización en el auto calderoniano también ofrece el placer más profano de la dificultad conceptuosa, de la analogía ingeniosa, de la variedad. El propio Parker "confiesa" que hay muchos autos calderonianos en que la dificultad alegórica no rinde significación alguna, sino tan sólo placer:

> La técnica de éstos puede ser tan complicada que, a veces, Calderón parece complacerse en ella por amor de la complicación misma. Se sirve de toda su ingeniosidad para conformar un tema dogmático dentro de una alegoría que no sólo es incapaz de poner a luz el significado más profundo del dogma, sino que le es tan desemejante que el único incentivo que pudo moverle era la satisfacción de orden técnico de conseguir lo que era imposible, y el deseo de presentar a su público con [*sic*] sorpresas y estímulos nuevos de orden intelectual. (*Autos sacramentales* 86)

Aunque Parker se refiere aquí a la técnica alegórica del auto en general y a pesar de que *Los encantos de la Culpa* está lejos de ser ininteligible, lo que deseo destacar con la cita es su consideración de que en muchas ocasiones la extrema complicación del auto no parece servir otro propósito que el del placer de ejercitar el ingenio para conseguir lo prácticamente imposible y brindarle al público el puro gozo de lo nuevo y de lo difícil. Desde este punto de vista, parte del encanto de *Los encantos de la Culpa* pudiera ser en efecto el gozo de orden técnico de la dificultad de reelaborar el episodio de Homero y de la propia comedia para convertirla en todavía otra ingeniosísima y novedosa alegoría más del Sacramento.

Y es que la pródiga exigencia de la Iglesia y del Estado de componer autos nuevos cada año con el mismo asunto de la Eucaristía contribuyó en gran medida al puro ejercicio del ingenio poético de Calderón que casi parece lamentar Parker. Como ya se señaló antes, Calderón produjo setenta y ocho autos en total; es decir, cornucopia abarrotada: setenta y ocho maravillosas variaciones sobre un mismo tema. Viene muy al caso recordar que el poeta se disculpa en el prólogo a su primer tomo de autos por las "repeticiones" inevitables de personajes, aunque, añade: "más se le debe dar estimación que culpa a este reparo, que el mayor primor de la naturaleza es que con unas mismas facciones haga tantos rostros diferentes, con cuyo ejemplar, ya que no sea primor, sea disculpa el haber hecho tantos diferentes Autos con unos mismos personajes" (Calderón 42). Es sutilísimo primor que debe aplaudírsele al dramaturgo el poder configurar tantos distintos argumentos e historias con los mismos personajes.

Desde la perspectiva de la apología de su ingenio que hace Calderón en este prólogo, la alegorización de los personajes mitológicos en *Los encantos de la Culpa* puede interpretarse entonces también como uno de los recursos del virtuosismo del poeta para llevar primorosamente el argumento a diferente fin, con los mismos medios. Regresamos así a la tesis que propongo en este estudio de que el elemento que resiste, excede y/o problematiza la sumisión *total* de este género "al fin específico de aplaudir el Sacramento" (Parker, *Autos sacramentales* 51) se halla, precisamente, en los primores del auto como poesía y espectáculo que tanto placer dramático rinden al espectador/lector, y que el poeta defiende celosamente en su prólogo citado.

Y no es que el discurso teológico esté necesariamente reñido con un discurso estético o retórico, sino que cada uno puede tener un fin diferente. Expresa esta idea Baltasar Gracián en el

Discurso LV de su *Agudeza y arte de ingenio.* Gracián representa una pequeña ficción alegórica en la que la verdad, viéndose desplazada por la vistosa mentira, va a buscar a la agudeza para encontrar remedio. Esta le aconseja:

> Quiero decir (y observadme esta lección, estimadme este consejo) que os hagáis política; vestíos al uso del mismo desengaño, disfrazaos con sus mismos arreos, que con eso yo os aseguro el remedio, y aun el vencimiento. Abrió los ojos la verdad, dio desde entonces en andar con artificio; usa de las invenciones, introdúcese por rodeos, vence con estratagemas, pinta de lejos lo que está muy cerca, habla de lo presente en lo pasado, propone en aquel sujeto lo que quiere condenar en éste, apunta a uno, para dar en otro, deslumbra las pasiones, desmiente los afectos, y por ingenioso circunloquio viene siempre a parar en el punto de su intención. (326)

La agudeza hace retórica la verdad: finalmente la vuelve persuasiva, poderosa, al hacerla capaz de representarse mediante figuras y peripecias. Mas, ¿no es arriesgada esta estrategia de que para vencer a la mentira, debe hacer la verdad lo que ésta hace, a saber, decir una cosa para significar otra, engañar, deslumbrar y cautivar las pasiones mediante el artificio y esquivar para poder penetrar? ¿No es problemático ese arte de seducir para reducir, incluso aunque sea con un fin piadoso? ¿No perpetúa la corrupción de ese mundo que no sufre la verdad desnuda porque prefiere la belleza, aunque sea falsedad?[5] Si la verdad tiene que cubrirse de figuras para ser bienvenida de todos, esto quiere decir *por lo menos,* que el deseo del artificio, la bizarría y la belleza es distinto al deseo de la pura verdad, verdad que es sin duda el fin del discurso teológico. En otras palabras, el controversial jesuita Gracián está estableciendo que lo que tiene la capacidad para poder ocupar toda la atención no es ni la verdad ni la mentira, sino el artificio, la invención, la elocuencia, los rodeos del ingenio: en resumen, la retórica. Y para persuadir eficaz y deleitosamente de esta quizá triste verdad, ejecuta Gracián lo mismo que recomienda la agudeza, y se sirve del artificio de su corta ficción alegórica.

Todo esto nos conduce ya a *Los encantos de la Culpa.* Uno de los temas más interesantes de este auto es precisamente el enorme poder de la representación y apariencia deleitosa, producidas ya sea por las agencias del bien y de la verdad, ya sea por las del mal. Este poder del artificio y de la invención sobre el Hombre/Ulises está estrechamente ligado a su concupiscencia o apetito sensible natural que debido a la caída ya no puede controlar (Sayes 357). Tal apetito o apego desordenado por lo sensible[6] es lo que exige que la verdad tenga que adornarse e incluso disfrazarse para ser escuchada. Y puesto que como establece Gracián, "El ordinario modo de disfrazar la verdad para mejor insinuarle sin contraste, es el de las parábolas y alegorías" (328), puede pensarse que las invenciones y artificios alegóricos del propio auto también se justifican en la incapacidad del lector/espectador de interesarse por la verdad o el dogma teológico desnudos.

El auto se inicia con la nave del Hombre/Ulises en peligro de ser tragada por las aguas a causa de una tormenta terrible que simboliza "la humana vida / [que] navega zozobrada y sumergida" (407a). Todos los Sentidos padecen al ver la muerte inminente, excepto el Entendimiento, que debido a su calma y compostura logra llevar el navío a puerto. Sin embargo, en cuanto tocan tierra firme, tanto los Sentidos como el mismo Ulises se olvidan de la terrible experiencia acontecida. Los Sentidos, que constituyen una "pluralidad pentamembre" (Alonso 443), y por lo tanto casi siempre se mueven en bloque, anhelan encontrar en la isla cosas afines a su entidad. Las quimeras un tanto voluptuosas de éstos irritan al Entendimiento, quien exclama:

> ¡Que como Humanos Sentidos
> todos deseado habéis
> hallar cada uno el objeto
> que más conviene a su ser!
> ¿No fuera mejor que fuera
> la tosca Tebaida, en quien
> la penitencia se hallara,
> . . . .
> puesto que tan cierto es
> que sin pena de esta vida
> no haya en la eterna placer?
>
> (408a)

El Entendimiento se opondrá a los Sentidos durante casi todo el auto. Así, no solamente los reprende, sino que por ser quien es, rechaza (con severidad) las inclinaciones "naturales" de éstos. Entonces en este auto, incluso antes de su encuentro con la Culpa/Circe, el Hombre/Ulises es atacado por la alteridad de las fuerzas naturales así como por la lucha entre sus potencias y sentidos. Esto sugiere que este personaje no representa a Adán en su estado de inocencia, antes de su caída, sino al miserable Hombre fragmentado como herencia de la culpa original[7] que es también imagen del espectador/lector. Ulises, en su lastimoso estado de quebranto, va a resultar particularmente vulnerable a deleites que prometan remediar esta condición. Y en efecto, riñe al Entendimiento por su falta de comprensión ante la penuria de los Sentidos:

> ¡Y que como Entendimiento
> has hablado tú! ¡Que estés
> siempre aconsejando penas
> a mis Sentidos! ¿No ves,
> que son Sentidos humanos,
> y que al fin es menester
> alivios que los diviertan
> de las fatigas en que
> han nacido?
>
> (408a–b)

Irónicamente, Ulises reprende al Entendimiento por su falta de entendimiento. Los Sentidos, por ser tales, necesitan ser regalados, deleitados, sobre todo después de sufrir tribulaciones como la de la tormenta. El Entendimiento en su pasaje aconseja penas, rigores y durezas que éstos no merecen, ya suficientemente sometidos a las fatigas de un mundo caído.

Estos pasajes que hablan sobre la fragmentación entre el severo Entendimiento y los Sentidos del Hombre/Ulises tienen resonancias metatextuales pues, ¿no es la bondadosa función del auto precisamente la de facilitar la asimilación de la abstracta teología, la de ayudar al espectador/lector a vencer su (perversa) resistencia a interesarse por las verdades de la Iglesia? El auto disfraza y transforma los severos conceptos del dogma en bellas imágenes alegóricas para regalar los sentidos del espectador/fiel y atraerlo a aquél. No obstante, esta concesión a los sentidos del hombre que el auto como género realiza es precisamente a lo que se opone el Entendimiento dentro del auto que, como hemos visto, prefiere para éstos las toscas soledades de la Penitencia (o de la abstracta teología). Según Eugenio Frutos, Calderón le asigna al Entendimiento de *Los encantos de la Culpa* "un papel venerable" (155). Balbino Marcos Villanueva sostiene que Calderón se ciñe casi siempre al concepto jesuita del entendimiento como "luz bienhechora que el hombre toma en las manos para iluminar su interior y todo lo que le rodea" (178–79). Para Egido, es "gracias al Entendimiento que el Hombre (y el espectador, como indicamos) ve traducidas en palabras las señales del cielo" (*Fábrica* 73). Si, como hemos visto, esa luz bienhechora dentro de este auto rechaza las necesidades de los Sentidos, entonces la práctica dramática de *Los encantos de la Culpa* como concesión a éstos podría interpretarse como contraria a las recomendaciones de su propia y venerable representación del Entendimiento, puesto que según éste, tal concesión alivia las penas del mundo sin las cuales no es posible el placer eterno. Hay pues una discordancia entre lo que el auto dice mediante el respetable personaje del Entendimiento, y lo que el auto hace como espectáculo con respecto al espectador/lector que reproduce la propia fragmentación de Ulises que representa.

Como ya se apuntó, toda esta escena que representa el conflicto de la fractura y diferencia que habita el Hombre/Ulises ocurre antes del encuentro con la culpa actual, pero después de la caída original. Como propone Robert Le Van, el Hombre/ Ulises en este auto no alegoriza los sentidos o el entendimiento, sino más bien la voluntad. Sin embargo, difiero con su opinión de que esta voluntad se represente en el auto como naturalmente inclinada al bien. Observa Antonio Sayes siguiendo a Santo Tomás de Aquino que, a pesar del bautismo y demás sacramentos, "por el pecado original, el hombre ha perdido la capacidad natural de amar a Dios sobre todas las cosas, de modo que, no pudiendo anclarse en él, surge y padece el desequilibrio interior que a la larga le lleva a pecar mortalmente" (353). Debido a la herencia del pecado original, y a la consecuente "imposibilidad de anclarse en Dios," la voluntad del ser humano está corrompida, pasmada por lo que Ricoeur denomina "une sorte d'involontaire au sein même du volontaire, non en face de lui, mais en lui" (*Conflit* 281).[8] Desde esta perspectiva, la voluntad de Ulises, igual que la del espectador/lector y la del propio dramaturgo Calderón, es una voluntad servil, inconstante, fragmentada, que a causa del legado de la culpa original conduce a y resulta de su constante reencuentro con la culpa actual.

Y en efecto, ignorando las austeras recomendaciones del Entendimiento de "desear" penitencia y trabajo, la voluntad servil, que es el Hombre/Ulises en este auto, accede a los afectos de sus Sentidos y los envía en expedición a buscar placeres que los gratifiquen. Como el Entendimiento no puede hacer nada sin ellos a pesar de que se les opone, decide seguirlos mientras Ulises duerme. Cuando éste despierta, el Entendimiento regresa con la mala noticia de que los Sentidos han topado con la Culpa/Circe:

> Llegamos a sus umbrales,
> y habiendo llegado a ellos,
> en dos escuadrones bellos
> de hermosuras celestiales
> vimos salirnos a hacer
> fiestas a nuestra fortuna
> con varias músicas y una
> hermosísima mujer.
> . . . .
> Mas yo, como Entendimiento
> soy, y a mi Divino Ser
> siempre le toca tener
> natural concocimiento,
> conocí al instante que era
> la Culpa fiera, y cruel.
>
> (410a)

Según los versos del Entendimiento, la Culpa/Circe es una hermosísima mujer que habita palacios donde se escuchan bellas melodías. Ella no es vulgar ni grotesca, sino una exquisita criatura malvada que, paradójicamente, genera apariencias "celestiales." Esta representación de la Culpa remite al discurso sobre Lucifer del siglo XVII. Egido ha observado que el diablo grotesco y vulgar de la iconografía y literatura medievales fue transformándose en un diablo bello y seductor ("Demonología" 20), como lo es, añado yo, el demonio (y sus agentes) en los autos sacramentales de Calderón en general, y la Circe de *Los encantos de la Culpa* en particular.[9] Así, porque la Culpa tiene el incomprensible y perverso poder de representarse bella, aunque es "fiera y cruel" resulta "inherentemente atractiva al Hombre" (Le Van 188), articulando de modo ejemplar el tópico barroco de la apariencia versus la realidad. Por ser el Hombre/Ulises quien es, y a causa de su voluntad servil, apenas puede resistir lo primoroso de las imágenes, la maravilla y asombro de las invenciones, la melodía y ritmo de los versos aunque sean sólo espejismos y apariencias vanas. Será esta imposibilidad de resistir la hermosura precisamente lo que le hará caer al Hombre en los brazos de la Culpa.

Informado de que sus Sentidos han sido transformados por la creativa y bella hechicera en emblemáticos animales salvajes, el Hombre/Ulises no obstante se arrepiente. Entonces "sale un arco en lo alto y en él la Penitencia." Canta la Música:

> Ya que el hombre confiesa su culpa,
> y arrepentido me pide perdón,
> ¡oh Penitencia!, pues eres el Iris,
> acude volando a darle favor.
>
> (411b)

Una Penitencia hermosísima se desliza entonces por un arco iris a traerle un ramo de flores a Ulises para que pueda ir a recuperar sus Sentidos del dominio de la maléfica. El Hombre queda cautivado (¿intelectualmente?) de inmediato por la belleza de la Penitencia y pregunta atónito al Entendimiento por la maravilla que escuchan y ven, a lo cual éste responde es "auxilio de Dios" (412a). La aparición de la Penitencia no es en nada tan tosca y penosa como la había anunciado el Entendimiento en el pasaje citado arriba. Todo lo contrario. Además, aparece la Penitencia acompañada de música y ornamentos tal y como contó el Entendimiento que había hecho la misma Circe cuando los Sentidos se encontraron con ella.

Calderón se desvía entonces del significado "propio" de *penitencia* al dramatizar únicamente la acepción del sustantivo como virtud (siempre bella) de la voluntad enmendada, que se propone no volver a incurrir en ofensas. Al reprimir las connotaciones de dolor, pena e incluso castigo que también puede tener el vocablo, el dramaturgo transforma a la Penitencia en la fuerza que rivalizará con la Culpa/Circe. Crea de este modo el efecto de simetría y equilibrio (Fletcher 21) característico del modo alegórico, casi maniqueo, de la batalla, que es también el de este auto. Así, en *Los encantos de la Culpa,* la Penitencia será tan hermosa como Circe, e igualmente ingeniosa, como veremos más adelante. Esta igualdad de fuerzas opuestas causa el triunfo, ora de una, ora de la otra, que es lo que constituye el tejido de la narrativa alegórica misma.

No obstante, tal representación deleitosa de la Penitencia es ambivalente. Pues no deja de ser algo perverso que, antes de pecar, el Hombre/Ulises hubiera sido sometido a los rigores terribles de la tormenta, y que sea sólo como consecuencia del arrepentimiento por su transgresión que se le conceda el encantador espectáculo de la Penitencia, que viene solícita y ligera a rescatarlo. Hay algo siniestro en el hecho de que el estado de Ulises luego de su arrepentimiento sea mucho más placentero que su estado de tribulación antes de pecar. Hay algo tardío e ineficaz, que él no controla, en recibir tan dulces auxilios sólo después de haber caído. Y es que no es sólo que tales auxilios deleitosos no sean muy útiles como incentivos para impedir el grave mal de la caída, sino que de hecho, para gozarlos, lo presuponen. Hay algo incongruente en que la bella Penitencia que Ulises ve posterior a su ofensa sea muy distinta a la que había anunciado el Entendimiento que debería hallarse en la áspera Tebaida para prevenir dicha ofensa. Irónicamente, sin embargo, estas ambivalencias que produce la representación de la Penitencia como algo cautivador y deseable que se goza luego del arrepentimiento por haber transgredido pero que no puede socorrer la obstinada inclinación a transgredir, contribuyen a generar la textualidad fascinante del auto. De haber cautivado el Entendimiento a Ulises con la representación de la bellísima imagen de la Penitencia desde el principio, quizá no hubiera habido el encuentro de sus Sentidos con la Culpa/Circe, y éste habría sido el fin de la fábula alegórica que fascina al espectador. Así, desde el punto de vista de la constitución del texto y de la prolongación de los placeres que éste rinde, felizmente el Entendimiento fue incapaz de persuadir a los Sentidos con su ascética y severa representación de la Penitencia. Ello facilitó que éstos hubieran sido encantados por las "celestiales" damas de la Culpa, que el Hombre se hubiera arrepentido de ello luego, y que la Penitencia/Iris hubiera venido en todo su esplendor a su rescate. El texto *Los encantos de la Culpa,* que tanto encanta al espectador/lector, requiere así la prolongación de la debilidad e inconstancia del Hombre, producto de su culpa y voluntad fragmentada. Tal debilidad e inconstancia producen la posibilidad de tensión y conflicto que rinde placer dramático.

Con esta misma lógica metatextual, puede también argüirse que, afortunadamente, la visión de la Penitencia es demasiado fugaz como para causar un arrepentimiento final y decisivo en el Hombre/Ulises. Desaparece luego de entregar sus flores al Hombre, quien exclama todo compungido y enamorado:

> Iris bello, hermosa ninfa,
> no desvanezcas tan presto
> tanta multitud de estrellas,
> tanta copia de luceros.
>
> (412b)

La reconciliación no se ha efectuado todavía en su totalidad puesto que aún falta rescatar a los Sentidos de su "bellísimo" encanto, lo cual producirá más placer dramático y textual al espectador. La Penitencia ha auxiliado, pero no liberado, al Hombre completamente de los efectos de su más reciente culpa actual.

Mas el Hombre/Ulises no tendrá que ir al encuentro de la Culpa/Circe para rescatar a sus Sentidos, sino que ésta viene solícita a buscarlo, incluso aunque aquél acaba de haber contemplado y deseado ardientemente la belleza de la Penitencia. Para mayor desdicha de Ulises, la Culpa resultará mucho más difícil de resistir de lo que él había previsto, no sólo por bella, sino también por elocuente, perseverante y sagaz. Ella comienza a cautivar la voluntad del Hombre, ofreciéndole "noble asilo." En un bravo momento de máxima resolución, Ulises amenaza de muerte a la Culpa si se rehusa a devolverle sus Sentidos. Entonces ésta le replica:

> Detén la daga —¡ay de mí!—;
> no manches tan noble acero
> en mí, que soy inmortal,
> y ya sin morir me has muerto.
> Yo volveré tus sentidos
> a su ser, porque viniendo
> armado de las Virtudes
> que dio tu arrepentimiento

no tengo yo poder, no,
para guardarlos más tiempo.
(414a)

Cada vez que el Hombre/Ulises se arrepiente, la Culpa/Circe pierde su poder sobre él. Sin embargo, la Culpa, ahora actual (aunque siempre maldita), le recuerda a Ulises que ella es inmortal. Esto da a entender que aunque se haya arrepentido el Hombre con ayudas como la de la bella Penitencia, la culpa actual nunca queda erradicada ni vencida definitivamente. Por esta razón y por el hecho de padecer de esa voluntad escindida, corrompida y servil que es consecuencia de la culpa original, estará Ulises propenso a caer en las redes de Circe una y otra vez, incluso a su pesar.

La hechicera deshace entonces su "dulce encanto" y devuelve al Hombre/ Ulises sus Sentidos. Mas he aquí que éstos no desean marcharse del palacio con tanta presteza: "¿De qué letargo tan dulce / a esta nueva voz despierto?" (414a), pregunta el Oído. "¡Qué a mi pesar me levanto / de tan regalado lecho!" (414b), suspira el Tacto y así todos los demás. El Entendimiento ordena a Ulises irse cuanto antes de la presencia de Circe, pero éste se resiste, su voluntad nuevamente paralizada, quebrantada por el placer que experimentan sus Sentidos. Molesto una vez más por la rudeza de los "preceptos" del Entendimiento, Ulises logra engañarlo y deshacerse de él. La fascinación que ejerce la Penitencia sobre la voluntad de Ulises ha sido pues sólo "parcial," casi tan efímera como la proximidad a la visión de ella. El Hombre es presa fácil del placer que rinde la contigüidad a la representación o apariencia. En un mundo caído rige la contingencia de las relaciones metonímicas.

La Culpa/Circe no es encantadora sólo por ser bella, sino también por elocuente y sagaz. Aprovechando que el Hombre/ Ulises titubea y que no abandona su palacio de inmediato, la hechicera vuelve a la carga:

¿Por qué piensas que me llaman
la Circe de estos desiertos?
Porque ciencias prohibidas,
que son leyes que yo tengo,
con mis estudios alcanzo,
con mis vigilias aprendo.

Verás apagado el sol
solo a un soplo de mi aliento,
pues en la luciente edad,
el día yo le oscurezco.
. . . .
De las flores te leeré
estos escritos cuadernos,
donde la Naturaleza
escribió raros misterios.
A todas horas tendrás
dulces músicas, oyendo
suaves cantos de la aves,
de los hombres dulces versos.

(415a–b)

Uno de los encantos de la Culpa/Circe consiste en su manejo exquisito del lenguaje. Así, puede ofrecerle al Hombre/Ulises promesas de artes poéticas, de músicas melodiosas y conocimientos extraordinarios que aunque nunca se llegan a realizar en el auto, ya producen parte del gozo que anticipan. La Culpa, sabia y estudiosa, conoce que el lenguaje tiene una peculiar materialidad propia que puede producir efectos independientes a la realidad. Estos efectos se producen en la superficie del significante, en su cadena luminosa de diferencias que recurren y significan "non par leur valeur intrinsèque, mais par leur position relative" (Saussure 164). El significante, más que un vehículo para necesariamente expresar (o reflejar) entidades autónomas que lo anteceden, es producto de un juego de diferencias con otros significantes y significados (Saussure 166). Es por eso que puede seducirse y mentirse con el lenguaje. Es por eso que puede producirse una ilusión de referencialidad a través de enunciados que no tienen más realidad que la corriente diferencial de su dinámica interna. Debido a la ausencia que atraviesa la estructura del signo para permitir tanto su iterabilidad como su identidad, su materia parcialmente vacía se vuelve plástica y manipulable. Porque un signo nunca está lo suficientemente fijo o enraizado como para irradiar un único significado ligado a un contexto y a un sujeto enunciador específicos, porque la necesidad de circular del signo implica que no puede ser poseído totalmente por ninguno de sus usuarios, entes corruptos como Circe pueden emplear el signo para enunciar cosas nobles y maravillosas[10] y así mover la impresionable voluntad del Hombre. La estrategia de la Culpa, como muestra el pasaje citado, consiste en *distraer* al Hombre del origen verdadero de todas las cosas mediante el gozo de las superficies fascinantes de apariencias, promesas y signos. Consiste en hacerlo olvidar el fin hacia el cual ha sido creado el mundo, con la inmediatez y esplendor de una materia que ha dejado de apuntar hacia su origen, para sólo referirse a sí misma. Como sugiere Jean Baudrillard con su peculiar frivolidad apocalíptica, el principio del mal no radica "in some mystical agency or transcendence, but as a concealment of the symbolic order, the abduction, rape, concealment and ironic corruption of the symbolic order" (*Selected Writings* 199). El mal, según Baudrillard, radicaría en la explotación del excentricismo del objeto y la arbitrariedad del signo, en la indiferencia ante todo origen y finalidad más allá de su propia e inaplazable materia, indiferencia que oblitera todo aquello (simbolizado) bajo la magnífica superficie. El mal es anular la renuncia del signo a sí mismo.

Cuando se consideran las implicaciones metatextuales de este pasaje, la práctica dramática del auto *Los encantos de la Culpa* se vuelve problemática. El gozo de "dulces músicas y versos" que promete la malvada al Hombre/Ulises si visita sus palacios irónicamente es muy parecido a los gozos que rinde nuestro auto al espectador. El arduo estudio de la hechicera para adquirir sus ciencias prohibidas se asemeja al duro estudio del poeta para dominar la retórica, que también es ciencia de transformaciones. En su estudio sobre *Los encantos de la Culpa,* escribe Egido sobre el pasaje que acabamos de citar: "La Culpa tiene poderes para apagar la luz del sol, desclavar las estrellas del firmamento, leer en el humo, en las aves y en las flores. . . . Y estos poderes de Circe no son otros que los propios que el poeta y el escenógrafo tienen, emulando en el teatro cuanto naturaleza ofrece" (*Fábrica* 61–62). Mas Egido no lleva a sus últimas consecuencias las implicaciones de sus asertos. Pues si en esta escena el Hombre está siendo fascinado por la elocuencia de la Culpa/poeta/dramaturga, ¿no estará repitiendo el espectador/lector la debilidad de Ulises al disfrutar de la bella poesía de ese personaje diabólico? ¿No coinciden la Culpa y Calderón en cautivar la voluntad servil del Hombre/espectador/ lector con un significante hermoso? Cuando el espectador/lector goza de la enumeración exquisita que hace Circe de su conocimiento, sabiendo que ésta es un personaje malvado, ¿no está actualizando, aunque sea metafóricamente, esa perversa tendencia del ser humano que vimos en la alegoría de Gracián a conformarse con el artificio e ingenio de lo bello, incluso aunque sea producto de la falsedad?

Lo contradictorio del auto *Los encantos de la Culpa* es entonces que enseñe al espectador, fascinándolo, que no debe dejarse fascinar; que lo maraville para impedir que sea maravillado por los agentes del mal. Esa poesía de palabras y acentos bellamente medidos que Calderón utiliza para encantar la voluntad del espectador y someterla al discurso teológico es también la que emplea la Culpa/Circe para "divertir" o hacer olvidar al Hombre/Ulises ese mismo discurso. Lo perverso de este auto es que haga coincidir la posición del Hombre/espectador con la de Ulises en esta escena de seducción: ambos son viles criaturas delicadas, siempre dispuestas a olvidarlo todo por la belleza del significante, del artificio y de la apariencia. Así, tanto Ulises como el espectador/lector no pueden dejar de recrearse con la poesía, venga ésta de la Culpa o de la bellísima Penitencia. Mas ese deleite que no discrimina entre la belleza maldita y la belleza redentora, ese gozo de la materia indiferente al bien o al mal, es ya un placer fracturado, pervertido, transido por los efectos de la caída original y ya implica un desplazamiento del interés en la verdad. La imposibilidad de resistir los encantos de la imagen, sea malvada o bendita, paraliza entonces la voluntad de Ulises, quien exclama:

> No sé qué he de responder,
> porque, divertido oyendo
> la retórica süave
> de su voz, fui deshaciendo
> el ramo de las virtudes,
> . . . .
> . . . . Gallarda
> Circe, a tus voces atento
> de mí me olvido, y ya solo
> de tu hermosura me acuerdo.
>
> (416a)

La voluntad servil del Hombre, siempre prisionera de la belleza o efecto de la imagen más próxima e inmediata, ahora frente a la "retórica suave" de la Culpa, deja perder el ramillete de virtudes que había recibido de la hermosa Penitencia. Una vez en sus palacios, la Culpa continúa atrayendo al Hombre hacia sí:

> Ven por aquestos jardines,
> a donde crítica y culta
> la Naturaleza ha hecho
> entre jazmines y murtas,
> alarde de sus primores,
> pues su varia compostura
> academia es, donde el mayo
> de un año para otro estudia.
>
> (417a)

La Culpa/Circe incita al mal mediante una invitación a la cultura. El jardín culpable es un jardín ordenado, estético, en que la Naturaleza ostenta ciencias y artes. La cultura, el artificio y la erudición quedan así claramente vinculados al mal en el pasaje. Tal vínculo ironiza la concepción teológica del arte como algo enteramente redimido. En su comentario sobre el *Panegyrico por la poesía* de 1627, tratado anónimo que considera significativo para la teoría poética del XVII en España (557), concluye Ernst Robert Curtius lo siguiente:

> In the plays of Lope and Calderón, the terrestrial is reconciled with the supraterrestrial. This great Spanish art scorned nothing of the natural, but also nothing of the supranatural. When French Classicism, through the lips of Boileau, decrees:
>
> *De la fois des chrétiens les mystères terribles*
> *D'ornaments égayés ne sont point susceptibles,*
>
> it confines to separate compartments not only poetry and faith but also Christianity and culture. This represents a fissure in the spiritual and intellectual world. . . . Calderón's sacramental plays, in which so many "bright flourishes" hover around the seriousness of the Christian mystery, seem to us at once more human and more divine than the art codified by Boileau. . . . If all arts, in the final analysis, have their origin in God, then art itself gains a new freedom and innocence. (558)

Como bien indica Curtius, es cierto que la poesía y la fe, la cultura y el cristianismo, no tienen por qué estar rígidamente separados y compartimentalizados como lo sugerían los neoclásicos asustadizos, temerosos siempre de cualquier asomo de desorden o confusión. La sensualidad de las formas terrenales sí puede ser reconciliada con lo sobrenatural cuando apunta y celebra su origen invisible. Si todas las artes tienen su origen en Dios, es verdad que sus productos deberían ser inocentes y libres. Aceptado esto, también es cierto que aunque las artes tengan un origen divino, igual que todas las cosas del mundo, ello no imposibilita su corruptibilidad por artífices malvados. Pues hasta el demonio es capaz de producir bella poesía, como bien admite el autor anónimo del *Panegyrico,* y como magistralmente lo figura la primorosa representación del culto jardín de la Culpa/Circe en los versos citados. No puede decirse que la armonía, simetría y perfumes de sus jardines no sean arte por haber sido originados por un agente malvado. No es posible sostener que esa estancia en la que el ruido de las fuentes es "compás que a coros se escucha" (417b), por estar vinculada a encantos malignos, no pueda ser apreciada estéticamente. Más aún, difícilmente el dulce transcurrir de los versos será considerado menos artístico o bello por el lector/espectador a causa de provenir del personaje Circe. Mediante la metáfora de la hechicera-poeta, el arte emerge en este auto como algo que aunque tenga su origen en Dios, puede de todos modos ser divertido hacia otros fines que celebrar al creador. En el jardín y palacio de la Culpa nos hallamos entonces en un espacio en que la belleza de la forma no es un inocente reflejo o imitación de un bondadoso orden natural. Nos encontramos aquí en un mundo barroco en que el ser y la apariencia están dislocados, y por tanto la belleza puede ser sólo una máscara o superficie. El problema para el Hombre/Ulises que supone este desfase radica en que por ello agentes malvados podrán producir el encanto de la belleza y arte, y tal encanto tendrá sobre su débil voluntad efectos muy reales.[11]

Una vez en el siniestro jardín de las delicias, apremiado por la Gula, el Hombre/Ulises se sienta a la mesa con la Culpa/Circe mientras se oye una dulce melodía. Egido apunta sagazmente que esta mesa que remite al sacramento de la Eucaristía se utiliza con otros fines y que, por tanto, "un ritual sagrado va a ser transgredido" (49). Mas he aquí que el auto no llega en esta escena al punto de causar placer dramático al espectador/lector parodiando el sacramento de la Eucaristía.[12] De pronto una voz extraña se entremete y transforma los términos de la música en sus contrarios: "Olvídate de la vida / y acuérdate de la muerte" (418b). Es el Entendimiento del Hombre, quien con la Penitencia viene al rescate de Ulises, ahora sí antes de que se cometa el terrible delito de parodiar el ritual de la Eucaristía. Para horror de Circe, el Hombre escucha las advertencias funestas de su Entendimiento, las cuales van acompañadas de estruendosas "cajas." Entra entonces éste en escena y una batalla verbal sucede en que las exhortaciones de la hechicera a que Ulises disfrute de la vida quedan contrarrestadas por los recordatorios aciagos del Entendimiento. El Hombre se siente irremediablemente dividido:

> En dos mitades estoy,
> partido (¡pasión tirana!)
> entre el horror de mañana
> y la ventura de hoy;
> a aquel sigo y a este voy,
> y uno y otro, en mal tan fuerte,
> o me aflige o me divierte.
> ¿Cuál ha de ser preferida
> de mis glorias?
>
> (419a)

La voluntad fragmentada que acongoja al Hombre/Ulises en esta escena ya nos es familiar: fue la que facilitó el encuentro entre los Sentidos y la Culpa/Circe al principio del auto. El Hombre ya padecía de esa escisión entre sus Sentidos y su Entendimiento *antes* de caer (o posiblemente recaer) en culpa actual. Finalmente, entre la representación de la vida como "bien perecedero" y de la muerte como "tormento fuerte," la débil voluntad de Ulises se inclina en este caso hacia la última. La Culpa, siempre astuta, alega que no podrá escapar de ella puesto que ha deshecho el ramillete de virtudes que le había otorgado la Penitencia. Mas la entrada de ésta en carro triunfal la desengaña:

> . . . a triunfar de ti
> vengo, que cuando me llama
> del Hombre el Entendimiento,
> no puedo yo hacerle falta.
> Las virtudes, que sin él
> desperdició su ignorancia,

yo recogí; pues es cierto
que si se adquieren en gracia,
siempre que vuelva por ellas
en depósito las halla.

(419b)

Para nuevo horror de la Culpa/Circe, las faltas del Hombre/ Ulises nunca anulan del todo sus virtudes. El pasaje de la Penitencia así lo demuestra al afirmar que las virtudes adquiridas en gracia pueden ponerse en reserva. Las virtudes en depósito son potencias suspendidas, diferidas, lo cual pudiera leerse como un "defecto de atención," en el que "one does not take into consideration what one should and could consider" (Parker, "Devil" 18; siguiendo la discusión de Santo Tomás de Aquino sobre la ignorancia). Mas por otro lado, precisamente porque las virtudes pueden ser diferidas sin quedar destruidas o agotadas, quiere decir que nunca están por completo ausentes cuando se peca. El triunfo de la Penitencia en esta escena es hacerle recordar a la Culpa que aun cuando Ulises esté en sus redes, nunca lo está totalmente, puesto que en última instancia, su libre albedrío siempre puede volver a salvarlo de ellas. Pero, como ese libre albedrío nunca queda a salvo de modo definitivo en estado de gracia, tampoco dura reconciliado el Hombre mucho tiempo, como hemos visto en este auto. Puesto que Ulises es un ser escindido tanto en estado de gracia como en estado de culpa, el paso de un estado al otro no es demasiado trabajoso. Prosigue entonces la Penitencia con su discurso triunfal:

Y para que el Hombre vea
que solas a vencer bastan
tus encantos, hoy verás
todas aquestas viandas
del viento desvanecidas
en humo, en polvo y en nada;
mostrando con este ejemplo,
lo que son las glorias humanas,
pues el manjar solamente
que es eterno es el del Alma.

(420a)

Es irónico que la amenaza ascético-triunfal de la Penitencia de desvanecer todos los encantos de la Culpa/Circe "en humo, en polvo y en nada" se represente por medio de la retórica espectacular del auto. Si como afirmaba Egido y lo hemos visto nosotros, hay cierta similitud entre los encantos de Circe y los del Calderón dramaturgo, resulta contradictorio que la promoción de la condena de las glorias humanas se haga mediante una de ellas, que sin duda es la espectacularidad dramática del propio auto sacramental calderoniano. Resulta un poco incongruente que Calderón produzca un enorme placer estético a su espectador/lector, empleando "toda la fuerza de su arte en demostrar que las glorias mundanas y los deleites sensuales no conducen a la felicidad" (Parker, "Calderón, el dramaturgo" 412). Este pasaje de la Penitencia (y también la propia cita de Parker) constituye así otra instancia paradójica que ya se ha visto antes: el intento de transmitir o enseñar la negación de la materia, sirviéndose de su enorme poder de deleitar.[13] Así, el esplendoroso nivel literal del auto que percibe el espectador/lector no realiza el significado ascético/teológico de renunciar a la gloriosa materia transitoria frente a lo eterno. En este sentido, el propio auto se muestra en este pasaje participando de la fragmentación del Hombre, producto de su condición caída. Y la alegoría —como figura que no sólo concilia y correlaciona cosas dispares, sino que a la vez facilita e impide la comprensión de lo abstracto mediante la alteridad de lo concreto (Kassier 9), como figura vinculada a la culpa y a la imposibilidad de coincidir con el origen (de Man, "Rhetoric of Temporality" 207), como figura, en fin, que busca acercarse a la verdad, diferenciándose de ella (Whitman, *Allegory* 64)— reproduce retóricamente en esta escena la disyunción y fragmentación de la condición humana que se representa en este auto.

Sigue la escena de rigor del pan de la Eucaristía que sólo el Oído entre todos los Sentidos puede reconocer como carne y sangre. El Entendimiento alega que queda "cautivado" por las razones del Oído. Como no se ve ninguna figura alegórica crística en el auto y ya están establecidos los sacramentos de la Eucaristía y de la Penitencia, es muy razonable proponer que el tiempo alegorizado en el texto es posterior a la encarnación y que posiblemente no es la primera vez que el Hombre/Ulises presencia y participa del prodigio de estos sacramentos.[14] Al fin pide Ulises al Entendimiento que rescate a sus Sentidos de las "deliciosas montañas" de la Culpa/Circe y que los regrese otra vez a la nave, la cual nos enteramos en este momento por medio de la Penitencia que en efecto es la nave de la Iglesia (420b).

Renuente todavía a aceptar su derrota, reta la Culpa/Circe a la Penitencia:

> ¿Tribulaciones no son
> en la Escritura las aguas?
> Luego a padecer le llevas
> trabajos, afanes y ansias.
>
> (420b)

A lo que ésta replica:

> Sí, pero estos son regalos
> con que más mérito alcanza.
>
> (420b)

Circe advierte que como las aguas son símbolo de tribulaciones en las Escrituras, el Hombre/Ulises inevitablemente sufrirá rigores en su navegar por ellas. La Penitencia responde que estas penas a que ella conduce son en realidad "regalos," pues al sufrirlas Ulises gana méritos. No obstante, las tribulaciones que hemos visto padecer a Ulises en *Los encantos de la Culpa,* debido a esa voluntad servil atravesada por una corriente involuntaria que lo apega a la materia a veces incluso a pesar suyo, lo han conducido en este auto a una recaída. Luego de sufrir los rigores de la tempestad del mundo, aun estando a bordo de la nave de la Iglesia, los Sentidos, por ser "Humanos" (408a), buscaron alivios y así se propició su encuentro con Circe. Aunque la Penitencia apareció no como habitante de la tosca Tebaida, sino en el bello carro de triunfo para ayudar a Ulises a rescatar a los Sentidos con el ramillete de virtudes, éste las desperdició de todos modos ante los deleitosos encantos de Circe. Fue necesario entonces que la Penitencia junto al Entendimiento cautivasen la voluntad del Hombre mediante la terrorífica representación de las memorias de la muerte, para que éste escogiese las fuerzas del bien, tras lo cual se le concedió el pan de la Eucaristía. En este sentido, el regalo de las tribulaciones implicará siempre el riesgo de una nueva caída. Si se arguye que para evitar estas caídas están los baluartes de la

Penitencia y la Eucaristía, ya se vio en este auto que no siempre estos auxilios deleitosos se representaron como concediéndose antes de pecar y, puesto que Ulises llega y se va de la isla de Circe en la misma nave de la Iglesia, que tales remedios no pudieron impedir la caída del Hombre ante las penas del mundo y los encantos de la Culpa.[15]

Sigue un canto amebeo entre la Culpa/Circe y la Penitencia en que aquélla trata de conjurar las aguas del mar para que hagan naufragar la nave, y ésta de serenarlas para que el bajel llegue a feliz puerto. Triunfa la Penitencia, y para gozo de la audiencia, hay un espectacular "ruido de terremoto" mientras se hunden los palacios de la malvada. Dice entonces el Hombre/Ulises:

> Circe, poco tus Encantos
> han podido, pues me saca
> (¡ay de mí!) la Iris Divina
> coronada de esperanzas.
>
> (421a)

En este pasaje Ulises menosprecia con valentía los encantos de la Culpa. Sin embargo, como sagazmente observa Valbuena Prat: "En este '¡ay de mí!' se encierra una emoción hondamente humana, en la que se ve que aunque vence el deber (representado por el Entendimiento) en el Hombre, queda en su corazón un resto de afecto a las delicias de los sentidos (simbolizadas en la Culpa)" (Calderón 421n2). Según Valbuena Prat, tal "¡ay de mí!" de Ulises manifiesta su fragmentación en este pasaje. Aunque vence el Entendimiento ayudado por la bella Penitencia y la Eucaristía, el apego excesivo del Hombre a los deleites de la materia, de las apariencias y las representaciones, tan manejable por Circe, no ha sido erradicado definitivamente. Dice entonces la malvada Culpa, vencida:

> Confúndanse los palacios,
> volviéndose montañas
> oscuras no viva en ellas
> sino yo; pues que me saca
> a quien encantado tuve
> la Penitencia sagrada,
> en virtud de aquel divino
> manjar, que da por vianda.
>
> (421b)

A pesar de las palabras condenatorias de Circe motivadas por la rabia de su derrota, el espectador/lector sabe muy bien que la culpa actual no desaparece. No puede ser destruida definitivamente ("que soy inmortal" [414a]) e, igual que al principio del auto, Ulises continuará navegando en la nave de la Iglesia por las penosas aguas del mundo, dividido entre sus Sentidos blandos y su severo Entendimiento, como Valbuena Prat sugiere. Por eso es muy difícil que *no* se vuelvan a encontrar y que el Hombre no vuelva a ser fascinado por ella.[16]

La alegoría de *Los encantos de la Culpa* concluye entonces con el triunfo de la bella Penitencia y el estricto Entendimiento. Pero como la fragmentación del Hombre/Ulises no puede ser resuelta o remediada por completo con los auxilios que se le brindan, y como la culpa actual no será vencida sino hasta el final de la historia, tal triunfo apoteósico tan sólo puede ser provisional. A un profundo nivel metatextual, la alegoría también dramatiza y reproduce sólo una victoria parcial del proyecto del auto de atraer la voluntad del espectador/lector hacia el origen de todas las cosas. Tal victoria es parcial y provisional porque la práctica dramática de este auto tampoco trasciende el corruptible apego de los sentidos del espectador/lector a las bellezas de la representación, de la poesía y las apariencias, que es lo que se representa dentro del auto como lo que impulsa al Hombre a caer en culpa actual. El auto es seductor, fascinante, como la Culpa/Circe misma, y por lo tanto encanta la voluntad del Hombre/espectador para que ame más a Dios. Esa voluntad fragmentada, al no poder resistir los encantos del auto sacramental, indudablemente está marchando hacia el bien. Pero mientras no renuncie a la perversión de su enorme apego a la cautivadora materialidad del auto, mientras requiera las bellezas de la música, de la retórica y del espectáculo para interesarse en las verdades de la teología a las que el auto apunta, tal voluntad servil también estará iniciando otra vez su camino hacia el mal.

Capítulo seis

La nave del Mercader y la economía de la violencia

La nave del Mercader (1674) es uno de esos autos calderonianos apenas estudiados. Puede deberse este descuido al juicio bastante negativo de Valbuena Prat que dice que es obra "prolija y extravagante en lo nuevo; bien construida, pero sobre materiales viejos, y en conjunto nada interesante" (en Calderón 1443). Cuando se lee atentamente la fábula alegórica dejando a un lado el imperativo de interpretarla como un panegírico contrarreformista de la Eucaristía, emerge una representación de la condición humana como sometida a una violencia cósmica que el pan de la Eucaristía viene a mitigar, pero de la cual no libera definitivamente al Hombre. De aquí que este auto no presente una visión tan optimista y triunfal. En *La nave del Mercader* el sacramento de la Eucaristía no representa el restablecimiento de una regocijada armonía cósmica, ni la cesación de las tribulaciones que la transgresión original de Adán ha acarreado a la humanidad. El pesimismo barroco que atraviesa este auto nos revela una melancolía bella y singular que pocas veces se ha asociado a la retórica del auto sacramental calderoniano. Contrario al juicio de Valbuena Prat sobre el escaso interés que ofrece este auto, la representación en *La nave del Mercader* de una penuria cósmica que no se supera por completo puede resultar mucho más elocuente y conmovedora, para el lector contemporáneo, que las de aquellos autos sobre los que se ha pensado que las fuerzas del bien felizmente hacen fracasar sin remedio a las del mal en el final apoteósico.

La nave del Mercader es uno de los diecisiete autos en que "el demonio o su representante, traza la alegoría por medio de conjetura" (Cilveti, *Demonio* 111). En este auto, entonces, la Culpa es nuevamente la dramaturga del auto dentro del auto. Abre el texto dramático convocando al Mundo, a la Lascivia y al Demonio, "los tres de la Culpa / . . . principales caudillos," para fingir una alegoría de una "alta idea" apoyada en "sagradas autoridades" (1445b). Cuando los tres aliados de la Culpa le piden que explique con más claridad sus designios, ésta replica:

> . . . antes de decirlo,
> para que os hagan más fuerza
> los ojos que los oídos,
> valiéndome de las ciencias
> que diabólica ejercito
> os he de poner en ellos
> la causa que me ha movido
> a esta junta y a esa nave.
>
> (1446a)

Igual que en *El jardín de Falerina,* para representar persuasivamente su alegoría, la Culpa, como buena dramaturga, desea no sólo decir, sino también mostrar. Lo que el espectador ve a continuación es, según el parlamento mismo, producto de ciencias ejercitadas diabólicamente por la Culpa para mostrar o dejar ver a sus aliados. Este parlamento sitúa al espectador en una ambivalente relación especular porque la posición que va a ocupar como espectador en la siguiente escena se superpone perfectamente a la posición de espectador del Demonio, la Lascivia y el Mundo: todos estarán viendo las mismas quimeras retóricas de la Culpa. Como en *El jardín* y en varias escenas de *Los encantos de la Culpa,* es también sugestivo e inquietante que la posición de Calderón como productor del texto dramático coincida con la de la Culpa como productora de imágenes dentro de la producción. Finalmente, aunque la Culpa basará su alegoría en las "sacras autoridades," su torva intención es *prevenirse* de la verdad y/o del origen; es protegerse de éstos para poder continuar diferenciándose, no para coincidir o reconciliarse. Al hacer visible lo invisible, presente lo ausente, en fin, como productora de la alegoría en *La nave del Mercader,* la Culpa funciona entonces como metáfora de la estructura diferencial y disyuntiva de la figura, y de su resistencia a coincidir con el origen que la antecede, al menos en esta primera escena del auto. Con sus inquietantes superposiciones, la escena adquiere un siniestro viso metatextual que amenaza convertirse en imagen especular de la realidad del espectador frente al auto.[1]

Las acotaciones de la próxima escena —en que los papeles del Demonio, del Mundo, de la Lascivia y del espectador del auto coinciden— estipulan que se abrirá un peñasco y se verá en él al Hombre, vestido de pieles, dormido, y al Deseo despierto junto a él. El peñasco y las pieles son metáforas de la pobreza y rudeza del nacimiento del Hombre. El Deseo le habla en sueños, incitándole a olvidar esta miseria y a ser "atrevidos, vanagloriosos y osados" (1446b). El Hombre concurre con su deseo, lamentándose de su condición:

> Bien has dicho,
> Deseo, ¿para qué nace
> el Hombre, si reducido
> a beber de su sudor
> y a comer de su ejercicio,
> . . . .
> malogra la vida, siendo
> instante tan improviso,
> que llega como fin, cuando
> se aguarda como principio?
>
> (1446b)

Se abre entonces una nube y se ve en ella al Mercader, "vestido de armenio," también dormido, pero a su lado el Amor. Este le habla al Mercader, incitándolo a acudir a reparar al Hombre.

Debido a que el Hombre habla o sueña en su cuna sobre el dolor y la desdicha de la brevedad de la vida, puede deducirse que está naciendo en pecado original y que, por lo tanto, desde el principio ya está apartado de su origen, o de Dios. La rudeza de esta condición caída produce el peligroso deseo de escaparla y olvidarla. La súplica del Amor al Mercader para que vaya a rescatar al Hombre incluso antes de que haya actuado supone el reconocimiento de la fractura del pecado original, así como la inevitabilidad de los yerros a que dicha fractura da lugar, ya que el Hombre "aun en sueños / discurre su precipicio" (1447a). La miserable condición del Hombre, que antes de actuar ya está distanciado de su origen, refleja el aspecto disyuntivo de la alegoría (según Benjamin y de Man) con que se expresa esta escena.

Mientras el Mercader va al encuentro del Hombre que sigue su deseo, la Culpa continúa con su función de dramaturga, asentando los principios del texto dentro del texto. Describe a sus secuaces su estado victorioso sobre la Gracia (1447b), lo cual implica, desde luego, la caída de Adán. A causa de su soberbia, todo el tiempo piensa en cómo aumentar sus aplausos (1447b), aspirando siempre a ser culpa actual partiendo de la original. La Culpa anticipa que habrá un momento futuro en el que el Hombre será devuelto "al estado primitivo / de aquella primera Gracia" (1448a). Quiere estar preparada de modo que cuando esto suceda, pueda hacerlo reo de culpa actual a ver si "ofendido / siquiera una vez el cielo / cerrase piadoso el oído" (1448a). Quiere prevenirse con su alegoría del futuro contra "tantas sombras, tantas / vislumbres, rasgos y visos / como un maná hilado a copos, / un panal nevado a hilos" (1449a). Finalmente, según la Culpa, la relación entre el Hombre y el Mercader en este auto es la del primer y segundo Adán (1449a). La intención de la Culpa es hallar mediante el artificio alegórico, "un breve resquicio" por donde puedan "pegarse los vicios" (1449a).

Mediante este parlamento de la Culpa, puede comenzar a dilucidarse la laberíntica temporalidad de este auto. Los designios de la Culpa son los de montar una alegoría sobre el futuro (ausente) a manera de hipótesis de trabajo (Cilveti, *Demonio* 101). Pretende emplear dicha alegoría con el malvado fin de prevenirse contra los efectos de la Eucaristía, o panal nevado, sobre la culpa actual del Hombre, una vez que se hubiera borrado la original con las aguas del bautismo. Esto quiere decir que el momento de producción del discurso en que la Culpa se dispone a imaginar la alegoría, se representa dentro de la alegoría como posterior a la caída en culpa original, pero anterior a la institucionalización de los sacramentos en cuestión, y es por esto que ella desconoce sus efectos.

Otra dificultad de este auto, estrechamente ligada a la de la temporalidad, es determinar el alcance alegórico de la figura del Hombre dentro de la fábula. A pesar de que la Culpa lo reconoce como "Adán primero," por estar establecida la culpa original en el momento del nacimiento miserable del Hombre en este auto, se excluye la posibilidad de que sea metáfora de Adán. Este, recordaremos, es creado en el paraíso, sin las pesadumbres y tribulaciones que son resultado de su desobediencia y caída posteriores. No puede decirse entonces que la fábula de *La nave del Mercader* hable sobre cómo el Hombre pecó por vez primera como en *El pintor de su deshonra, El divino Orfeo, Andrómeda y Perseo, La cura y la enfermedad,* para citar unos pocos ejemplos. Si la caída del Hombre en este auto no es la original de Adán, debe ser entonces la caída de la raza humana en culpa actual una vez que ha sido liberada de ésta, como bien ha apuntado la Culpa. Sin embargo, a diferencia de la original, la culpa actual o individual no es hereditaria ni por tanto puede pensarse como cometiéndose en común, sino tan sólo individualmente. "The race has its history," escribe Søren Kierkegaard en su tratado sobre el miedo, "and within it sinfulness has its continuous quantitative modification, but invariably innocence is lost only by the quantitative leap of the individual" (34).[2]

Hay pues que determinar si la fábula de este auto se refiere a la historia individual de todos y cada uno con respecto a la pérdida de la inocencia propia, o a la historia del cúmulo de pecaminosidad de la raza en común, después de haber sido liberada de su deuda por la culpa original. Es mi hipótesis que en *La nave del Mercader,* a pesar de que ambas historias puedan confundirse en varios momentos del texto, el Hombre es sobre todo metonimia del individuo.[3] Así pues, la difícil temporalidad de la fábula alegórica de la Culpa en este auto puede leerse no como el segmento irrepetible de la historia de la Humanidad que corre desde la institucionalización del bautismo hasta la redención, sino como la posible historia de cada uno de los miembros de la raza con respecto a la culpa original, la culpa actual, y el poder restaurador de Cristo. Pretendo sustentar esta hipótesis con la evidencia textual que el desarrollo de la fábula rendirá.

En la siguiente escena, salen el Mercader y el Hombre, discutiendo. Aquél trata de conducir al Hombre por una senda de "breñas / escabrosas . . . / de abrojos, / cambrones, zarzas y espinos" (1449b). Puede entenderse por qué éste, quien desde la cuna ha sufrido malestares y dolores (1446b) como consecuencia del pecado original, no quiera seguir ese camino que le indica el bondadoso Mercader, incluso aunque alegue que "va a dar a un ameno sitio, / dulce emulación hermosa / del vergel del paraíso; / y esotra quizá al despeño / de algún fatal precipicio" (1449b). Naturalmente, Calderón está aludiendo a la metáfora de San Mateo de los caminos, uno ancho y otro estrecho, que conducen al pecado y a la salvación respectivamente (7.13–14). Mas esto no es una mera reelaboración de un tópico que deba aceptarse sin indagar más en el potencial de significación que alberga. Al considerar la condición sufrida que el Hombre sueña, el tópico del camino de apariencia deleitosa que conduce al precipicio, y el de apariencia horrorosa que conduce al jardín casi parecería conspirar para perpetuar la fractura del Hombre con su origen. La engañosa apariencia escabrosa del camino "mejor y más limpio" (1449b) que le ofrece el hermano Mercader irónicamente contribuye a que el Hombre no lo tome, de igual manera que la falsa apariencia deleitosa del camino de la perversión invita a éste a que lo escoja. Como es casi de esperar de una "naturaleza . . . abandonada a sí misma bajo el dominio de la pasibilidad, la mortalidad, la concupiscencia y la ignorancia" (Sayes 158) a causa de la ruptura original, el Deseo la arrastra hacia el camino que promete placeres.

El Mercader deja entonces de persuadir al Hombre a tomar el camino de abrojos y lo invita a irse con El a la mar, en "la nave de aquel templo, / fundado sobre macizos / cimientos de angular piedra" (1450a) para ir en busca de "unos frutos de infinito / precio, que a ciento por uno / rendirán, a fuer de trigo; / en cuyo empleo podremos / quedar honrados y ricos" (1450a). Esta invitación nos da más pistas con respecto a la intrincada temporalidad de este auto. El Mercader es Cristo o segundo Adán que invita a subirse al Hombre o primer Adán a la nave de la Iglesia para ir en busca de la Eucaristía. Ahora bien, ¿cómo puede invitar el Mercader al Hombre a ir en busca del pan del sacramento si todavía no se ha visto en el auto que haya ocurrido el sacrificio de la pasión? Si se acepta que Cristo menciona la Iglesia por primera vez en Mateo 16.18, ¿quiere decir que la invitación a navegar alegoriza el segmento histórico concreto que corre entre este momento y el del arresto, pasión y muerte de Jesús (Mateo 26.47–27.56)? Más plausible sería pensar que esta escena representa al Hombre en su encuentro individual con Cristo. De cualquier modo, debe entenderse que la primera vez que el Hombre se encuentra con el Mercader en *La nave* y éste le ofrece ir en busca del "pan nevado," por lo menos la culpa original ya tiene que haber sido borrada mediante la gracia provista por el bautismo o por algún otro medio extraordinario. Sólo puede estar amenazando la culpa actual como en efecto manifiesta la Culpa al principio del auto en su pasaje citado (1448a). De otro modo, el Hombre como metonimia de la raza o del individuo, "mientras . . . no esté bautizado, está en situación de esclavitud que imposibilita su salvación" (Sayes 337), y consecuentemente, la invitación a ir en busca del pan en la nave de la Iglesia no tendría ningún sentido teológico ya que en pecado original, su aceptación sería imposible.

Y sin embargo, como piensa Santo Tomás de Aquino, aunque el pecado original haya sido borrado, quedan las penas de la muerte, la pasibilidad y la concupiscencia que no serán destruidas sino el día de la resurrección final (Sayes 159).[4] No es de extrañar entonces que el Hombre, aunque ya absuelto de su deuda original, de todos modos rechace arrogantemente la invitación del Mercader: "¿Yo a ver / tribulaciones, peligros / y tormentas, cuando sé / que en las delicias del siglo / hay músicas y saraos, / banquetes y regocijos?" (1450a). El Mercader le advierte contra sus pensamientos, pero el Hombre no lo escucha, y entonces separan sus caminos (1450b).

Aunque esta altivez del Hombre ya no pueda ser justificada por la degradación derivada de la desobediencia original de Adán, tal degradación sí lo inclina a querer distanciarse todo lo posible de cualquier circunstancia arriesgada o penosa. Lo irónico del caso una vez más es que la invitación del Mercader / segundo Adán implique precisamente lo que el Hombre está más inclinado (aunque no determinado) a rechazar, y que este rechazo a su vez aumente su propensión al pecado en tanto que supone un distanciamiento de Dios. En un artículo sobre el pecado, el teólogo Joseph Ignatius McGuiness observa que no aceptar el plan divino para seguir uno propio es *ya* un acto pecaminoso porque es un rechazo del amor de Dios (242). Esto es lo que ocurre en esta escena que examinamos: el Hombre sustituye voluntariamente el plan de falsa apariencia temeraria del Mercader por el suyo propio, despreciando así el amor que la invitación a ir en busca del pan implica.

La Culpa dramaturga, al observar todo esto, conoce su propia inminencia y en un gesto metaléptico, entra al plano de la fábula como personaje de su propia alegoría del futuro. Todavía controlando la acción aunque ahora como personaje, manda a la Lascivia, al Mundo y al Demonio que vayan tras el Hombre "advertidos / de que nunca su Deseo, / siguiendo sus apetitos / deje de instarse" (1450b) y ella, en negra nave, se da a perseguir al Mercader en metáfora de pirata y huracán.[5]

Después de apartarse del Mercader, el Hombre pide al "centro de la tierra" (1451a) los Sentidos con quienes abandonará su "triste encerrado retiro" (1451a) para ir a la corte. Debe notarse que a pesar de que la petición se hace dentro del contexto de su distanciamiento pecaminoso del Mercader, los Sentidos acceden cantando armoniosamente. Sólo advierten "que son prestados, no dados / y que a su plazo cumplido, / a la tierra has de volverlos, / obligado en su recibo" (1451b). El Hombre, insatisfecho todavía con estos dones de la tierra, pide al "celeste zafiro" (1452a) las tres Potencias. Cada una de ellas sale de una nube y le entrega al Hombre un objeto emblemático: la Voluntad un corazón; la Memoria un anillo; y un cintillo el Entendimiento. El Tiempo toma nota de todo, dando fe de la entrega. Sin embargo, es irónico que el cielo le otorgue al Hombre los Sentidos y las Potencias del alma después de que éste ha rechazado la invitación a seguir al segundo Adán. Por su distanciamiento del Mercader, el Hombre es adornado, alhajado y guarnecido en un estado si no ya pecaminoso, al menos de peligrosa propensión al mal en el que le será extremadamente difícil conservar sus regalos. Y en efecto, el Mundo, la Lascivia y el Demonio, quienes a instancias de la Culpa en el momento de producción del texto dentro del texto han estado observando la escena, entran a figurar en la fábula alegórica y salen tras el Hombre y su Deseo, ideando "arbitrios" (1451a) para despojarle de sus dádivas.

El Hombre manda entonces adelante al Deseo con los cinco Sentidos/talentos para que le busque posada en la corte. Ocurre entonces uno de los momentos metatextuales más espectaculares de los autos sacramentales calderonianos. El Hombre revela inclinaciones claramente paralelas a las del público del auto al recrearse con la idea "de músicas y banquetes, / holguras y pasatiempos!" (1454b), los cuales piensa encontrar en la corte. Más específicamente aún, hace referencia explícita a los placeres de la vista que rinde el arte dramático:

[ya] estoy gozando festejos,
que en su fantástica escena
me representa el inmenso
autor de una compañía,
que forma los elementos.
Vivir por ver, se intitula
la comedia, en que el ingenio,
divino poeta, hizo
tales trazas, tales versos
y tales engaños, que
el vago vulgo del pueblo,
deleitándose de oírlos,
otra vez está pidiendo,
como a manera de aplauso,
en susurro de silencio,
a las flores los amores
y a los pájaros los celos.

(1454b–55a)

La consideración crítica del deleite de ojos y oídos producidos por los engaños y bellezas de la fantástica escena a los cuales alude el Hombre, no puede dejar de pasar por alto la espectacular puesta en escena del propio auto sacramental con sus cuatro carros pintados, su tablado fijo y sus globos inmensos que se abren mostrando cuevas tenebrosas.[6] ¿No enardecen al vulgo los bellos versos y trazas del propio auto *La nave del Mercader?* ¿No es fantástica e ingeniosa la fábula alegórica en que hablan personajes tales como la Culpa, el Deseo y el propio Hombre en común? ¿No se emulan y se oponen en este mismo auto el "desaliño / de las breñas" de donde viene el Hombre y "el aseo / de los jardines" de la corte adonde va? ¿No se vincula el placer de la vista a los versos citados de la Culpa dramaturga, en los cuales, en efecto, se hacía hincapié sobre el sentido de los ojos como aquel "que puede hacer más fuerza" (1446a)? Más adelante en este pasaje establece el Hombre un vínculo metonímico entre los deleites de la comedia nueva (y del auto) y la senda (falsamente) amena que tomó alejándose del Mercader/Cristo (1455a). Finalmente, el espacio al que conduce este camino apacible pero engañoso es urbano: "viendo / poblaciones, que a lo largo / se descubren, compitiendo / en dorados chapiteles, / a los hermosos reflejos del sol" (1455a).

Con sus vínculos metonímicos de contigüidad, este importante pasaje metatextual presenta una visión negativa del arte de la comedia y de la vida urbana cortesana. Ellos precipitan o ponen en marcha hacia la transgresión en tanto que se sirven del enorme poder del placer de la vista, y alimentan así el deseo descomedido de "vivir por ver," el título que no por casualidad tiene la comedia cuya representación imagina y ansía el Hombre. El gran peligro del placer visual y auditivo de la nueva comedia y de la ciudad es su potencial seductor que hace olvidar el origen de las cosas. Como sostiene Baudrillard al teorizar sobre la seducción, en ésta el orden del significado queda obliterado por el encanto e ilusión de las apariencias. En la seducción, la materialidad del signo, su apariencia y superficie se vuelven tan atractivas que desplazan el interés en la "verdad" a la cual apuntan:

> What truly displaces discourse, "seduces" it in the literal sense and renders it seductive, is its very appearance, its inflections, its nuances, its circulation (whether aleatory and senseless, or ritualized and meticulous) of signs at its surface. It is this that effaces meaning and is seductive, while a discourse's meaning has never seduced anyone. . . . Inexorably, discourse is left to its appearances, and thus to the stakes of seduction, thus to its own failure as discourse. But perhaps discourse is secretly tempted by this failure, by the bracketing of its objectives, of its truth effects which become absorbed within a surface that swallows meaning. (*Seduction* 54)

En la seducción según Baudrillard, el discurso o la imagen deja de ser un vehículo para el significado, convirtiéndose casi en un fin en sí mismo. Es su circulación rítmica, el efecto de la materialidad de sus inflexiones, oposiciones y matices, lo que en realidad fascina, quedando la verdad del significado como algo si no dispensable, de interés secundario. Cuando se *vive por ver* (y escuchar), se vive únicamente para ser seducido por las formas, por la brillante superficie de las cosas, por sus apariencias, colores, sonidos y efectos luminosos. No se vive para buscar o llegar a la verdad. Dentro de un discurso cristiano, la seducción implica entonces una transgresión porque cuando la superficie del discurso o la letra hace olvidar el espíritu, el significado o la verdad que supuestamente la origina, la voluntad abandona "el sumo Ser hacia seres inferiores" (San Agustín, *Ciudad de Dios* 769). El movimiento seductor que describe Baudrillard, entonces, seguiría la misma trayectoria que la voluntad corrupta según San Agustín.[7]

Inmediatamente después de este pasaje, se encuentra con la Lascivia el Hombre en su camino hacia la corte. Haciendo bastante explícito el vínculo metonímico entre la propensión a los placeres carnales y el tópico de la concupiscencia de los ojos que alimenta la comedia de teatro ("vivir por ver"), el Hombre conceptualiza la Lascivia como "prodigio bello." Ella simula venir huyendo de ladrones, y pide ser socorrida por el Hombre. Alegando desmayos, venas heladas y demás, se deja caer en sus brazos (1456a). Esta bella malvada que incita y representa el deseo sexual le roba la potencia de la voluntad al Hombre, pues al reclinarse en sus brazos le quita el objeto emblemático de la misma que es el corazón.

En esta escena comienza a emerger con más claridad la violencia de la situación del Hombre en *La nave del Mercader*. Aunque ya redimido de la culpa original, las miserables condiciones del nacimiento del Hombre de las cuales él no es enteramente responsable de todos modos inclinan sus potencias y sentidos al lujo, al esparcimiento, al placer sexual, todo lo cual supone una apariencia de cesación de dolor. Este deseo excesivo de aliviar la pesadumbre de su estado conduce al Hombre a rechazar el camino que le ofrecía el Mercader, debido a su desafortunada apariencia engañosa de zarzas y espinas. A pesar de que el distanciarse de éste era ya una perversión, en tal condición toma prestados el Hombre sus Potencias y Sentidos del cielo, comprometiéndose a devolverlos. Luego, en este precario estado, no es sorprendente que elija un camino en el que se encuentra con los secuaces de una Culpa que ha entrado en el mundo antes que él. Además, el mero contacto con ellos ya infligirá grandes pérdidas. Así, la Lascivia le arrebata su voluntad, sin que el Hombre haya hecho nada excepto admirar su bella figura. La violencia a la cual está sometido el individuo emerge en este borroso espacio en que su culpa e inocencia no están enteramente diferenciadas, en que es y no es responsable de sus transgresiones simultáneamente. Pues antes de haber recaído, la voluntad del Hombre ya está pervertida. Deseoso de alivio, comete el entendible error de rechazar una apariencia engañosa de pesares. Todavía sin ser enteramente culpable, el mal en forma de Lascivia aparece en sus brazos. Casi sin darse cuenta, su voluntad es robada. Y teniendo todavía posibilidades de evitar la caída, ignora que está próximo a ella.

Y en efecto, una vez la Lascivia le ha robado el emblema, se encuentra el Hombre con el Demonio y sus secuaces, que vienen a intentar arrebatarle a la fuerza los demás tesoros de sus potencias. Sale el Mundo fingiendo que quiere ayudar al atracado, para endeudarlo. La potencia de la Memoria (que es la que desea el Mundo) irónicamente no ayuda al Hombre a recordar su valor y así, en torpe agradecimiento por haberle salvado la vida, el Hombre decide darle a su fingido bienhechor el "pequeño don" (1458a) del anillo. El Mundo lo acompaña entonces a la posada que el Deseo le ha prevenido con los cinco talentos de sus Sentidos. El Deseo explica cómo los ha usado:

> Lo primero,
> el de la vista empleé
> en pinturas y en espejos;
> el del olfato, en perfumes;
> el del tacto, en blandos lechos;
> el del gusto, en generosos
> vinos y manjares; luego
> el del oído, en criadas
> y criados, todos diestros
> músicos, y, sobre todo,
> solo te alabo el portento
> de su hostalera, que así,
> en mil amorosos versos,
> por su hermosura y su voz,
> hay quien la llame.
>
> (1458b)

Todos los objetos en los que el Deseo ha invertido los talentos del Hombre pertenecen al campo del discurso de lo urbano. Todos implican el artificio, lujo y sensualidad de la estética barroca que principalmente se produce en la ciudad con mano de obra refinada. Así, no son montañas o una puesta de sol lo que agradará al sentido de la Vista, sino sus representaciones y sus reflejos. Al oído no son pájaros ni quebradas lo que lo halagan, sino sofisticados criados entrenados musicalmente. Lo significativo es que este primer Adán, al representárselo en el contexto extremadamente culturalizado de la ciudad, inscribe al receptor y al lugar en que se representa el auto, dentro del auto. Esta inscripción del espacio urbano, y de la corte como el lugar de la seducción, permite interpretar la acción alegórica como una que también ocurre en el presente del espectador/lector del auto del siglo XVII. Por otra parte, como hemos indicado ya en el análisis de otros autos, ambos Hombre y espectador/lector coinciden al gozar los desvaríos, ocurrencias y prodigalidad estéticos del Deseo. Ambos disfrutan en esta escena no tanto de la fascinante materialidad de esos objetos de arte, como de su mera representación en verso. De este modo se vinculan los halagos a los sentidos y la poesía. El Hombre, así como el espectador, puede gozar de la promesa de sensualidad del Deseo, porque la materialidad poética del verso que la representa —con sus imágenes, colores, formas y repetición rítmica— es ya una forma de sensualidad. Por extensión, el resto de la poesía del auto sacramental puede ser gozada igualmente por su fascinante materialidad seductora. Pero, como admite Orozco Díaz del arte barroco: "los goces sensoriales y aparenciales . . . se potencializan y acumulan hasta dejar a veces como oculto lo constructivo y lógico argumental . . ." (*Teatro* 19). Esta superficie sensual de la apariencia que oculta "lo constructivo" es precisamente la seducción del discurso que puntualizaba Baudrillard. Lo que motiva el auto calderoniano es, o debe ser, el "aplauso" del Sacramento (Parker, *Autos sacramentales* 51). Cada vez que la Eucaristía o el significado teológico quede olvidado o desplazado para admirar y gozar del puro arte dramático del auto, la voluntad del espectador, por así decir, se envilece. La perversión de la voluntad no radica en que el arte dramático del auto no deba ser gozado; consiste en que se prefiera gozar de ese arte antes o en vez de la Eucaristía misma. La perversión del desplazamiento del misterio del Sacramento por su versión dramática en el auto sacramental calderoniano tampoco es algo tangible, de existencia concreta. No es una obra positiva, como explica San Agustín (*Ciudad de Dios* 320; 14.11), sino un apartamiento, un abandono, un ligero olvido del original, una posposición de la verdad y realidad del Sacramento por la luminosidad de la hostia de cartón piedra.

No es completamente inesperado entonces que en el jardín de semejante posada, emulando y remitiendo al primero de todos los jardines, se encuentren el Demonio y la Lascivia, que traman cómo hacer caer al Hombre definitivamente. El Mundo lo conduce adonde están, y aquí comienza la última etapa de su perversión. Acompañada de música, la bella Lascivia canta, invitando al Hombre a disfrutar de sus Sentidos:

> A las pronunciadas voces
> de blandas músicas, junten
> sus no pronunciadas solfas
> las aves, siendo a tu numen . . .
> "hojas que resuenan, fuentes que murmuren,
> cítaras y arpas, tiorbas y laúdes."
> . . . .
> "A no malograr sentidos que escuchen,
> que vean, que toquen, y huelan y gusten."
>
> (1460a)

Estos pasajes en *La nave del Mercader* incorporan entonces al espectador dentro del espectáculo.[8] Cuando la posición de aquél ante la representación dramática coincide con la del Hombre dentro de la representación, la fábula alegórica se actualiza, adquiriendo dimensiones cuasi-performativas. Lo que ocurre dentro del auto refleja en parte lo que pasa con el espectador mientras *ve* la representación del auto, incluso a pesar de la piadosa intencionalidad manifiesta de éste. Esto empalma con la fábula alegórica de *La nave del Mercader,* la cual cuenta la historia de la caída en culpa actual de cada individuo a causa de ese excesivo deseo suyo que no se consume ni se detiene para siempre en la belleza de la proximidad al Mercader. Aquí es pertinente regresar a Kierkegaard para traer a colación un comentario sobre el conocimiento del pecado, que viene muy al caso con respecto a la relación especular entre el Hombre y el espectador en el auto sacramental calderoniano en general y en *La nave del Mercader* en específico: "How sin came into the world every man understands by himself alone; if he would understand it from another, he *eo ipso* misunderstands it" (46). Según esta concepción del pecado, el verdadero entendimiento de éste en *La nave del Mercader* sería el que lleva a cabo cada espectador/lector por sí mismo. Mediante la relación especular entre Hombre y espectador/lector que he analizado anteriormente, el auto abre un espacio a este entendimiento verdadero de la realidad del pecado. Al gozar de los versos del mal en la escena de la caída, el espectador/lector participa de esta deleitosa perversión y se reconoce en ella. Y es que dentro del discurso del pecado, difícilmente puede entenderse, pensarse o disertarse sobre éste, sin incluirse en absoluto el sujeto enunciador o pensante dentro de tal discurso. O, nuevamente, en palabras de Kierkegaard:

> That the man of science ought to forget himself is perfectly true, but for this reason it is so fortunate that sin is not a scientific problem, and therefore the man of science is no more obliged than is any speculator to forget how sin came into the world. If he would do that, if he would magnanimously forget himself, he with his zeal to explain humanity as a whole becomes just as ridiculous as the privy counselor who sacrificed himself to such a degree in leaving his visiting cards . . . that in doing so he finally forgot his own name. (46)

Por no ser el pecado un problema científico, según Kierkegaard, quien especule y delibere sobre aquél no sólo no está obligado a borrar su propia experiencia en pos de objetividad, sino que si lo hiciera, su deseo de explicar cómo afectó el pecado a la humanidad sin incluirse a sí mismo se volvería ridículo y torpe con respecto al conocimiento de su persona. Así, cuando en la fábula alegórica Calderón da bella y encantadora voz tanto a la Lascivia como a Lucifer para representar persuasivamente cómo fascinan al Hombre, el dramaturgo o sujeto productor del texto no puede dejar de ejecutar parte de esa función seductora al actualizarla. Cuando el productor del texto representa la caída del Hombre en culpa actual, sería arrogante que excluyera la posibilidad de estar él o ella ocupando esa misma posición, pues como dice San Juan: "Si decimos que no tenemos pecado, nos engañamos a nosotros mismos, y la verdad no está en nosotros" (1 Juan 1.8). En el auto sacramental no sólo se canta y se celebra el sacramento de la Eucaristía o las buenas nuevas del misterio divino, sino también se explora y se dramatiza la caída en el pecado. Esto, como dice Kierkegaard, sólo puede hacerse lúcidamente como pecador. Cuando con los bellos versos malévolos de la Lascivia el auto conmueve la voluntad del espectador/lector más eficazmente que el sermón, se actualiza la perversión de aquél. Cuando en este pasaje el dramaturgo a quien se le atribuye el texto persuasivamente alegoriza e incluso produce el olvido de la Eucaristía con el exhibicionismo discursivo[9] de sus metáforas del mal, está participando de la culpabilidad del alegorista barroco que, según Benjamin, se aparta de la inocencia de la proximidad al origen por el deseo de conocer y movilizar una subjetividad exaltada, capaz de fabricar sus propios significados y efectos retóricos.

El último error del Hombre que finalmente lo precipita al abismo del pecado es beber de la copa de la Lascivia. Es de notarse que al ofrecerla como reparo a la sed del caminante (1461b), los versos de la Lascivia aluden a las tribulaciones que han acongojado al Hombre desde el principio, ya que nace "a beber de su sudor / y a comer de su ejercicio" (1446b). La Lascivia se sirve de las adversidades del Hombre, de sus privaciones y de su consecuente vulnerabilidad ante la bella materialidad de las cosas y del lenguaje, para someter su voluntad. El d(D)eseo de que cese la miseria de las deficiencias humanas heredadas mediante la culpa original se representa entonces como algo contra lo que el Hombre tiene que luchar constantemente, porque puede arrastrarlo a una condición incluso más depravada.

Cuando bebe de la copa de la Lascivia, pregunta el Hombre qué "mortal veneno" lo embarga (1461b). Los que han conspirado para llevarle la copa del mal a los labios le revelan entonces la realidad del pecado. El veneno que lo posee es el aliento de la Lascivia (1461b). El Mundo le confiesa que es "fingido amigo" que lo ha llevado al albergue para que "de Dios / ser enemigo resulte" (1461b); el Demonio, que ha bebido sangre de ramera (1461b). Cantan entonces todos las consecuencias horribles de la realidad de la transgresión del Hombre:

> Valles, montes, selvas, cumbres,
> que hombre en pecado, no solo
> bruto es, que no discurre,
> pero ídolo inmóvil, que ni hable, ni escuche,
> ni vea, ni toque, ni huela, ni guste.
>
> (1462a)

Aunque el Hombre ignoraba que pecaba en el momento de caer, de todos modos tiene que asumir las terribles consecuencias de su transgresión. Para colmo de pesares, aparece en ese preciso instante la figura legalista del Tiempo, quien, inexorable, viene a "Cobrar / todo lo que recibiste / prestado y lo que adquiriste / con ello" (1462b). Como el Hombre en estado de pecado no tiene potencias ni sentidos, y así no puede devolver absolutamente nada, todos cantan, representando: "¡Ay mísero de ti! / ¡Que de un feliz has hecho un infeliz!" (1463a). Va a parar a una gruta "cuya boca está cerrada con una reja" (1463b). En esta prisión, encadenado con los yerros/hierros de su Deseo, el Hombre padece lo que él denomina "fiero castigo" (1463b). Es significativo su empleo del adjetivo "fiero" porque articula rigor, severidad, demasía con respecto al precio del delito. Por otro lado, igual que en *La vida es sueño,* el castigo al pecado se representa como una regresión al terrible lugar de origen: "En el sepulcro le encierra, / de donde al mundo salió" (1463b). En este sentido, el mismo espacio se ocupa en estado de culpa original y de culpa actual. La metáfora del sepulcro que alegoriza ambos estados hace pues difícil poder determinar el fin de uno y el principio del otro. Así, se complica el fijar los límites entre el bien y el mal, la inocencia y la culpa, la libertad y el cautiverio. Sus identidades son borrosas, indecisas, como los contornos del estilo pictórico de la pintura barroca, el cual, según Enrique Wölfflin, se caracteriza por "un misterioso anublamiento de la forma dada" (309). Tal anublamiento entre los residuos de la culpa original y la responsabilidad individual funciona en este auto como una violencia que somete al Hombre, porque aunque ya es caído antes de recaer y no es así enteramente culpable de su culpa, se le hace por completo responsable ante el Tiempo de las deudas contraídas antes y después de la transgresión.

En la siguiente escena llega la Culpa a tierra derrotada en su intento de dar caza a la nave del Mercader. Sus secuaces la consuelan alegando que han cumplido con su cometido y tienen al primer Adán encerrado en un calabozo. Le dicen que en él podrá la Culpa vengarse porque no hay posibilidad de que salga, habiéndolo despojado cada uno de ellos de sus potencias y de todos sus sentidos. Salen entonces en escena el Mercader y el Amor, quienes escuchan los tristes lamentos del Hombre en su gruta/cuna/sepulcro. Cuando, persuadido por el Amor, se acerca el Mercader a la gruta donde el Hombre da relación de su condición de prisionero:

> [A] ver si de alguien alcanza
> de limosna algún consuelo,
> ya que su desdicha es tanta
> de hambre, sed, calor y frío,
> como en esta oscura estancia
> su desnudez siente.
>
> (1466a–b)

En los autos calderonianos, las consecuencias del pecado del Hombre o de la Naturaleza Humana casi siempre se articulan en imágenes de enormes pesares físicos. Encerrado en la gruta/sepulcro/cuna, despojado de todos sus bienes, la patética desnudez del Hombre vale menos que la de las bestias. Se entiende cómo en este estado extremo de penuria en el que no hay nada más que perder, no queden muchas más alternativas que pedir consuelo. Felizmente, sin embargo, los lamentos del Hombre por los fieros castigos de la transgresión son productivos. Tales clamores conmueven al riquísimo Mercader, quien entonces exclama:

> Harto me has dicho, pues todas
> cuantas penas hay, y cuantas
> ha habido y ha de haber, caben
> en sola aquesa palabra [i.e., miseria humana].
>
> (1466b)

La representación de la miseria humana como penas que han sido, que son y que serán indica un estado recurrente que ningún sacramento, ni siquiera la inminente intervención bondadosa del Mercader, erradicará definitivamente.[10] La fábula de la caída en culpa actual en *La nave del Mercader* es así acronológica y atemporal puesto que revela una posibilidad constante para todo miembro de la raza humana, incluidos Calderón y todos los espectadores/lectores presentes, pasados y futuros del auto.

La acción redentora del Mercader interrumpe entonces el curso de esta terrible economía opresiva y circular. Igual que el pecado y encierro del Hombre, el rescate se articula en términos de una retórica de deudas, cobros y fianzas. El Mercader hace fianza de las deudas humanas al Tiempo, obligándose a pagar todas las que se hallen en las escrituras haciendo "propia la ajena / deuda, cargando las ansias / del Hombre sobre mis hombros" (1467a). Ya se ha establecido que la caída del Hombre en este auto es en culpa actual, no original. La imaginería del parlamento del Mercader y su firma como segundo Adán parecen remitir sin embargo al evento histórico de la crucifixión, el cual implicó a toda la humanidad, entre otras cosas saldando la deuda contraída por la caída del primer Adán. Se confunden entonces distintos campos o niveles de significación del Hombre en *La nave del Mercader,* al vincular el sacrificio de la crucifixión, el cual opera y reconcilia a nivel de la raza, a su culpa actual, personal. Irónicamente, a través de esta disolución semántica se logra representar de modo muy conmovedor la bellísima idea de que Cristo muere por la raza y por cada miembro de ella cada vez que éste o ésta caiga en culpa actual y pida ser perdonado.[11] Ve así la envidiosa Culpa, mediante la fábrica de su propia alegoría, la infinitud e inexhaustibilidad del "*Pósito de trigo*" (1449a).

El Tiempo acepta entonces los términos de la fianza y deja salir al Hombre del calabozo. Es interesante notar que los impacientes acreedores serán las Potencias y los Sentidos. Al ver que su deudor el Hombre ha desaparecido, exigen al fiador que restaure de inmediato el crédito dando otro preso o la paga. Las metáforas legales en las narrativas de la salvación no son originales de Calderón sino comunes a la literatura patrística (Cilveti, *Demonio* 67–94). No obstante, en el espacio textual de *La nave del Mercader* en que las identidades de culpa e inocencia son borrosas, tales metáforas se despliegan no sólo como justicia, sino también como una forma de violencia. Para rescatar al primer Adán, el segundo, inocente, sufre la crueldad y rigor del Tiempo y de los acreedores entrando "en esa triste oscura / prisión de la vida humana" (1468b). Así, aunque en distintos grados, ambos Hombre y Mercader sufren una dureza excesiva dentro de la economía de la creación. Es muy significativo en este sentido que sea el Tiempo y no ninguna figura diabólica o humana, quien mande ejecutar sentencia sobre el Mercader:

> A ramales de azotes
> se arruinen sus espaldas,
> y al levantarse, sean
> cambrones su guirnalda.
> Duro madero forme

el lecho en que descansa,
y ese con tales clavos,
que hieran.

(1468b–69a)

El Tiempo, quien no ha conspirado contra el Hombre sino tan sólo ha sido el que ha llevado constancia de la entrega de los talentos y potencias, muestra en este pasaje un furor escandaloso. Estipula que se torture el cuerpo físico del fiador para apresurar la satisfacción de la deuda (1468b). Debido a la abierta ferocidad contra el segundo Adán que manifiestan sus versos, la severa figura jurídico/notarial del Tiempo en este auto no puede considerarse justa; la envilece el exceso de su sentencia contra aquél, que además es totalmente inocente. San León Magno describe una situación análoga entre el demonio y Cristo cuando afirma que el demonio perdió su derecho jurídico a exigir el castigo del pecado, al reclamarlo para quien era inocente: "Por esto se deshizo el título del mortífero pacto, y por demandar una justicia excesiva se redime la totalidad de la deuda. El fuerte queda amarrado en sus mismos lazos y la insidia entera del maligno descarga sobre su propia cabeza" (citado en Cilveti, *Demonio* 71). Igualmente, el Tiempo en este auto tiene cierto derecho legal sobre el Hombre, pero su virulenta ejecución del Mercader inocente lo hace ir más allá de lo que le permite ese derecho, volviéndolo injusto. Por este exceso vil, queda también problematizada la propiedad y rectitud de su función como ejecutor inaplazable de la cobranza de los acreedores del Hombre en escenas anteriores (1466b). La acción redentora del Mercader se vuelve así una confusa estratagema de amor y justicia al mismo tiempo. Por una parte, el amor del Mercader ha sido conmovido por la fiera miseria de la desnudez humana, a tal punto de ponerse en el lugar del perpetrador del crimen. Pero por otra, ¿no herirán tanto los clamores humanos al Mercader precisamente porque el Hombre está sujeto a una economía cósmica cuya violencia lo excede y antecede? ¿No consistirá el bello a(A)mor de Aquél justamente en no poder dejar de conmoverse ante el escándalo de esa miseria humana sólo parcialmente merecida?

La ejecución atroz del Mercader ordenada por el Tiempo permite que se tome la paga del pan y trigo que trae aquél en su nave (1469a). Así, le dice el Mercader:

podrás, pasando su grano
desde la mies a la parva,
y de la parva a la troj,
con su precio hecha la paga
del Hombre a los acreedores,
sacarme de la fianza.

(1469a)

Aunque este lenguaje es restaurador y conciliador, se produce dentro de una economía enormemente virulenta. El exceso del "fiero castigo" del Tiempo que apena y aqueja al Hombre es interrumpido por el sacrificio brutal del bondadoso y rico hermano, pero no es erradicado definitivamente puesto que, como recordaremos, el Mercader ha anticipado que las penas recurrirán (1466b). Además, después del sacrificio y entrega de la fianza, la Culpa intenta persuadir a las Potencias y a los Sentidos de que no acepten la paga. Incluso cuando el Mercader manda a que le sean restituidas al Hombre sus perdidas alhajas todos se atreven a concurrir con la Culpa, alegando: "Hasta ahora no están pagadas" (1469b). El insistir en recibir compensación por las alhajas significa que la opresiva economía de la deuda y la satisfacción todavía no ha sido obliterada totalmente, ni siquiera por la atroz inmolación del segundo Adán.

Se abre entonces una nube "y vese el Amor en medio de espinas, con cáliz y hostia en la mano" (1469b). En este descubrimiento vemos al Amor y a la Eucaristía estrechamente ligadas a la pasión, mediante la imagen de espinas. El Amor ofrece entonces como paga el pan, el cual "a ser pasa / sustancia de carne y sangre" (1470a). Ante la Eucaristía, que de modo maravilloso[12] pasa a encarnar y a repetir una y otra vez la terrible ejecución y sacrificio del segundo Adán bello hasta el fin de los tiempos, el Entendimiento, las tres Potencias, y los Sentidos finalmente se dan por satisfechos. "[A] vista de tan extraña fineza de Amor," dice la Culpa entonces, "las rocas, / que sus lóbregas entrañas / abrieron para mi cuna, / para mi tumba la abran" (1470a), por lo que la Lascivia, el Demonio y el Mundo no pueden sino restaurar al Hombre los objetos emblemáticos de las Potencias.

El auto concluye entonces con alabanzas a la nave del Mercader, la cual "a Primero y Segundo Adán restaura, / en los dos reparando deuda y fianza" (1470b). Pero aunque se haya reparado con el bello pan de la Eucaristía las deudas y finanzas de esta caída en culpa actual, la opresiva economía legal de pagos y reatos no ha sido superada. A pesar de que el Demonio y la Lascivia (rabiosa y forzadamente) hayan entregado los objetos emblemáticos de las Potencias, no renuncian a intentar hurtarlos cada vez que la Culpa salga del sepulcro a convocarlos nuevamente para hacer "reo de culpa actüal" (1448a) al Hombre. El hermoso pan del Mercader siempre podrá abonar las deudas impagables contraídas por el Hombre, pero sólo cuando éste pida alivio de la pena terrible por haberlas incurrido. Así pues, porque la miseria de su "frágil ser" (1470b) es tanto causa como efecto de la caída en culpa actual del Hombre, porque es lo que lo empuja a buscar misericordia y lo que a su vez conmueve el Amor y la justicia del Mercader, el exceso de penuria figura como un elemento imprescindible dentro del régimen cósmico de deudas, pagos y reatos que se representa en este texto.[13] En ello radica la virulencia de semejante régimen. Este no es abolido en el final apoteósico del auto, sino tan sólo contrapesado por el atroz sacrificio del Mercader y por su bondadoso pan que saldará esas fieras deudas contraídas cada vez que se lloren. Aunque reconciliador, el sacramento de la Eucaristía no hace cesar las penas humanas que "hay, y cuantas / ha habido y ha de haber" (1466b).

La representación de la angustia, de la fragmentación y del dolor como terrible condición necesaria dentro de la economía de salvación en *La nave del Mercader* es parte de esa melancolía y desolación barrocas que obstruyen el resplandor de lo trascendente. Tal representación, a mi entender, problematiza la visión ética del sufrimiento que generalmente ha sostenido la crítica del auto calderoniano durante el siglo XX. En esta visión, el Hombre o Naturaleza Humana se representa como merecedor(a) de los males que le acaecen por no haber resistido y vencido todas las tentaciones y provocaciones del maligno. No obstante, en *La nave del Mercader,* así como en *La vida es sueño* e incluso en *Los encantos de la Culpa,* hemos estado viendo una situación mucho más compleja. Pues un Hombre ya fragmentado y concupiscente antes de actuar, en contacto con una violencia cósmica y con un mal que él no ha inaugurado, queda afectado, debilitado e impulsado peligrosamente hacia el pecado, a veces incluso sin que él lo sepa o lo haya deseado.

Habíamos visto cómo la escasez y aflicción no enteramente merecidas movían el deseo concupiscente del Hombre de *La nave del Mercader* de gozar del esplendor de la materia, lo cual lo conducía a su caída en culpa actual y al consecuente escalamiento de su penuria. Pues bien: la práctica dramática del propio auto no logra trascender por completo esta peligrosa concupiscencia, puesto que la luminosidad de la escena de cartón piedra y de la materia poética y musical siempre podrá ser lo que encienda el deseo del espectador/lector individual, y no su devoción por la Eucaristía. Así, como constantemente ofrece la posibilidad de que se disfruten las formas esplendorosas del nivel literal de la alegoría al margen de la verdad del Sacramento, *La nave del Mercader* no puede garantizar que podrá apagar el concupiscente deseo del espectador/lector de vivir por ver aun mientras dura la representación del auto. La violencia de la incesante propensidad a la culpa actual del individuo que representa este auto no quedará abolida ni siquiera en el piadoso contexto de su recepción.

Capítulo siete

Distancia, compulsión y diferencia en *Lo que va del Hombre a Dios*

En su *aprobación* a la *Verdadera quinta parte de comedias* de 1682, en que se publican varios autos, escribe Fray Manuel Guerra y Ribera:

> Son tan divinos los argumentos que siguen, tan embebidas las moralidades, tan gustosas las doctrinas, tan taraceado lo discreto con lo santo, tan compañero del gusto el provecho, que de un golpe admira el entendimiento y enciende la voluntad. Salen los ánimos admirados y devotos, gustosos y atritos, recreados y encendidos; y entre los halagos del oído introduce venerables respetos al Sacramento. (Citado en Parker, *Autos sacramentales* 18)

Este pasaje articula la posibilidad de un placer devoto como triunfo del auto calderoniano. El auto da gusto, admira el entendimiento y enciende la voluntad mientras catequiza; es una ingeniosa conjunción de disparidades que a su vez parece dar gran placer a Fray Guerra y Ribera. Este hacer compañeros el gusto y el provecho lo realiza el auto transformando el dogma y la teología en deslumbrantes fábulas y metáforas. Lo que antes sólo enseñaba (posiblemente sin tanto éxito), ahora, mediante un maravilloso movimiento tropológico, también da placer. ¡Ganancia enorme que hace arder de entusiasmo al piadoso fraile! ¡Belleza bondadosa que vence la (perversa) resistencia del espectador/lector feligrés a interesarse por el severo lenguaje de la verdad!

Una lectura cuidadosa de los autos sin embargo revela que éstos ofrecen algo más o algo distinto que no se somete por completo a las doctrinas que corrigen y aleccionan al espectador/lector. Este algo más o algo distinto radica en la figura de la alegoría del auto. Como ya se ha señalado en este estudio, el manifestar una cosa por las palabras y otras por el sentido implica una diferencia entre el plano del significante y del significado de la alegoría del auto que no siempre queda resuelta tan definitivamente como celebra Fray Guerra y Ribera. La dualidad de la alegoría permite más posibilidades de lectura que aquélla en la que el deleitoso nivel material, tangible, de la alegoría queda perfectamente disuelto en el del provechoso significado.

Y en efecto, *Lo que va del Hombre a Dios* (¿1640?) representa de manera ejemplar la distancia que corre entre el plano físico-poético-narrativo del auto y su plano teológico, conceptual, de finalidades encomiástica y didáctica. La materialidad dramática y poética del nivel narrativo de la alegoría del auto, al mismo tiempo que se propone como analogía del plano teológico, marca una diferencia con él siquiera porque casi todos los elementos de éste pertenecen a "un mundo de ideas y conceptos que no tienen una concreción física" (Díez-Borque 103). Esta diferencia que produce la espectacularidad sensorial del nivel narrativo del auto sin duda viene a socorrer el "corto caudal" del espectador/fiel, que por ser "caduco no / puede comprender lo eterno" (Calderón 1215a). Con su economía tropológica y dramática, con su fuerte apelación a los sentidos, el auto sacramental calderoniano facilita la comprensión intelectual y espiritual de la Eucaristía, sí, pero suplementando y diferenciándose de su plenitud luminosa en la liturgia. Lo problemático del caso es que, como escribe Parker, pueda ser el auto, aquello que no es idéntico al dogma ni a la Eucaristía, lo que haga más accesibles, más significativos para la experiencia humana, ese dogma y esa Eucaristía. Lo riesgoso es que el bien inferior de la derivación que es el auto, en el momento de la representación pueda ser más deseado que el máximo bien original. Lo literario del auto es que su relación con el discurso teológico pueda dar lugar a semejante ambigüedad. Como veremos, *Lo que va del Hombre a Dios* será particularmente revelador en este respecto debido a su conspicua dimensión metatextual.

Lo que va del Hombre a Dios subvierte las convenciones del género del auto sacramental en el sentido de que dramatiza precisamente lo que ocurre después de las fiestas y triunfos de la Eucaristía. En su introducción al auto, afirma Valbuena

Prat: "Lo original del drama se halla desde su comienzo. La obra da por resuelto en las primeras escenas lo que suele ser el final de otras piezas análogas. El Príncipe (Cristo) cuenta alegóricamente el pecado original y la redención y vuelve a los cielos, simbolizando así la Ascensión" (Calderón 272). Es decir, en este auto se dramatiza el tiempo posterior a la institución apoteósica de la Eucaristía: veremos por fin lo que ocurre después del triunfo del Sacramento con que concluyen todos los demás autos. Pues el tiempo en que obstinadamente vuelven a resurgir una vez y otra las fuerzas del mal, de la fragmentación y de la ruptura no termina con la bondadosa institucionalización del Sacramento. Como plantea Jon Whitman, uno de los dilemas centrales de la dinámica tipológica cristiana en que el mundo material se representa como habiendo progresado y culminado en la plenitud redentora de la encarnación, se origina precisamente con el hecho de que "the 'fulness of the time' did not, after all, constitute the end of time" (*Allegory* 68). O como sostiene Joseph N. Jensen, hasta que el pecado, la muerte, y toda fuerza hostil no cesen por completo: "until the redeemed share in the glory of the Resurrection of Christ through the glorification of their own bodies, Redemption will not be complete (see Lk. 21.28; Rom. 8.23; Eph.1.14; 4.30). This state of affairs leads to a tension between present and future that is inherent in the N[ew] T[estament] message" (144). Aunque la Eucaristía sea un símbolo de plenitud entre el espíritu y la materia, entre historia humana y divina; aunque ella sea en donde convergen, se disuelven y se consumen todos los significados, el tiempo histórico de todos modos continúa. Y en este tiempo redimido pero paradójicamente suspendido, inconcluso, la distancia, la fractura, la ausencia, la corrupción y la muerte, la recaída en culpa actual y la posibilidad de condenarse regresan y se repiten.

El auto comienza con la celebración de la victoria del Príncipe sobre Lucifer. Dicen las acotaciones: "Dentro, cajas y trompetas, y salen del primer carro marchando algunos soldados, y detrás el Príncipe, coronado de laurel, con bastón de general y manto encarnado, y del cuarto carro de enfrente, la Naturaleza y el Hombre, de gala. . . . El Placer y el Pesar, de villanos, y los Músicos, bailando y cantando todos" (273a). El Príncipe triunfante abre el texto poético con un larguísimo monólogo en que cuenta su primera venida a la Tierra. Siendo "Embajador supremo" del universo, llegan voces a su corte de la tiranía bajo la que se halla el Hombre a causa de la deuda contraída por Adán. La compasión que le produce la lastimosa voz de la Humanidad lo mueve a reconquistar el reino oprimido. Anuncia entonces que va a adoptar una alegoría marcial para llevar a cabo la narración de su primera venida. Justifica esta alegoría el libro de Job, que habla de la vida como batalla.

Sin embargo, la propia situación enunciativa del Príncipe ya es alegórica, incluso antes de que declare que asumirá la figura. La dicción es alegórica y también la disposición del material dramático, pues no está documentado en los Evangelios que antes de ascender a los cielos Cristo hubiera sido coronado de laureles en una enorme fiesta. Así pues, el Príncipe, alegoría de Jesucristo en una situación alegórica, adopta él mismo el modo alegórico para su parlamento. El texto, si bien se ofrece como alegoría del Nuevo Testamento, al mismo tiempo dramatiza su distancia de él posponiendo o suspendiendo el significado mediante el uso de una alegoría inscrita en otra, o de una alegoría de una alegoría. Ya se dijo antes que este recurso retórico de figuras de figuras es característico del Barroco. También lo utiliza Góngora, sobre todo en sus *Soledades*. La figuración a la segunda potencia "borra la individualidad del objeto" (Alonso 72) mediante la posposición doble del significado. Si concebimos con respecto al auto ese "borrar" en términos espaciales, la distancia al "objeto" (que es el discurso teológico) se despliega mediante la alegoría de la alegoría, o un significado doblemente desplazado o pospuesto. Este distanciamiento ocurre, a mi entender, incluso aunque tal alegoría al cuadrado no sea extremadamente difícil o ininteligible. El personaje alegórico que afirma utilizar un discurso alegórico, formalmente alegoriza distancia de su objeto u origen.

Aunque es una batalla lo que viene a librar, el Príncipe intentó primero:

> ver si podía la paz
> conseguir el vencimiento,
> dejé para otra venida
> el profetizado estruendo
> de las nubes, y los rayos,
> los relámpagos y los truenos.

Y así, antes de que mi contrario
penetrase mis intentos,
entre dos pobres bagajes,
dando su forraje el heno,
fue la ruina de una estala
mi primer alojamiento.

(274a)

La economía a la que responde este pasaje es la de reconciliar la pobreza y humildad de la primera venida (documentadas en los Evangelios) con la selección de la alegoría militar. El Príncipe alega que su primer intento fue vencer mediante el pacifismo, y que por tanto sería en otro momento en el que vendría abiertamente triunfante y terrible, acompañado de truenos y rayos. El momento en que el Príncipe narra esto es de triunfo, pero no es todavía el de la segunda venida. Es un momento victorioso pero no definitivo.

Ahora bien: ¿cómo se ha logrado ese primer triunfo (no definitivo) que será seguido de otro? El Príncipe aduce que para lograr el triunfo mediante la paz, vino "disfrazado y encubierto," de modo que no pudiese ser reconocido por el enemigo y su estrategia pacifista, su plan oculto, pudiera desarrollarse. Es decir, el encubrirse de harapos es parte esencial de la estrategia histórico-temporal del Príncipe para poder pasar desapercibido y apercibido simultáneamente. Debido a que los tres reyes le reconocen a pesar de su disfraz y le traen oro, incienso y mirra, el "recelo" del contrario se despierta. Inútilmente de incógnito, trata el Príncipe de resistir el embate del enemigo pero pierde "la tierna infantería," los niños matados por Herodes, degollados por inspiración de Lucifer. La estrategia pacifista ha resultado entonces en el destrozo de la inocente vanguardia. Así, no le queda más remedio al Príncipe que huir a Egipto. Allí con el tiempo se recupera y entonces:

segunda vez disfrazado,
volví a ver desde un desierto
la disposición que había
para proseguir el duelo,
en la venganza de tantos
perdidos infantes tiernos.
Supo donde estaba, y supo
que era tan airado y seco

el terreno que ocupaba,
que no había en el terreno
para un día, cuanto más
para cuarenta, sustento.

(274b)

El segundo disfraz al parecer tampoco surte el efecto deseado. Tomado para vengar a los pequeños inocentes muertos en batalla, el Príncipe es sin embargo nuevamente descubierto por Satanás. No se sabe si la deuda de la sangre inocente es o no saldada: el texto no da más indicaciones al respecto. Pero a juzgar por la posición de desventaja militar en la que el Príncipe se halla en el recuento de su estrategia pacifista (ha tenido que escapar, su vanguardia ha sido cruelmente exterminada, es descubierto una vez más por el enemigo, etc.), parece ser que el derramamiento de la sangre inocente emerge como una siniestra y malvadísima victoria del demonio en su duelo con el Príncipe.

El plano narrativo del monólogo alegórico del Príncipe produce entonces una significación que no coincide plenamente con la del plano teológico. Para que el impacto dramático de la alegoría militar pueda funcionar en este episodio de *Lo que va del Hombre a Dios,* la omnisciencia de Jesucristo, propia de su naturaleza divina, es desplazada o suspendida.[1] El Príncipe emite su discurso como si en el momento de los eventos narrados no hubiera tenido conocimiento previo de la masacre de los santos inocentes o de que sería descubierto en su segundo disfraz, tomado para vengarlos. Pues no tendría mucho sentido dramático tomar un disfraz para vengar sangre inocente, sabiendo con anticipación que iba a ser completamente inútil. Por otro lado, si el terrible derramamiento de sangre instigado por el demonio y su perspicacia para dar con el Príncipe no hubieran sido anticipados por éste al emprender la estrategia pacifista de su primera venida, entonces Lucifer constituiría una fuerza malévola independiente. Esta última posibilidad estaría en conflicto con las enseñanzas de la Iglesia Católica, que no admite una existencia del mal que no se sujete en última instancia a la voluntad divina, siendo las enseñanzas de aquélla lo que debe transmitirse mediante los autos.[2] Hay entonces un *impasse* entre los discursos dramático y teológico en esta escena que abre una brecha entre los dos.

Luego de varios encuentros entre el Príncipe y su enemigo, éste da el golpe maestro (o le es permitido darlo) de comprar a uno de los centinelas de aquél. Guiado por el traidor, el ejército del enemigo logra fácilmente tomar prisionero al Príncipe. Es entonces maltratado y humillado por el "escuadrón hebreo" y por el gentil. No obstante, su grandeza se manifiesta finalmente al eclipsarse el sol y apagarse los astros. Enfurecido por estos signos, el enemigo embiste más ferozmente contra él y lo hiere mortalmente. Mas al resucitar al tercer día, vence el Príncipe a la muerte, salvando al Hombre de su abyecto vasallaje:

> [D]e la antigua esclavitud
> redimí el infame fuero,
> a la primera alegría
> de su salud reduciendo
> todos los hijos de Adán,
> con cuyo heroico trofeo,
> gloriosamente triunfante,
> a ojos de mi Padre vuelvo.
>
> (276a)

A pesar de la humillación y ejecución del Príncipe, con su resurrección la victoria ha terminado siendo suya.

Si bien el largo monólogo representa episodios de la vida de Cristo relatados en los Evangelios que todos podemos reconocer con facilidad, la superposición de la metáfora marcial provoca una lectura dualista del pasaje. Una acción dramática requiere la oposición y lucha de fuerzas. La dificultad de la victoria del Príncipe, al responder a la economía dramática y alegórica del auto, inevitablemente le confiere un gran poder a Lucifer.[3] Ya se ha hecho referencia anteriormente al pasaje fundamental de Fletcher en que habla del dualismo de la alegoría y del enfrentamiento de fuerzas iguales pero contrarias. Fletcher hace la distinción entre el concepto de una lucha "primitiva," cuasi-mágica, entre el bien y el mal que corresponde a esta figura, y un concepto más desarrollado o filosófico representado por San Agustín, donde el mal es una ausencia del bien (190). En Calderón lo que estamos viendo es lo primero: un confrontamiento directo y encarnizado entre las dos fuerzas opuestas. En nuestro pasaje en cuestión, cuando el mal parece haber vencido con la muerte del Príncipe, por el movimiento sobrenatural de la resurrección, queda aquél derrotado. No obstante, mientras continúe el movimiento alegórico de la fábula y de la historia, ninguna victoria por parte de las fuerzas en lucha es definitiva. Como veremos pronto, puesto que este auto/alegoría no termina aquí, la batalla con las fuerzas del mal tampoco concluye.

Una vez salvado o reconquistado el reino perdido, deja el Príncipe al Hombre de virrey y dueño. No obstante, deja provisiones y defensas, anticipando los asaltos de los enemigos nunca vencidos del todo:

> . . . contra las invasiones
> de contrarios, siempre opuestos,
> en la plaza de la Iglesia
> fortificado te dejo
> en la fe de sus catorce
> baluartes, previniendo
> que de óleo, de pan y vino
> tengas siempre bastimento.
>
> (276a)

Como si la inmolación y la resurrección del Príncipe no hubieran sido suficientes para reconquistar definitivamente el reino, quedan la Iglesia y los sacramentos para seguir defendiendo el territorio. En este sentido, la Eucaristía no sólo opera como un signo de triunfo sobre el mal en el mundo. Como metáfora de baluarte, el signo sacramental anticipa su regreso. A pesar de todas esas precauciones, advierte el Príncipe que vendrá una segunda vez cuando el Hombre "más descuidado" esté. Si consideramos que según Santo Tomás el estar "desatento" constituye una forma de pecado (*ignorantia malae electionis*),[4] podemos colegir que el Príncipe sabe o al menos está tomando en cuenta la posibilidad de que el Hombre volverá a ser tiranizado por las fuerzas que con tanto trabajo acaba de derrotar. La retórica de la apoteosis triunfal queda un tanto obnubilada por la anticipación de un resurgimiento de la fuerza del mal implícita en este pecado de estar desatento.

A pesar de esta nota más bien lúgubre, la fiesta continúa "bailando y cantando todos." Hace su primera intervención el Hombre, rindiéndole honores al Príncipe y prometiéndole su lealtad eterna. La Naturaleza Humana, esposa del Hombre, ofrece como garantía de la fidelidad de su marido a los propios hijos, el Amor y la Vida. Siguen las celebraciones y los triunfos al aceptar el Príncipe la fianza, y salen de escena todos, quedando solos el Pesar y el Placer. Este, incomprensiblemente, en vez de estar más feliz que nadie a causa del tiempo de fiesta, anda triste y desganado. Asombrado el Pesar, pregunta la razón de esta actitud paradójica. La respuesta del Placer es uno de los momentos metatextuales espectaculares del repertorio sacramental calderoniano. Replica el Placer que la causa de su "suspenso" es:

> No hallar mi ingenio
> (al ver que ya restaurado
> deja el Rey al mundo entero,
> y al Hombre por virrey suyo,
> con todos sus Sacramentos)
> de qué ha de ser este auto,
> puesto que empezarle veo
> por donde acaban los otros.
>
> (277b)

Y más adelante:

> Pues ¿qué me ha de entristecer,
> sino ver un argumento
> vuelto lo de abajo arriba?
> ¿No estaba en estilo puesto
> que empiece el Hombre pecando,
> que acabe Dios redimiendo,
> y en llegando el pan y el vino
> subirse con él al Cielo,
> al son de las chirimías?
> Pues ¿cómo hoy no pasa eso?
> ¿Es muzárabe este auto?
>
> (277b)

Estas reflexiones del Placer son mucho más que meros apóstrofes al público para que se percate de la novedad de la organización dramática de este auto. Ya se ha establecido la importancia de los momentos metatextuales en los autos calderonianos.[5] De acuerdo a estudios recientes, se ha sugerido que esta dimensión recibe un tratamiento dramático mucho mayor que en los dramaturgos anteriores a Calderón. Del gran pasaje metatextual citado se colige que el Placer articula el pesar como una infracción al orden genérico del auto. El placer del auto, según el Placer en este momento, es la repetición de un tránsito litúrgico, es el orden fijo de sus sintagmas. Este placer ha sido ahora suspendido al empezarse con el final, al volverse lo de abajo arriba, al violentarse así el estilo "puesto" del género. El objeto del Placer en este momento del auto no es pues la apoteosis magnífica de la reconciliación, con sus chirimías y sus espléndidos carros abiertos. El placer del auto para el Placer es ante todo un deleite de textualidad, de peripecia: de pasar de un estado a otro, previsiblemente. Siente tristeza a pesar de que está viendo al Hombre libre de Lucifer, porque esto sucede donde no debe suceder. Para el Placer, el problema de la infracción a las convenciones genéricas del auto tiene prioridad sobre el problema (o solución) teológico de la redención. Pero desde un punto de vista teológico, ¿no debería haber ocasión más placentera en el tiempo e historia de la humanidad que el momento de la salvación, de la reconciliación con Dios por medio del Príncipe Jesucristo? ¿De qué se queja pues el Placer, pregunta incluso hasta el Pesar?

El suspenso del Placer en esta ocasión revela pues la distancia/diferencia entre el plano poético-narrativo y el plano teológico de la alegoría del auto que se ha venido planteando a través de todo este estudio. Su deseo de la repetición del orden sintagmático es algo distinto al deseo del significado teológico del auto, que no puede ser otro que la felicidad de la redención y del Sacramento. Lo escandaloso de esto, claro, es que el placer de la trayectoria de los sintagmas dramáticos del auto se anteponga al placer de la redención. Lo alarmante es que el Placer del auto se rija por principios distintos al deleite de la unión con Dios. Para comprender mejor esta inquietante disyunción entre el nivel narrativo y el significado encomiástico del auto, considérense las siguientes observaciones de Bloomfield sobre la alegoría en general:

> The literary artist, in whatever form, will not forget the symbolic role of his words. He will appreciate their being-ness. In so far as he "foregrounds" his words, he is an artist. He makes the referential words lose some of their referentiality so that we can appreciate them as words. For this alone, which creates the very basis of the verbal art, we must be grateful for the literal sense. *The literal sense [of allegory]*

> *makes the work exist as art.* ("Allegory as Interpretation" 312; el énfasis es mío)

La "pérdida parcial de referencialidad" en el nivel literal de la alegoría a que alude Bloomfield implica en *Lo que va del Hombre a Dios* un distanciamiento/diferimiento de la celebración de la Eucaristía y de su dogma. Dicha pérdida supone el disfrute del auto en sí mismo; implica el deleite en la pura repetición de su orden sintagmático, de la materialidad de sus significantes y del ingenio de sus tropos. Este disfrute estético marca una fisura entre los dos niveles de la alegoría porque puede ocurrir (y según Bloomfield, de hecho ocurre) independientemente del piadoso significado de explicar o aclarar los misterios del dogma. Dicha fisura es pues simultáneamente causa y efecto de que el Placer de este auto anteponga el pesar de la subversión de la trayectoria de los sintagmas, a la felicidad de la redención. A partir del pesar del Placer en esta escena, puede especularse entonces que el deleite que rinde el auto no sólo se limita al final cuando el Hombre es redimido por Cristo como Peregrino, Príncipe o Mercader, y se descubre la Eucaristía al son de chirimías. El placer se siente desde el principio, viéndole caer, pecar, viéndole ser seducido por las fuerzas del mal, y luego rescatado. Desde el punto de vista del nivel literal del texto, el auto no puede ser disfrutado cuando se disloca su orden sintagmático, incluso aunque dicha dislocación sea para celebrar con más prontitud la feliz reconciliación con Dios.[6]

¿O teme el Placer, quizá más perceptivo que nadie, que la ruptura de las convenciones genéricas en este auto consista en una inversión siniestra de los sintagmas ("vuelto lo de abajo hacia arriba")? Si el auto comienza con la redención del Hombre, ¿no tendría que continuar o incluso concluir con su caída? ¿Es que un auto puede tratar sólo de triunfos y apoteosis, y de la felicidad de la reconciliación? ¿Qué puede hacer el Hombre en medio de un auto, una vez redimido, sino volver a caer? El metadrama de este auto será, pues, cómo restaurar el orden poético del género que él mismo ha infringido al asumir la (quizá irreverente) tarea de alegorizar qué es lo que ocurre en todos los autos después del triunfo de la institución de la Eucaristía. Y en efecto, al salir a escena el Hombre luego de que el Príncipe ha partido, manifiesta ya en dos redondillas una inquietante inclinación a la arrogancia y la ingratitud, que son defectos muy asociados al pecado:

> Mudad tono y letra, ya
> que el Príncipe se ha ausentado;
> hartas gracias le hemos dado
> para un cargo que nos da,
> sujeto a la contingencia
> de condicional mudanza
> sobre haber dado fianza
> y haber de dar residencia.
>
> (281a)

Por este parlamento puede inferirse que el Hombre reinicia el movimiento hacia la caída tan pronto como el Príncipe parte de su lado para regresar a su Corte Celestial. El Placer comenta: "¡Ay de aquél / a quien Dios la espalda vuelve!" (281a). Considerando la doctrina de Santo Tomás a la cual Calderón se ciñe precisamente en esta escena, el "volver la espalda a Dios" es ya un delito de orgullo por haber desviado la atención de El (Parker, "The Devil" 20). Esto está ejemplificado (no sin cierto humor) notoriamente: tan pronto como el Príncipe parte, el virrey comienza a tramar su propia promoción y lucro. Piensa que los honores rendidos son ya suficientes y que es hora de alabar a su mujer, la Naturaleza Humana. La ingratitud del Hombre es más flagrante aún si se recuerda que apenas acaba de haber sido liberado de la tiranía del demonio, bajo la cual había caído precisamente por esos u otros defectos similares. El regreso inmediato de la deslealtad del Hombre, por cierto, desluce el triunfo de la redención, distanciándolo de Dios y consecuentemente aumentando la deuda de su diferencia con El.

Como si esto fuera poco (o precisamente por ello), a esta escena sigue la de la expulsión del Pobre del alcázar. La Naturaleza Humana, a quien sólo quiere el Hombre rendir homenaje, se siente compungida escuchando los lamentos de aquél. Al hacérselo saber a su cónyuge, éste resuelve echar al infeliz sin miramientos. Así, el momento después del evento de la redención es uno de ingratitud y avaricia. El apremiante regreso y repetición del movimiento hacia la caída, el "hábito de la Culpa,"[7] es entonces algo que resiste los efectos redentores de la inmolación y resurrección del Príncipe. El pecado en este auto es algo que tiene el ímpetu irracional de la compulsión. Según Fletcher, el comportamiento compulsivo y la alegoría tienen varios puntos en común:

> While compulsive behaviour is often a form of physical human action . . . it is even more profoundly a form of "symbolic action," and therefore can be compared to the "symbolic action" known as allegory. It becomes possible to predict what is going to happen in allegories. With our analogy in hand we learn to look afresh at the mode. In both cases we find an authoritarian sort of behaviour, rigid, anxious, fatalistic, the hero of an allegorical epic will be presented to us doing things the way a compulsive person does things, regularly, meticulously, blindly. In both cases there is a great play for magical influence, psychic possesion, taboo restrictions. (202)

La conexión que hace Fletcher entre el comportamiento compulsivo y la textura de la alegoría es muy sugestiva para analizar *Lo que va del Hombre a Dios.* Lo que causaba el escandaloso pesar metatextual del Placer en una ocasión tan insigne como la de la redención, recordaremos, era precisamente la predicción frustrada de lo que había de suceder en el auto: la quiebra del orden sintagmático de su nivel literal. Esto nos hacía sospechar (según las observaciones de Bloomfield) que la configuración genérica del auto respondía a otros impulsos más allá (o más acá) del deseo de celebrar el referente de la Eucaristía. Ahora, el pasaje de Fletcher nos ayuda a ver que el comportamiento del héroe de la alegoría es determinado por una fuerza compulsiva que lo habita y lo posee. El comportamiento del Hombre en nuestro auto, luego de su contacto con lo sagrado, es de nuevo arrogante, egoísta, catastrófico. El incomprensible regreso inmediato de este comportamiento sugiere una compulsión al mal en el Hombre que no ha sido erradicada incluso a pesar del inusitado sacrificio del Príncipe. Esta compulsión, puede decirse, es demoníaca porque repite ciegamente, casi de forma fatalista, la desobediencia que distancia al Hombre del gran signo trascendente.[8] El plano dramático-narrativo de la alegoría en este auto representa su distancia/diferencia (de la felicidad) del referente del Sacramento no sólo mediante la frustración metatextual que produce su inversión sintagmática, sino también al constituirse de la corruptibilidad demoníaca del héroe. Pues sin su terrible recaída compulsiva en el pecado luego de la fiesta de la reconciliación, sin el hábito de la Culpa que doblega su voluntad corrupta, ¿de qué podría ser la fábula de este auto? ¿Cómo podría prolongarse el texto de *Lo que va del Hombre a Dios* sin el obstinado regreso del mal? Pero hay todavía más en juego: al representar y constituirse del regreso compulsivo de lo demoníaco en el Hombre luego de la redención, la alegoría de *Lo que va del Hombre a Dios* muestra el optimismo acaso excesivo del final triunfal de todos los demás autos que concluyen con la apoteosis del Sacramento. El final victorioso de la mayoría de los autos calderonianos crea el efecto retórico de un triunfo sobre el mal mucho más definitivo de lo que es en realidad. La victoria sobre el mal que implica la institución del bello Sacramento ocurre, pero no es definitiva. Como todos sabemos y este auto va a representar con claridad ejemplar, el Hombre siempre puede condenarse incluso luego de haber sido redimido y de haber recibido el regalo de la gracia de la Eucaristía.

La próxima escena es la búsqueda de la casa del Apetito, para satisfacer los caprichos de la Naturaleza Humana. A pesar de haber puesto inicialmente resistencia tanto a la expulsión del Pobre como a la visita del Deseo, aquélla es vencida por la Vida y el Amor Propio. Generosas se ofrecen la Culpa y la Muerte a conducir a un Placer un tanto ofuscado y al resto del grupo a la tienda del Apetito. Al llegar a ésta, la Culpa y la Muerte cantan para que se le abran las puertas al Hombre y a su séquito. Como son la Culpa y la Muerte quienes cantan, la Música es aquí sensual, malvada, cuyo propósito es cautivar los sentidos mediante "falsas armonías."

Es también diabólico (en el sentido de que "desvía" o hace olvidar) el magnífico pasaje del Apetito con que abre su tienda al Hombre y a la Naturaleza Humana:

> Pues llega, que aquí hallarás,
> dentro de mi tienda, aun más
> que dentro de tu deseo.
> ¿Qué diamante, que al cincel
> resistió, porque le cueste
> a los desperdicios de este

los pulimentos de aquel,
pasando de bruto a bello,
no está en doradas prisiones,
a coronar en airones
los rizos de su cabello?
. . . .
¿Qué cláusulas diferentes,
templadamente süaves,
oyó el álamo a las aves,
escuchó el pino a las fuentes
que aprendidos sus acentos
no mejoren su destino
siendo aquí el álamo y pino
trastes de sus instrumentos?

(284b–85a)

Los objetos que ofrece el Apetito al Hombre son artificiosos, elaborados, refinados. Al igual que el lenguaje que cuenta estas transformaciones en artificiosas redondillas, las plumas de diamantes para el cabello de la Naturaleza no son objetos en su estado natural. Como en el quehacer poético, las transformaciones del diamante requieren el paciente trabajo del cincel, del artificio, para alcanzar el esplendor de la forma bella. Es importante insistir en que los airones bordados de diamantes y las dulces notas producidas por instrumentos musicales que vende el Apetito para perder al Hombre no son objetos vulgares o ruines, sino todo lo contrario. El Apetito no sólo tiene objetos que subyugan los bajos y desbocados instintos del Hombre y la Naturaleza Humana, sino también su sensibilidad más refinada. Según la lógica del pasaje entonces, el Apetito, aunque personaje de dudoso pelaje, detenta y distribuye exquisitos objetos de arte. Las dulces notas que exhalarán los instrumentos, a pesar de que pueden conducir al Hombre a su perdición, no por esto dejan de ser hermosas. Del mismo modo, las metáforas y personificaciones que forman el hermoso discurso del tránsito del diamante al cabello de la Naturaleza son enunciadas por el Apetito pervertidor, pero no por eso dejan de deleitar poéticamente al espectador/lector.

El disfrute de estos objetos preciosos, así como el de los versos engañosos que suscitan el deseo de los mismos, queda representado como otro mal paso de la Naturaleza Humana y del Hombre que los impulsa a la recaída. Surgen entonces consideraciones ya familiares en este estudio con la recepción del canto de la Culpa y de la Muerte así como de este pasaje. Desde el punto de vista del auto como "sermones / puestos en verso" (Calderón 427a), el texto debería enseñar a resistir la inclinación estética en esta escena, puesto que a todas luces se representa como aquello que es manipulable para arrastrar al mal. Sin embargo, desde un punto de vista dramático-literario, todo el ingenio del dramaturgo Calderón está empleado para hacer fascinante la representación de la seducción del Hombre mediante los más exquisitos versos que su imaginación poética concibe. Pues la fuerza del pasaje depende de que los incitadores versos del Apetito sean persuasivos para el lector/ espectador. El pasaje enseña entonces lo contrario de lo que hace: enseña la resistencia a la poesía del Apetito y a la música de la Culpa que él mismo produce para persuadir al espectador/ lector de la perversa eficacia de esa fascinación. Lo que instruye, según la instrucción misma, debe ser a un mismo tiempo negado. Se da aquí entonces la contradicción que señala Orozco Díaz con respecto al arte ascético-moral barroco, el cual busca el "más completo halago de los sentidos . . . como el mejor medio para penetrar, tras la intensa conmoción sensorial, en lo más hondo del espíritu" (*Teatro* 42).

Pero semejante estrategia no está enteramente libre de peligros puesto que se sirve del gran apego del receptor a la imagen y a la materia, producto de su condición caída, para curarlo o hacerlo trascender ese mismo apego. Esta estrategia que señala Orozco Díaz y que vemos ejemplificada en el auto puede pensarse entonces en términos de la dinámica del *pharmakon* que se indicaba antes. El auto, al considerarlo como una especie de remedio para "el corto caudal nuestro," como esa analogía que menguará la imperfección de nuestro entendimiento (Parker, *Autos sacramentales* 55), como ese recurso que seduce al espectador/lector para que no sea seducido por las fuerzas del mal, no se lo puede tomar como una *cura total,* a pesar de sus virtudes. El auto es dualista, ambiguo, ambivalente, y así, como el *pharmakon,* no es simplemente beneficioso (Derrida, *Dissémination* 112). Al "tratar" la inclinación y afición excesiva de los sentidos, mediante el mal del halago de los mismos, el auto erradica la "enfermedad" al mismo tiempo que la preserva.

Fascinados por el esplendor estético de los versos del Apetito, suben entonces el Hombre y sus acompañantes a su carro a comprar desaforadamente los objetos hermosísimos, pagando con sus talentos, los sentidos. En un momento de arrebato exclama el Hombre (no sin cierto humor, por lo burdo de su egoísmo):

> ¡Cuánto mejor se emplean los sentidos
> aquí, que no del Pobre los gemidos!
>
> (287b)

De todos los personajes posibles, exige entonces la Culpa que se haga justicia y se le pidan cuentas al Hombre. Es importante hacer hincapié en el ambiguo papel que juega la Culpa en este auto. Por un lado es la que trata de hacer caer al Hombre, y por otro es la que exige la justicia del castigo una vez que lo ha logrado. En otras palabras, el castigo del Hombre, aunque impartido por la justicia del Príncipe, es también el triunfo del deseo realizado de la Culpa, fuerza malvada. Aquél, por "ser quien es," tiene que acceder a las pruebas irrefutables de ésta:

> Justicia pides; soy quien soy, no puedo
> negarla. . . .
> Y pues la alegoría
> bosquejo es hoy del más tremendo día,
> den al orbe desmayos
> los truenos, los relámpagos y rayos,
> y teman su delito
> cuantos en casa están del Apetito,
> gastando los talentos,
> que hay quien les fiscalice los alientos.
>
> (288a)

La alegoría de *Lo que va del Hombre a Dios* se representa en este pasaje metatextual como "bosquejo" de ese tremendo día de la venida victoriosa y justiciera del Príncipe en que las fuerzas del bien aplastarán definitivamente a las del mal. Un bosquejo es "una traza primera y no definitiva de una obra pictórica o traza de solos perfiles."[9] Así pues, este "ser un bosquejo" permite que resurja el tema de la diferencia y la distancia como constitutiva de la alegoría de este auto. Por un lado, la alegoría prefigura el Juicio final,[10] pero al mismo tiempo, por no ser idéntico a ese día mismo, es parte también de lo que lo pospone. El triunfo definitivo de las fuerzas del bien que ocurrirá en ese día es diferido en esta alegoría/bosquejo por el deseo del orden sintagmático del auto antepuesto al deleite del Sacramento, por toda la problemática de la compulsión del Hombre hacia el pecado después de la redención, por la ironía de que sean precisamente las perversas Culpa y Muerte quienes exijan el castigo de la perversión del Hombre. La demora de la tremenda venida definitiva es pues metonimia de causa y efecto de la posibilidad misma de la alegoría de este auto, pues su textura exige el regreso constante de algo malvado que hay que combatir.

Al aparecer descubiertas la Culpa y la Muerte en casa del Apetito, con la licencia del Príncipe reina el caos y la discordia. Suena un terremoto y reaparece el Príncipe, ante el cual se abrazan unos a otros temerosos. Aquél sentencia encarcelar al Hombre y hacer excursión de los bienes de la Naturaleza Humana. Esta apela entonces su caso en un larguísimo y osado monólogo. Según el Libro de la Revelación de San Juan, cuando suenen las trompetas del Apocalipsis y aparezca el Hijo en toda su gloria, no habrá tiempo ni espacio para que el Hombre o los santos pidan misericordia.[11] No habrá tiempo para el perdón durante el Juicio final, sino para darle a cada uno su merecido. No obstante, puesto que lo que representa el auto es una alegoría de ese texto, la no-identidad con respecto al mismo es lo que permite la digresión de la defensa de la Naturaleza Humana. Osada, jugándose el todo por el todo, ésta confronta la severidad del dictamen:

> La Naturaleza humana
> soy en común, a quien juran
> por virreina tus vasallos.
> Si, cuando mi ser ilustras,
> en particular me hallas
> más casada con la augusta
> majestad que con la humilde
> pobreza, pon en disculpa
> de este error, el acordarte
> de aquella primera cuna
> en que nací; barro fue,

quebradiza masa inmunda,
hija del lodo y el aire.

(291a)

La fragilidad e inconstancia de la Naturaleza Humana, su perverso deseo de una "augusta majestad" que pospone la unión definitiva con el Príncipe (y el fin de la historia) culpa es de la materia abominable de que fue hecha. ¿Debe achacársele pues a ella total responsabilidad de sus torpezas, cuando ésas han sido consecuencia de la mezquindad de su hechura? ¿No estará el creador también obligado en cierta medida a responder por la inferioridad de su creación?

Sea o no por lo irrefutable del argumento, lejos de castigar la osadía de la Naturaleza que intenta exonerarse culpando al Príncipe de su fragmentación, El se dejará convencer por éstos y otros ruegos similares. Es importante hacer hincapié en que el poder de la apelación que hace la Naturaleza por ella y por el Hombre no consiste sólo en su arrepentimiento y enmienda. La fuerza del pasaje de la Naturaleza radica en la declaración de lo que va del hombre a Dios: de la imposibilidad de no caer en el error de aficionarse a la materia, habiendo sido creada de lodo y aire. La "quebradiza masa inmunda" de la cual ha sido forjada la Naturaleza es lo que ella no controla de sí, y por lo tanto lo que la fracciona, lo que corrompe una y otra vez su voluntad, haciéndola prendarse compulsivamente del esplendor y la magnificencia. Sin embargo, con sus espectaculares puestas en escena, con sus impresionantes carros pintados, con su bella música y sonoros versos, con toda la materialidad estética que tiene que ver precisamente con el plano dramático-poético-narrativo de la alegoría, el auto sacramental calderoniano más parecería alimentar la perversa afición de la n(N)aturaleza del espectador/lector a la "augusta majestad" que cultivar su inclinación a la "humilde pobreza." Irónicamente pues, el auto perpetúa en el espectador/lector la misma inclinación que confiesa la Naturaleza y que la aleja del bello Príncipe, al mismo tiempo que dicho auto hace más accesible y "real" la doctrina de la Eucaristía.

Por fin el Príncipe, satisfecho o conmovido por la elocuente osadía de su perversa criatura, concede el aplazamiento a la ejecución. Pero la demora de ésta no acarreará sino el regreso inmediato de la compulsión hacia la caída. Al salir del calabozo, desconfiado y cínico, arguye el Hombre que la prórroga no es gran misericordia, sino tan sólo una estrategia del Príncipe para cobrarle su deuda. El Pobre le advierte contra esta actitud, pero todo es precipitación y recaída del Hombre en el pecado:

> Y aun por aqueso, sin duda,
> eres tú con quien envía
> la moratoria, pues juzga
> que cobrando yo de quien
> me debe a mí, iré la suma
> satisfaciendo que yo
> le debo a él.
>
> (294b)

Mientras el Pobre y la Naturaleza son maltratados por el Hombre iracundo, vuelve a salir a escena el Príncipe a preguntar la causa del ultraje. Aquél, tan ciego que ni siquiera se da cuenta de su maldad, reclama que de igual modo que a él se le cobra, él debe cobrar a quien le debe (295a). La compulsión hacia el mal en el Hombre se articula en términos de su lamentable incapacidad para entender que su deuda ha sido aplazada y que debe hacer lo mismo con sus deudores, en este caso, el Pobre.[12]

Como se ha visto antes, esta compulsión o hábito hacia el mal que pospone, desplaza y/o difiere (la celebración de) el significado de la Eucaristía es también lo que constituye la posibilidad de la textura alegórica de *Lo que va del Hombre a Dios,* y del auto calderoniano en general. No obstante, en este auto sobre el tiempo posterior a la redención, la necesidad estructural de la compulsión malévola del Hombre para prolongar el texto "que moverá las voluntades a una devoción profunda de Dios" (Arias 129; la traducción es mía) parece que tendrá un desenlace catastrófico, puesto que la debilidad del Hombre luce ser impermeable a cualquier intervención misericordiosa de las fuerzas del bien. El Hombre no es mejor al final del auto que al principio: "el reato de la culpa" (294b) es en todo caso mucho mayor debido a sus recaídas. Ni siquiera el Príncipe, con el enorme sacrificio de su penosa muerte, aun con el Sacramento, ha logrado reformar la compulsión diabólica del Hombre a distanciarse de Dios. Así, a sus órdenes, corren las malvadas Culpa y Muerte, gozosas y triunfantes, a llevar al Hombre de regreso al calabozo. Su prisión eterna al final de los tiempos es pues un castigo justamente merecido, pero también implica la frustración del proyecto redentor del Príncipe puesto que la obstinada proclividad al mal del Virrey/Hombre se representa como no habiendo sido trascendida.

Para que el auto no termine con un plan de redención que se revela como ineficaz ante la debilidad del Hombre, el Príncipe improvisa, convirtiendo al Pobre en heredero de sus bienes, en sustitución del compulsivo pecador. Como la reencarcelación del Hombre significa el despojo de los bienes de la Naturaleza para pagar por la deuda inmensa de su distanciamiento de Dios, sufre ella un segundo desmayo, cayendo en brazos del Príncipe. Este la consuela:

> Si alienta y respira, puesto,
> ¡oh humana Naturaleza!,
> que si hoy en particular
> esposa te representas
> del ingrato, más casada
> con el fausto y la grandeza
> que con la necesidad,
> la desdicha, y la miseria,
> no en común, pues en común
> eres capaz de la enmienda,
> y mudando afectos, puedes
> conseguir de mi clemencia
> que a mejor amor y vida
> hoy tu Vida y Amor vuelvan.
>
> (296a)

Este pasaje tiene importantes resonancias metatextuales. El Príncipe admite que la Naturaleza Humana ha estado desposada con lo que se ha condenado irremisiblemente, que es "el fausto y la grandeza." Este matrimonio ha ocurrido en "lo particular," es decir, en la dimensión narrativa de la alegoría en donde aparecen personificados, particularizados o individualizados los conceptos teológicos. Hay cierta relación entre la riqueza y esta dimensión narrativa de la alegoría porque ambas van dirigidas a satisfacer los sentidos. Además, es como personificación en la fábula alegórica que la Naturaleza ha errado, aficionándose a la pompa y grandeza con que su marido el Hombre la agasajaba. "En común," o en su sentido conceptual, general y verdadero, puede enmendarse y alcanzar el perdón. Para demostrar su renuncia al fausto de lo particular, la Naturaleza llora. No obstante, aunque ella lo niegue, porque su "mudanza de afectos" ocurre frente a la alternativa de una penitencia horrorosa, ello abre la posibilidad de que no sea motivado por amor al Príncipe, sino por puro temor al infierno, el llamado arrepentimiento por atrición.[13]

Vuelve a protestar la Culpa, todavía justiciera, por el goce de paz eterna que se le ha concedido a la Naturaleza, teniendo pendiente una deuda infinita. Mas el Príncipe invoca como rescate el sacramento de la Eucaristía antes instituido. Según las acotaciones, ha de verse entonces en la planta baja de uno de los carros al Hombre encadenado, y al Pobre en la planta alta, sentado en un trono real, disfrutando del banquete de la Eucaristía. En contraposición al Hombre/Virrey, jamás se vio al Pobre sucumbir a ningún vicio en el transcurso del auto, ni por tanto se le vio enmendarse. Es sugestivo que este heredero sustituto que sí merece el trono haya compartido muy poco con la Naturaleza Humana, desposada sólo con el Hombre. Incluso ahora, cuando se ha enmendado y es común, no aparece sentada junto al Pobre en la mesa real.[14]

El triunfo final de este auto, que puede considerarse la única continuación de todos los otros puesto que, según Valbuena Prat, Calderón nunca volvió a escribir un auto con el argumento de una segunda venida (en Calderón 271), es pues bastante ambiguo. El Hombre, esposo de la Naturaleza Humana y representante del género humano dentro de la fábula alegórica, queda condenado para siempre. Tras todos los trabajos y concesiones del Príncipe y su cruel lucha contra el Lucero por redimir "del infame fuero" (276a) a "los hijos de Adán" (276a), la personificación del género humano continúa siendo irremediablemente perversa. La condena del Hombre es su justo y bien merecido castigo, pero también significa el triunfo parcial de la Muerte y de la Culpa, aliadas del maléfico, a pesar de que éstas últimas confiesen temores y desmayos frente al Príncipe al final del auto (297a).

Como ya se dijo, es imperfecta también la enmienda de la Naturaleza Humana. Tal enmienda no se está llevando a cabo en una coyuntura provechosa en la cual ella pudiera probar su firmeza, puesto que si no se arrepintiese, su única alternativa sería el castigo eterno. Así, sus lágrimas no resultan totalmente convincentes: pueden ser motivadas tanto por temor al dicho castigo igual que por amor al Príncipe. Hay entonces probabilidad de que su enmienda sea servil, como dice San Agustín de toda aquélla que no se funde en una entrega total a la dulzura de Dios. La ambigüedad e imperfección de esta enmienda de la Naturaleza puede quedar sugerida también por el hecho de que, a pesar de ser ahora común, no aparece sentada junto al inesperado y virtuosísimo heredero.

En los últimos versos, que cantan todos, se establece una analogía inquietante con respecto a la distancia que separa al Hombre y el Pobre y aquélla que existe entre el Hombre y Dios:

> De estos ejemplares dos
> medid la distancia, pues
> lo que va de uno a otro es
> *lo que va del Hombre a Dios.*
>
> (297b)

El Pobre disfruta del banquete de la Eucaristía sentado en las alturas. El Hombre, por su parte, está encerrado a causa de la enorme deuda en que su compulsiva n(N)aturaleza de "quebradiza masa inmunda" le ha hecho incurrir. Irónicamente, dicha deuda nunca podrá pagarse mientras el Hombre permanezca en la prisión. El auto termina entonces con la representación de la distancia/diferencia que va del Hombre a Dios. Esto a su vez implica un triunfo parcial de las fuerzas del mal, cuyo máximo empeño ha sido siempre precisamente el de mantener a éstos apartados.

Lo que va del Hombre a Dios es un auto particularmente significativo desde un punto de vista metatextual porque dramatiza lo que ocurre después de la apoteosis con que concluyen casi todos los demás autos. Como hemos visto en términos de la fábula, el final de *Lo que va del Hombre a Dios* contrasta con la retórica triunfal con que terminan la mayoría de los autos calderonianos, siquiera porque la figura que queda vencida no es ni la Muerte ni la Culpa malvada, sino el Hombre mismo. El momento de la redención y de la institución de la Eucaristía es una ocasión indudablemente memorable ya que le representa al Hombre el gran amor que Dios siente por él.

No obstante, *Lo que va del Hombre a Dios* muestra que la historia posterior al triunfo del Sacramento continúa con una compulsión al mal que seguirá acechando al Hombre hasta el final de los tiempos. A pesar de que el auto termina con las mismas chirimías y descubrimiento que todos los otros, muestra que no se ha podido erradicar este impulso y hábito al mal del representante del género humano, ni siquiera con los recursos que el enorme amor del Príncipe ha dejado para preservarlo de la propia mezquindad de aquél.

Desde otro ángulo metatextual, *Lo que va del Hombre a Dios* representa la condena del Hombre como precipitada por lo que constituye la economía dramático-narrativa de la alegoría del auto. Al estar "vuelto al revés" y comenzar con el gran evento de la redención, *Lo que va del Hombre a Dios* revela que el placer del auto exige en parte la perversa fractura y diferencia entre el nivel narrativo de la alegoría del auto y su significado como celebración e instrucción del Sacramento. Pues como se ha visto, sin las recaídas compulsivas del Hombre luego de la apoteosis de la redención del Príncipe, sin su culpa y su maldad, ¿de qué podría haber sido este auto? ¿Qué deleitosa fábula alegórica pudiera haber sido representada si el mal y el pecado hubieran sido erradicados para siempre? En este sentido, el espléndido nivel particular del auto en que opera la economía dramática y se desarrolla la lucha entre las fuerzas del bien y del mal perpetúa la distancia entre el hombre y Dios al mismo tiempo que intenta abolirla.

Por otra parte, según el parlamento en que el Príncipe perdona a la Naturaleza ya citado, ha sido el apego al fausto y grandeza de la materia de la Naturaleza Humana lo que ha provocado su corrupción. Esto vuelve a hacer alusión al nivel poético del auto. La conversión de la Naturaleza Humana de particular a común implica entonces, por lo menos, una renuncia a la fábula alegórica de *Lo que va del Hombre a Dios,* al nivel poético del auto en que su particularidad se ha realizado. Pues ha sido en metáfora de particular esposa del Hombre que la Naturaleza, casada con el fausto y la grandeza, ha dado rienda suelta a su concupiscencia, a su afición excesiva por la materia, a la inclinación perversa de los sentidos, sobre todo en casa del Apetito. Sólo renunciando a tal particularidad permitida por la personificación alegórica es que la Naturaleza Humana será capaz de enmendarse.[15] Así pues, mediante su propia fábula, *Lo que va del Hombre a Dios* representa que la Naturaleza Humana renuncia a la fábula del nivel narrativo del auto para enmendar sus afectos y conseguir mejor vida. Y en efecto, tal conversión coincide con el final del auto.

Lo que va del Hombre a Dios enseña entonces que hay que renunciar a la afición al nivel narrativo del auto en que se despliegan el esplendor de sus hermosos versos, la repetición de sus sintagmas y su dramática textura. Pues tal nivel poético narrativo separa al lector/espectador del significado y de la verdad de Dios, entre otras cosas porque requiere y hace deseable la representación del mal, así como también apega al fausto y a la grandeza en vez de a la desdicha y a la necesidad (296a). Es decir, incluso aunque los "prácticos conceptos" del nivel narrativo del auto se lean "a dos luces," y que la "paridad entre lo vivo y la estampa" (Calderón 1242) o entre "lo que es" y "lo que no es" sea evidente, para alcanzar la verdad del significado del auto habrá que renunciar a la alteridad magnífica de su nivel poético narrativo en el que se despliega la particularidad. Pertinente es hacer aquí referencia a Stanley Fish, quien en *Surprised by Sin* propone que en *El paraíso perdido* se da una dinámica muy semejante a la que se arguye ocurre en este auto. El poema, según Fish, finalmente purifica "el ojo interno" del lector, haciéndole entender lo superfluo del tiempo y del espacio para percibir la verdad. Por lo tanto, como la forma externa del poema se funda necesariamente en la experiencia del tiempo y del espacio que el poema tacha como superflua, él mismo debe ser "el vehículo de su propio abandono" (351).[16] Igualmente, el auto *Lo que va del Hombre a Dios* propone la necesidad de abandonar el fastuoso nivel de lo particular que tantas recaídas hemos visto ha provocado, para llegar a la dimensión redimida de lo común. Puesto que el auto se compone de este nivel que él mismo demuestra debe ser renunciado, él también puede considerarse "vehículo de su propio abandono." Tal posibilidad de necesitar trascenderse a sí mismo hace difícil una lectura del auto sacramental sólo como privilegiada manifestación de intencionalidad divina, a salvo de la abatida condición humana sobre la cual habla tan elocuentemente. Esta lectura sin duda implica la imposibilidad del triunfo del texto de coincidir por completo con el origen. No obstante, tal imposibilidad inscribe en *Lo que va del Hombre a Dios* la humildad barroca del desengaño, confiriéndole esa melancólica, caída pero poderosa belleza de la escritura humana, la cual, incluso a su pesar, en tantas ocasiones no puede dejar de incitar a desear más el cuerpo de la letra que su intangible significado.

Conclusiones

El melancólico deseo por la alteridad del auto

El auto sacramental calderoniano ofrece una sofisticada versión dramática del Sacramento y de la salvación que hace al Hombre/espectador/lector amarlos con facilidad. Esta facilidad corresponde al espíritu festivo del Corpus Christi. Es una facilidad bondadosa que hace ascender al Hombre hacia el signo trascendente. Es una facilidad dulce, que vence la resistencia de ese espectador/lector/feligrés a interesarse por los dogmas de la Iglesia. Es una facilidad dichosa, que aleja del mal al Hombre/espectador/lector, enamorándolo de una representación del origen. Es una facilidad plena, en la que por fin brillan la totalidad y la presencia. En este sentido, la alegoría del auto constituye una figura de conjunción y armonía entre lo humano y lo divino. Con sus "himnos de alegría por la majestad de la creación" (Shlegel, citado en Sullivan, *Calderón in the German Lands* 179; la traducción es mía), el auto sacramental calderoniano suscita el deseo de ascender, de trascender, y este deseo es ya lo bello, lo devoto y hasta la trascendencia misma, todo a un tiempo. Esta es la interpretación romántica del auto sacramental que no contradice los testimonios del Padre Juan Ignacio Castroverde y el Doctor Juan Mateo Lozano, cuando en su *Aprobación a la edición de autos de 1677* hablan de la "admirable distribución" y "disposición armónica" del auto, así como de sus "conceptos representables" (citado en Parker, *Autos sacramentales* 17–19). Esta es también la representación que del auto sacramental hemos tenido en nuestro siglo cuando se lo considera como "simbiosis perfecta en la que la poesía se pone al servicio de la teología" (Egido, *Fábrica* 91).

Sin embargo, pensando siempre haber procedido con consideración ante esta posibilidad interpretativa, el análisis de los cinco autos en este estudio muestra que puede localizarse en ellos una ambigüedad capaz de producir otras lecturas poderosas. Esta ambigüedad es a veces producto de los reclamos didácticos al espectador/lector de que renuncie a la belleza malvada que el auto tan persuasivamente dramatiza; de sus seductores avisos al espectador/lector para que no se deje seducir por los halagos a sus sentidos, como ocurre en *Los encantos de la Culpa, El jardín de Falerina, La nave del Mercader,* y *Lo que va del Hombre a Dios*. Cuando esto sucede, aunque sea con el virtuoso propósito de tratar de enmendar, el auto incurre en la contradicción de servirse de la misma vulnerabilidad corruptible del espectador/lector ante la belleza de las formas que Lucifer manipula con respecto al Hombre dentro del auto. En *La vida es sueño* y *La nave del Mercader,* la ambigüedad del auto resulta de una visión melancólica ante la situación difícil de la naturaleza humana. Esta tristeza o melancolía ante la violencia de una miserable voluntad servil, compelida a combatir para siempre el regreso constante de la posibilidad de culpa actual, oscurece la retórica del triunfo absoluto y apoteósico del Sacramento. Pues a pesar del bien indiscutible de la Eucaristía, tal violencia puede quedar atenuada, pero nunca erradicada. Dicha visión melancólica se aparta por lo menos de una concepción ética del sufrimiento, si no de la perspectiva teológica misma que exige que incluso la catástrofe sea concebida como parte de un plan divino perfecto. En *Lo que va del Hombre a Dios,* el auto dramatiza la posibilidad de que el interés que la fábula del auto suscitaba en el "estilo puesto" (277b) de su propia materialidad poética desplazara el interés en la felicidad de la reconciliación. Este desplazamiento, llevado a cabo por el Placer del Hombre, al implicar un desvío de la voluntad en el sentido agustiniano, constituía, ejecutaba y anticipaba el regreso del mal o hábito de la Culpa en el auto, incluso después de la apoteosis triunfal de la institución de la Eucaristía. Otras lecturas pueden producirse para estos autos cuando se representan y localizan los modos de su ambivalencia.

De haber analizado otros autos en este estudio tales como *El veneno y la triaca, La cura y la enfermedad, El verdadero Dios Pan, Andrómeda y Perseo* y *El pintor de su deshonra,* se habrían mostrado distintas inflexiones, modos o figuraciones de ambigüedad. Se habría mostrado cómo en ciertos momentos la tropológica textura dramática del nivel literal de la alegoría del auto produce imágenes y significaciones acaso no enteramente compatibles con las posturas y doctrinas teológicas que deberían ejemplificar. Tales formas de ambigüedad también estarían horadadas por ese fragmentador deseo excesivo del Hombre/espectador/lector de la bella superficie de la materia que el auto tan bien satisface al mismo tiempo que la representa como metonimia de la causa y efecto de su caída en culpa original o actual. Este deseo "desordenado" es la temible concupiscencia que lamenta Santo Tomás de Aquino, la cual queda como residuo de aquella mancha primera, incluso aunque haya sido limpiada por los bondadosísimos suplementos que el creador ha proveído para auxiliar a su escindida criatura.

Pudiera argüirse que debido al piadoso propósito de celebrar la Eucaristía, el espectador/lector no tendría que temer que las bellas representaciones del auto fueran, como las de la Culpa dentro del auto, malvadas. Siendo el auto promovido por autoridades eclesiásticas, no tendría que temer ser engañado ni corrompido por la fuerte sensualidad barroca que los informa. No obstante, aún en la fiesta del Corpus, el espectador sí tendría que luchar con la posibilidad de que el esplendor inigualable de la copia de cartón piedra, no hecha por Dios, sino por mano del hombre, le hiciera olvidar el original. Tendría que resistir su propio apego al y excesivo deseo por el luminoso arte dramático del auto pues, como advierte Baudrillard: "All appearances conspire to combat and root out meaning . . . , and turn it into a game" (*Seduction* 54).

Y no sólo tendría que cautelarse del gozo que le producen los bellos versos, música y fábulas del mal en aquellas escenas en que se conspira contra el Hombre, así como en las que se le seduce. Hasta las chirimías al final del auto pueden interferir entre el espectador/lector y la verdad si no se renuncia a ellas para ver en ellas un signo que apunta al origen. El propio San Agustín en sus *Confesiones* habla de cómo incluso las grandes bellezas de la creación pueden interferir entre él y su máximo bien amado: "Las formas hermosas y variadas, los colores vivos y apacibles agradan a los ojos. No retengan estas cosas a mi alma. Reténgala Dios, que hizo estas cosas muy buenas, por cierto; pero él es mi bien y no ellas" (10.34). Es en este sentido en el que creo que la propuesta de una entrega total al esplendor dramático del auto es problemática, incluso en el contexto particular de la fiesta sacramental barroca del Corpus en España.

Hay pues que cautelarse un poco de los dulces giros de los tropos del auto, renunciar al puro placer de la agudeza de sus metáforas. Hay que resistir su fascinante nivel literal para alcanzar el significado. Y mientras más audaces sean las puestas en escena del auto y el ingenio de la correspondencia de los conceptos, mientras más melodiosos sean los versos para celebrar la Eucaristía, más difícil se vuelve para la voluntad fragmentada del Hombre/espectador/lector resistir el puro gozo que rinde su materialidad. El auto sacramental, que en su fastuoso proyecto de alabar el Sacramento también avisa contra los peligros del deseo excesivo por las formas, le presenta así a cada receptor la paradoja de la necesidad de ser resistido.

He considerado apropiado enfocar la ambigüedad del auto desde el punto de vista de su estructura figurativa. La alteridad e inestabilidad de la alegoría que resulta de afirmar una cosa para decir otra, dentro del contexto del auto, a mi entender se liga a la problemática de la necesidad de resistir su bella materialidad a causa de su diferencia, no-coincidencia o no-identidad con el significado. La alegoría se distancia y se aproxima a su significado simultáneamente, y en este sentido, como bien observaba de Man, nunca puede coincidir por completo con su origen ("Rhetoric of Temporality" 207). Mas esa coincidencia y no-coincidencia simultáneas de la alegoría del auto con el origen es tan luminosa, tan bella y produce tanto efecto que ya enciende el amor del espectador/lector, ya le hace "más real" el misterio del Sacramento. Es aquí donde ocurre el peligroso desplazamiento que tanto preocupaba a los neoclásicos. Pues al amar el esplendor del suplemento, de la copia o de la imagen, se le está rindiendo culto a la presencia así como a la ausencia. En el momento de desear con fervor la estructura ambivalente de la alegoría, aunque no lo sepa, el espectador/lector comienza a ansiar los efectos un tanto malévolos de la diferencia y el vacío, cuyo contrapunto con la presencia es de todos modos capaz de producir tanta espectacularidad. Así pues, cuando el espectador/lector goza de los versos tanto de la Culpa como de la Penitencia, cuando se deleita en el magnífico cuerpo que la alegoría otorga al concepto de la lascivia o a su animación de la malicia, podemos afirmar que su interés no está situado sólo en la plenitud de la verdad del Sacramento.

La problemática atracción al nivel literal y fabuloso de la alegoría nos remite así a la teorización benjamiana de la alegoría barroca, cuya fuerza denotativa es inseparable de su compleja carnalidad (Eagleton 4). En la alegoría barroca, según Benjamin, el nivel literal no es inocente: éste no se brinda para que mediante él hable "lo atemporal y eterno." No interesa tanto el significado como la propia materialidad del nivel literal vaciada de sentido, presencia y lugar en el mundo. Tal materialidad, apartada del origen y por tanto culpable, rinde sin embargo conocimiento; profundiza y densifica la subjetividad, da poderoso sentido de independencia y, en el caso particular del auto sacramental, rinde el placer y efecto de la espectacularidad. Es en este sentido que la alegoría barroca según Benjamin no pretende apuntar al origen, sino más bien atiende a la materialidad que resulta del distanciamiento y ruptura con el mismo. La alegoría del auto, aunque desea y aspira al signo trascendente, ya deleita con su materialidad de cartón piedra, derivada y por tanto culpable. Es verdad que el auto calderoniano trata de persuadir al espectador/lector a que resista su concupiscencia servil, producto de la caída, pero lo hace de un modo tan espléndido y dramático, satisface a tal grado la inclinación de los sentidos, que la preserva. Esta es la contradicción que puede predicarse no sólo del auto sacramental calderoniano, sino del género en general e incluso de gran parte del arte católico barroco. Pero en el auto calderoniano, como hemos visto en los cinco autos analizados, esta contradicción se tematiza particularmente, la paradoja se agudiza por la bella y fuerte huella que imprime en ellos la figura del mal, hasta el punto de inscribir dentro de la representación el espacio del propio receptor como receptor de un modo en muchas ocasiones problemático.

Es posible que se reproche el haber acudido tantas veces a la teología en el análisis del auto sacramental calderoniano. No obstante, el discurso teológico no puede dejar de ser interpelado cuando se teoriza sobre el auto como identidad (y hasta aquí estoy de acuerdo con Hans Flasche ["Arrepentimiento" 179]) y/o diferencia de dicho discurso. Podrá objetarse entonces que no se haya enfocado críticamente ese discurso teológico en este estudio. No se ha indagado en lo que podría ocurrir con la teología del XVII si se la sometiese, por ejemplo, a la óptica crítica de la desconstrucción, uno de cuyos rasgos distintivos, según Mark C. Taylor, es "the willingness to confront the problem of the death of God squarely even if not always directly" (6).

Alguien quizá apuntará que pudo haberse interrogado la diferencia del auto al discurso teológico como *différance,* la cual "est non seulement irréductible à toute réappropriation ontologique ou théologique —onto-théologique— mais, ouvrant même l'espace dans lequel l'ontologique —la philosophie— produit son système et son histoire, elle la comprend, l'inscrit et l'excède sans retour" (Derrida, *Marges* 6). La *différance* según Derrida es aquello que permite el pensamiento, la conciencia, la historia, la filosofía. Es aquello que antecede y excede la metafísica y el pensamiento de la metafísica: lo que posibilita incluso el pensamiento sobre Dios y sobre la *différance* misma. A estas objeciones puede responderse que se ha considerado que mucho antes de pensar en la posibilidad de producir una lectura en la que se representase el auto como desmantelando el *logos* o significado trascendente, era más urgente mostrar cómo, tomando en cuenta algunos de los postulados del discurso de la teología católica, el auto emerge como ausencia y presencia, proximidad y distancia, diferencia e identidad, inocencia y culpabilidad, error y verdad, visión y ceguera.

Otros podrán apuntar, según se ha dicho en capítulos anteriores, que los modelos de la alegoría como figura de disyunción que se han utilizado en este estudio no son los que empleara Calderón. A este reparo se responde, junto al Hans-Georg Gadamer de *Wahrheit und Methode,* que no se ha pretendido interpretar el auto sólo desde su horizonte cultural, como si no estuviese en absoluto mediatizado por el nuestro. No se va a negar que las múltiples especificidades de nuestro contexto histórico de fin de siglo hayan incitado a dejar a un lado el imperativo de la suposición de que el auto calderoniano debió haber sido intachablemente ortodoxo, acrítico, dentro de una cultura religiosa coherente, monolítica, siempre alerta y presente a sí misma. Pero como se ha insistido en el curso de este estudio, el auto sacramental calderoniano no se propone como un apéndice a la Biblia, libre de todo error humano. Así, cuando se lo ha interpelado desde la concepción de la alegoría de críticos contemporáneos como Fletcher, Benjamin y de Man, cuando se ha tratado de localizar en él las figuras y los modos de alteridad que tales críticos señalan, el auto calderoniano ha respondido con gran elocuencia.

Y es que leer el auto sacramental calderoniano desde el punto de vista de sus ausencias, ambivalencias o no-coincidencias no significa degradarlo, sino escuchar otras de sus voces. Significa verlo participando de aquello que representa: del gozo de la reconciliación mediante la Eucaristía, pero también de la melancolía por la obstinada concupiscencia de la Naturaleza Humana. Pues aunque el bello y prodigioso sacrificio del Febo reconcilie al Hombre redimiéndolo de su culpa original, aunque el bondadoso Sacramento que el auto celebra y agradece lo auxilie con su gracia, el fin de la historia no habrá acaecido y, por lo tanto, el exceso de apego a los sentidos que a tanta penuria, error y desgracia conduce no habrá quedado definitivamente erradicado. En el auto de Calderón de la Barca, la imposibilidad de resistir la imagen, sea buena o mala, es la (exquisita) debilidad casi insuperable del Hombre/espectador. Y el enorme poder persuasivo de la materialidad espectacular del auto se nutre precisamente de esa sofisticada debilidad servil. Es por eso que, cuando se enamora tanto de las representaciones de la Penitencia como de las de Circe, el Hombre/espectador/lector cae en el auto y en el momento de contemplarlo. En esta posibilidad de anteponer los fabulosos efectos retóricos del nivel literal al discurso teológico que el auto abre para cada receptor, radica uno de los modos más poderosos de su ambigüedad. Pues cuando el débil espectador/lector difiere la función apostólica del auto, éste le revela entonces el esplendor de una hermosura vacía y desarraigada. Esa es la belleza seductora de la cadena de significantes, de los efectos olvidados de su origen. Ahí radica la fractura de la Naturaleza Humana que tan sutilmente traza el auto sacramental calderoniano, y en la cual podemos reconocernos, incluso aquellos que no nos insertemos dentro del particular paradigma religioso del auto.

Y sin embargo, incluso al estar imposibilitado por su estructura alegórica a trascender o prescindir de la alteridad de una materia poética reacia a someterse por completo al significado teológico, el auto sacramental calderoniano produce todavía otro vínculo más con éste: la melancolía del vacío de no disolverse en él definitivamente. Pues mientras que de la huella del vacío se derive una textura bella y luminosa como es la del auto, mientras que de tal falta se produzca el deslumbramiento de los fantasmales efectos retóricos del lenguaje, la renuncia definitiva a esa triste ausencia/diferencia acaso no pueda sino posponerse hasta el fin de la historia.

Notas

Introducción

1. Para un panorama histórico de los autos, remito sobre todo a *The Spanish Sacramental Plays* de Ricardo Arias. Allí podrá encontrar el lector interesado una escueta pero informada trayectoria del género, desde la institucionalización de la fiesta del Corpus Christi para la cual se escribían los autos, hasta Calderón y su posteridad. También, desde luego, están los clásicos estudios de Bruce Wardropper, *Introducción al teatro religioso del Siglo de Oro* y *La Formation de l'"auto" religieux en Espagne avant Calderón,* de Jean-Louis Flecniakoska. Otra fuente de indispensable consulta es *A History of the Spanish Stage,* de Norman Shergold, aunque este importante libro está orientado hacia el tema de la escenificación. Un artículo breve pero muy citado con respecto al tema es el ya citado de Alexander Parker, "Notes."

2. La edición original inglesa, *The Allegorical Drama of Calderón: An Introduction to the Autos Sacramentales,* es de 1943. Todas nuestras citas serán tomadas de la edición española de 1983 la cual, exceptuando el primer capítulo, no sufrió revisiones significativas.

3. Cito y citaré a Calderón a través de todo este estudio por la edición de Angel Valbuena Prat.

4. Considérese al respecto el ejemplo de la impresionante puesta en escena del auto *Las pruebas de Adán,* que da Shergold en *History:* "Cart one was to represent a wood at its lower level, 'cuyos payses an de estar adornados de arboles, fuentes y animales.' This suggests a painted scene on the side of the cart, and is similar to the 'lindos paises y perspectivas' specified in some of the earlier contracts for making the 'carros.' Cart four also had a painted scene, showing clouds and birds: 'su pintura en el primer cuerpo an de ser nubes y pajaros, representando esfera de ayre y çielo.' At the upper level the first cart is required to have the giant figure of a peacock, the breast of which opened in the course of the play to 'discover' a lion, made of cardboard. This was to open in its turn to reveal a child. The other cart was to be surmounted by a pelican, feeding its young with blood of its own breast, a further example of this traditional image for Christ. It, too, was to open to make a 'discovery': a lamb, corresponding to the lion of the other cart, and which, like the lion, was to open to show a child" (466). Se promueve aquí, sin duda, un exceso en los gozos de la representación con tantos descubrimientos uno dentro de otro, a manera de caja china.

5. Para descripciones detalladas de las puestas en escena de algunos autos calderonianos, remito al ya citado Shergold en su "Calderón and the Auto Sacramental in Madrid, 1647–1681," *History;* John E. Varey, "La Mise en scène de l'auto sacramental à Madrid au XVI et XVII siècles"; Norman Shergold y John Varey, "A Problem in the Staging of the Autos Sacramentales in Madrid, 1647–1648"; Manuel Ruiz Lagos,

"Algunas relaciones pictóricas y literarias en el teatro de Calderón: Notas de escenografía barroca"; Frederick E. Danker, "Emblematic Technique in the *auto sacramental:* Calderón's *No hay más fortuna que Dios*"; Pedro León, "La puesta en escena de las dos versiones de *El divino Orfeo* de Calderón"; entre otros. Para la música, son indispensables Jack Sage, "The Function of Music in the Theatre of Calderón," y Alice M. Pollin, "Calderón de la Barca and Music: Theory and Examples in the *autos* (1675–81)."

6. Digo "volver a tenerse en cuenta" porque ya los neoclásicos habían aludido a este problema al señalar los riesgos de perversión en que incurrían los tópicos religiosos al ser tratados en la plaza pública o en el corral de comedias. Esto lo discutiremos con mayor detalle en el próximo capítulo.

7. La culpa actual es aquella en que se incurre de modo personal e intransferible. Se diferencia de la culpa original ya que ésta pertenece a la raza humana como herencia de la transgresión de Adán y Eva. La culpa actual se conoce bajo diversas denominaciones tales como pecado personal, pecado actual, culpa personal o particular. En este estudio se utilizará el término *culpa actual* porque es el que emplea Calderón en sus autos para referirse a la culpa incurrida por el individuo en el transcurso de su vida después de haber sido bautizado. Para algunos ejemplos del uso del término en los autos véase *El valle de la Zarzuela* (719b), *Primero y segundo Isaac* (819b), *El pintor de su deshonra* (847b), *A María el corazón* (1136b), *La nave del Mercader* (1447b) y *El jardín de Falerina* (1525a), entre otros.

8. Ni tampoco hay que presuponer que un discurso hegemónico es perfectamente coherente, consecuente y eficaz. En un reciente y bien documentado artículo, Kurtz propone unas explicaciones muy sugestivas con respecto a los posibles móviles políticos tras la prohibición de *Las órdenes militares* en 1662. La autora concluye que el caso debería ponernos en alerta con respecto a la impropiedad de aquellas teorías y paradigmas que "would see in the historical record of Golden Age Spain a monolithic official culture whose dominion was untroubled and unquestioned" ("Illusions" 206). Es este paradigma que asume o incluso presupone la total coherencia y no-contradicción del poder oficial, el que también ha dominado el enfoque al auto sacramental calderoniano en el siglo XX. Kurtz anticipa un minucioso estudio dedicado a este caso desde el terreno de los estudios culturalistas, el cual sin duda contribuirá a ir más allá de este paradigma.

9. En su importante estudio sobre los autos sacramentales calderonianos observa Kurtz: "Those techniques [de los sermones] at their most typical aimed, not at the doctrinal exposition or even moralizing admonition that one might expect in an oratorical genre, but rather at the emotionally powerful visualization of exemplary deeds. . . . The preacher of Calderón's day, orator (and dramatist *manqué,* perhaps) strove to awaken in audience members their devotion and desire to emulate sacred heroes, or, conversely, their eagerness to avoid censured conduct" (*Play* 44). Remitimos también al indispensable artículo sobre el tema de Orozco Díaz: "Sobre la teatralización del templo y la función religiosa en el barroco: el predicador y el comediante." Orozco Díaz apunta los numerosos vínculos que hay entre las prácticas de oratoria homilética del XVI y el teatro. Aunque no señala en ningún momento que tales vínculos pudieran ser un tanto riesgosos, observaciones como las siguientes lo sugieren: "Así, muchas gentes acudían al sermón no por puros móviles religiosos, ni con actitud de devoto que quiere ser convencido y adoctrinado en las verdades de la fe, sino con la disposición del que quiere ser divertido y emocionado como si asistiera a una representación" (*Introducción* 274). Más adelante: "Era natural, dada la importancia concedida al sermón como pieza rica *en toda clase de artificios y recursos de seducción sensorial,* que se elaborasen y se escribiesen cuidadosamente, como si se tratara de un poema" (283; el énfasis es mío). No debe olvidarse, desde luego, que hubo crítica, alarma y oposición a los excesos a que este tipo de práctica de predicación se prestaba. Para detalles al respecto, véase Otis H. Green, *Spain and the Western Tradition,* especialmente 193–97.

10. Según Derrida, el *pharmakon* es un remedio peligroso, entre otras cosas porque participa del mismo mal que está destinado a curar. Así pues, nunca existe tal cosa como una cura inofensiva. El *pharmakon* nunca puede ser simplemente ganancia o beneficio total:

> Même quand il s'agit de drogues utilisées à des fins exclusivement thérapeutiques, même si elles sont maniées avec de bonnes intentions, et même si elles sont comme telles efficaces. Il n'y a pas de remède inoffensif. Le *pharmakon* ne peut jamais être simplement bénéfique.
>
> Pour deux raisons et à deux profondeurs différentes. Tout d'abord parce que l'essence ou la vertu bienfaisantes d'un pharmakon ne l'empêchent pas d'être douloureux.
>
> Puis, plus profondément, au-delà de la douleur, le remède pharmaceutique est essentiellement nuisible parce qu'artificiel. (*Dissémination* 112–13)

Como se verá en este estudio, el auto sacramental puede pensarse como un *pharmakon,* en el sentido de que para "curar" al espectador/lector del mal de la concupiscencia que tanto lo aparta de Dios, el auto también la produce con sus grandiosos artificios dramáticos que tanto satisfacen los sentidos.

11. Seguimos la opinión de Valbuena Prat sobre los años de composición de los autos en su edición de las obras completas de Calderón de 1967.

Capítulo uno
Relectura de una historia de revisiones: Calderón y sus críticos

1. En su *Historia Sacra del Santísimo Sacramento contra las Herejías de estos tiempos,* el dominico Alonso de Ribera denuncia los autos debido a la dudosa moralidad de sus representantes. Sin embargo, no critica los autos como tales (Rossi 12–13). Décadas más tarde, cerca de 1678, el Padre Manuel Ambrosio de Filguera publica *Si es lícito hacer los autos sacramentales en las iglesias,* opúsculo en el cual objeta que los autos se representen dentro de las iglesias a causa de la impropiedad de ciertos ritmos y tonos como el de la jácara y la chamberga, así como de ciertas danzas y movimientos lascivos (Rossi 14–16).

2. Escribe Bakhtin, incomparable teórico del carnaval: "The market place of the Middle Ages and the Renaissance was a world in itself, a world which was one; all 'performances' in this area, from loud cursing to the organized show, had something in common and were imbued with the same atmosphere of freedom, frankness, and familiarity. Such elements of familiar speech such as profanities, oaths and curses, were fully legalized in the market place and were easily adopted by all the festive genres, even by the Church drama. The market place was the center of all that is unofficial; it enjoyed a certain extraterritoriality in a world of official order and official ideology; it always remained 'with the people'" (154).

3. Esto último no es una novedad de la crítica de Fajardo. Ya desde el siglo XVI venían los moralistas padeciendo no tanto por la propiedad del género del auto sacramental, sino por la incompatibilidad de que personajes divinos o santos fuesen representados por un sector de la sociedad despreciado por su estilo de vida "poco regular." Una de las anécdotas más divertidas al respecto la cuenta en 1598 José Argensola en un memorial a Felipe II donde recomienda la prohibición de comedias. Cuenta escandalizado que en cierta comedia mariana, cuando el Angel Gabriel viene a anunciarle a María que va a ser madre de Jesús, replica ésta, toda pudorosa, siguiendo el texto dramático: "*Quo modo fiet istud?*" El corral se vino abajo a carcajadas al escuchar la consabida respuesta porque era de dominio público que la actriz que representaba a la Virgen María estaba amancebada con el actor que hacía de San José. Quedaba pues inadmisiblemente burlada la piedad propia de la Anunciación lo cual, según Argensola, era dañino para la moral del pueblo y, desde luego, para la autoridad de la Iglesia (Cotarelo y Mori 67).

4. Críticos como Juan L. Alborg e incluso Mario Hernández opinan que la representación de los autos en el XVIII había adquirido aspectos burlescos totalmente ajenos al espíritu "devoto" propio a una pieza eucarística del siglo anterior, lo cual explicaría este comentario de Clavijo. En un artículo reciente, García Ruiz muestra sin embargo que en el XVIII no se intensificaron significativamente las prácticas de escenificación, llevándolas al extremo de lo absurdo y lo grotesco, sino que fue el gusto de una influyente minoría lo que tomó un rumbo nuevo: "*Lo que veían* los espectadores del XVIII era lo mismo que vieron los espectadores del XVII" (77). De acuerdo con la postura de García Ruiz, el comentario de Clavijo podría aplicarse entonces tanto a las representaciones de los autos del XVII como a las del XVIII; lo que cambia es la postura crítica ante ellas. Lo interesante para el argumento que aquí se esboza es que el auto haya dado lugar a posturas tan disímiles y opuestas entre sí.

5. Sin embargo, preciso es aclarar que hubo defensores de los autos en el XVIII, incluso después de su prohibición. Entre ellos, destacan Juan Cristóbal Romea y Tapia, Tomás Erauso y Zavaleta, y Mariano Nipho. Ellos refutan los argumentos de Clavijo y de Moratín, aunque nunca lograron que se volvieran a representar los autos durante sus vidas. Los argumentos de los defensores con respecto a la propiedad de los autos se fundaron en criterios de casticismo y autoridad: el oponerse a ellos era ser extranjerizante o quizá hasta heterodoxo, y el hecho de que los autos no hubieran sido desaprobados por la Inquisición indicaba que eran aceptables. Son interesantes estos argumentos de los defensores de los autos en el siglo XVIII pues en algunos casos se han vuelto a utilizar en el nuestro. En *Los autos sacramentales de Calderón,* escribe Parker: "Apoyándonos en la autoridad de la Inquisición *se puede dar por sentado* . . . que no hay proposición en los autos calderonianos que la teología católica pudiera tachar de inexacta" (25; el énfasis es mío). Este es el típico argumento basado en la infalibilidad de la autoridad y de los discursos oficiales. Para un análisis más detallado de esta controversia, remito al artículo de Hernández, "La polémica de los autos sacramentales en el siglo XVIII: la Ilustración frente al Barroco."

6. Para Schlegel existían tres tipos de drama. El primer tipo se limitaba a representar, sin analizar demasiado, la apariencia, la superficie de la vida humana. En el segundo tipo ya se penetraba en las contradicciones e incoherencias que padece el ser humano. La tercera y más elevada categoría de arte dramático era la que no se contentaba con plantear los enigmas de la vida, sino que los resolvía ante el espectador. El maestro consumado de este tercer tipo, según Schlegel, era precisamente Calderón de la Barca (Durán y González-Echevarría 1: 46).

7. Estas categorías son: (a) autos filosóficos y teológicos; (b) autos mitológicos; (c) autos de temas del Antiguo Testamento; (d) autos inspirados en parábolas y relatos evangélicos; (e) autos de circunstancias; (f) autos históricos y legendarios.

8. Pring-Mill codifica el término en su importante artículo "Los calderonistas de habla inglesa y *La vida es sueño:* métodos del análisis temático-estructural." Advierte el crítico que no debe asociarse esta metodología con el estructuralismo francés.

9. Como ya apuntamos en una nota anterior, *The Allegorical Drama of Calderón* se traduce en 1983 como *Los autos sacramentales de Calderón de la Barca* para la editorial Ariel. En el prólogo a la traducción, el crítico excusa su tono belicoso de aquel entonces, explicando que en el contexto de escritura del libro en 1943, el auto estaba sumido en un olvido injusto, y parte de la tarea que se había impuesto Parker era trazar la historia de recepción del auto que lo había conducido a una situación tan poco envidiable. No obstante, para 1983 el auto ya había recibido bastante atención crítica. Parker reescribió el primer capítulo en donde trazaba las fortunas de recepción del auto, suavizando mucho su tono. Entre sus reconsideraciones más importantes se encuentra una actitud mucho más positiva hacia la recepción de los románticos alemanes del género, que si antes había tachado de perniciosa y absurda por su misticismo arrebatado, ahora estima de "ser dignos de loa comparados con la incomprensión del siglo anterior" (26). El resto de *The Allegorical Drama of Calderón* no sufre revisiones de importancia.

10. Considérense las siguientes observaciones de Sarduy: "Góngora parte, como terreno de base —los otros poetas, del enunciado lineal, informativo—, de un estrato ya metafórico armado por esas figuras de tradición renacentista que han constituido hallazgos para la poesía precedente, que él considera como enunciados 'sanos,' 'naturales' y a los que, mediante una nueva metaforización, dará acceso al registro propiamente textual" (*Barroco* 73). Es interesante el uso de los calificativos "sanos" y "naturales" para la metáfora renacentista, puesto que entonces la metáfora gongorina, al añadir un nuevo estrato metafórico, constituye un exceso artificioso que aunque bellísimo, se vuelve patológico por ir más allá de lo que es "saludable."

11. El logocentrismo es un término utilizado por Jacques Derrida y otros críticos desconstruccionistas para denominar la postulación de una presencia metafísica, Dios, el Verbo, la Mente Divina, la conciencia absoluta, etc., que origina el ser, que informa todo lo creado y que subyace toda posibilidad de experiencia dándole sentido, y así, garantizando la verdad del lenguaje. Por *logos* Derrida entiende "truth defined as the expression (or 'signifier') of an originating *factor* (or 'signified'), no matter what that factor may be" (Magliola 3). Derrida postula que el logocentrismo como metafísica de la presencia ha caracterizado la filosofía occidental desde Platón. Muestra cómo esta ideología o deseo de la presencia privilegia la palabra hablada por su proximidad al ser. La escritura, por el contrario, se concibe como algo derivativo, artificioso, como la exterioridad del significado que ya no es habitado por éste de un modo tan directo. En el caso del auto sacramental calderoniano que aquí nos concierne, el logocentrismo radical consistiría en postular la presencia divina no sólo como un significado hacia el cual apunta el auto, o que el auto desea, sino como algo que *habita* la materialidad misma de estas piezas dramáticas debido a una concepción de la alegoría como conjunción o incluso transubstanciación semiótica.

12. En su artículo sobre la prohibición del auto *Las órdenes militares,* Kurtz observa que la actitud o postura de Calderón ante la Inquisición tal y como figura en sus autos es "inconsistente," léase política: "During the relatively benign and pro-aristocratic incumbency of Sotomayor [como Inquisidor General], Calderón praised the Holy Office. During the incumbency of Arce, who aimed a reform campaign against the Spanish elite, the dramatist found covert means of criticizing the body, while still rendering overt and cautious homage" ("Illusions" 206). Que Calderón representase la (siempre temible) Inquisición de modo más positivo o negativo dependiendo del favor que ésta mostrase a los intereses de clase del dramaturgo implica que el auto no es sólo un vehículo para hacer visible la intencionalidad divina. Hay profanos intereses políticos y de clase que también motivan su composición, que no se sujetan necesariamente al piadoso proyecto de manifestar verdades teológicas.

13. Entre éstos, es de particular interés para este estudio "Liturgical and Allegorical Drama" de Dietz, pues él refuta en este artículo la postura defendida por Parker y otros críticos de que la Eucaristía sea el tema central del auto calderoniano. Dietz propone que el verdadero tema es la historia de la salvación humana. Ofrece dos soluciones para explicar por qué Calderón sin embargo concluye casi todos sus autos con la aparición apoteósica de la Eucaristía. La primera es que tal final celebratorio es muy afín a la fiesta del Corpus Christi, para la cual se componían los autos. La segunda explicación es que al Renacimiento le interesa el momento presente, no el pasado ni el futuro, como en la Edad Media. El énfasis del auto es entonces en la Eucaristía, un sacramento del cual fluye una gracia santificante que puede afectar la vida del ser humano en el aquí ahora, para que así, eventualmente, pueda alcanzar su salvación futura (82). Creo que es muy importante que Dietz nos recuerde que la Eucaristía es sólo una parte de la historia de la salvación, en el sentido de que no puede implicar la salvación definitiva de cada ser humano en particular. Sí puede considerarse la aparición del Sacramento en el auto como un triunfo definitivo cuando la culpa que se vence en la fábula es la original. Pero muchos autos calderonianos representan la culpa actual, y por lo tanto, el triunfo de las fuerzas del bien sobre las del mal que implica el descubrimiento de la Eucaristía es sólo provisional, temporal. El bello Sacramento podrá ofrecer gracia adicional para ayudar al Hombre a resistir los embates del mal, pero el libre albedrío impide que tal gracia pueda ser determinante. Esto implica, entre otras cosas, que el auto sacramental mismo se escribe, se compone y se recibe desde una posición en la que siempre amenaza la posibilidad de una nueva recaída en culpa actual. Tal eventualidad es lo que permitirá, desde dentro del propio auto, el desplazamiento del interés en el plano teológico por los placeres que brinda el plano poético-narrativo de su alegoría.

14. Ver sobre todo a Hans Flasche, "Calderón als Paraphrast mittelälticher Hymnen"; "Antiker Mythos in christlicher Umprägung: Andrómeda y Perseus bei Calderón"; *Die Struktur des Auto Sacramental*

"Los encantos de la Culpa" von Calderón; y "Elementos teológicos constitutivos en el Auto Sacramental *El sacro Parnaso.*"

15. Entre éstos, por ejemplo, destacan José María Díez-Borque con *Una fiesta sacramental barroca;* Julio Rodríguez Puértolas, "La transposición de la realidad en los autos sacramentales de Calderón"; y Ansgar Hillach, "El auto sacramental calderoniano considerado en su relieve histórico-filosófico."

16. Es importante el libro de Eugenio Frutos, *La filosofía de Calderón en sus autos sacramentales;* y también Balbino Marcos Villanueva, *La ascética de los jesuitas en los autos sacramentales de Calderón.*

17. Pollin, "Calderón de la Barca and Music"; Sage, "The Function of Music in the Theater of Calderón."

18. Danker, "Emblematic Technique," y el libro de Donald D. Dietz, *The Auto Sacramental and the Parable in Spanish Golden Age Literature.*

19. Los dos grandes estudiosos de las puestas en escena de los autos y del teatro aúreo en general son, desde luego, Nelson D. Shergold y John E. Varey. De Shergold deben verse, obviamente, *History* y *Los autos sacramentales en Madrid en la época de Calderón, 1637–1681: estudio y documentos.* Entre otros artículos que deben consultarse con respecto al tema, Norman D. Shergold y John E. Varey, "Documentos sobre los autos sacramentales en Madrid hasta 1636"; John E. Varey, "Calderón's Auto Sacramental *La vida es sueño* in Performance" y "The Staging of Calderón's *La cena del Rey Baltasar.*"

20. El artículo de Charles Oriel, "Reading the Writing on the Wall: Logocentrism and the Metaphysics of Presence in Calderón's *La cena del Rey Baltasar,*" es un buen ejemplo. Oriel utiliza términos y temas utilizados por la desconstrucción tales como *écriture, pharmakon* y otros, pero para mostrar cómo los autos son logocéntricos. No obstante, el autor concluye el artículo proponiendo de modo muy sugestivo que *La cena del Rey Baltasar* se autorrepresenta como *pharmakon* para remediar el olvido del espectador/lector con respecto a la palabra divina. Oriel abre así la posibilidad de poner en cuestión la propia autoridad del auto para realizar tal cometido ya que según Derrida, el *pharmakon* nunca es enteramente beneficioso, puesto que siempre participa en alguna medida del mal que pretende erradicar.

Capítulo dos
La alegoría y el auto calderoniano

1. Fletcher dice al respecto: "In the simplest terms, allegory says one thing and means another. It destroys the normal expectation we have about language, that our words 'mean what they say'" (2). Refiero a la nota 1 en esa misma página para su análisis etimológico. La definición clásica de esta figura se halla en Cicerón, *Oratoria* 27.94 y en Quintiliano, en su *Institutio Oratoria* 9.2.46 y 8.6.44, quien la caracteriza como una serie continua de metáforas. Para una historia y definición del término, véase a Pépin (85–92) y Whitman (*Allegory,* especialmente 263–68).

2. Pépin las designa como "l'expression allégorique, qui traduit en images un savoir abstrait; d'autre part, l'interprétation allégorique, qui, partant de l'image, s'efforce de retrouver l'enseignement qu'elle traduit" (247). Por su parte, Quilligan distingue estas dos tradiciones en términos de *allegoresis* y alegoría. *Allegoresis* es interpretación, exégesis o comentario de texto, un procedimiento crítico que puede hacer que cualquier sentido literal manifiesto signifique otra cosa. La alegoría "announces itself by a number of obvious, blatant signals—most notably personification and wordplay—to be about the magic signifying power of language" (163–64).

3. El *midrash* es la tradición judía de interpretación no-literal de las Escrituras. El nivel no-literal puede referirse a normas de conducta legales o morales, a creencias con respecto a Dios y al mundo, y también a interpretaciones proféticas, ya sean históricas o escatológicas (Wolfson 25–26).

4. Afirma lo mismo Barney: "The motives of early mythography resemble the motives of early typology: as the culture changed, the early narratives (Homer, the Old Testament) became irrelevant or embarrassing, and were modernized by interpretation" ("Allegory" 180).

5. Para un análisis más detallado al respecto, refiero especialmente a *The Play of Allegory in the Autos sacramentales of Calderón de la Barca* de Kurtz, y muy en particular a los capítulos "Auto as Allegoresis" y "Auto as Kerygma."

6. Con respecto a esta influencia puede verse "Apuntes bibliográficos para el estudio del tema 'Dante en España hasta fines del siglo XVII," *Annali del Corso di Lingue e Letterature Straniere* 8 (1967): 93–134, citado en Checa, *Gracián.*

7. El punto de vista sostenido por Mazzota que represento aquí no es, desde luego, la única lectura posible de la alegoría de la *Comedia.* Para estudios que la interpretan como alegoría teológica o como adoptando los recursos de ésta, véanse, entre otros, *Elements of Structure,* de Charles Singleton; *Allegory in Dante's "Commedia,"* de Robert Hollander; *Events and Their Afterlife: The Dialectics of Christian Typology in the Bible and Dante,* de A. C. Charity; *Profetismo e apocalittica in Dante,* de Nicolò Mineo; "Dante" (en *European Literature*), de Ernst Robert Curtius; y desde luego, "Figura," de Erich Auerbach. Para otros estudios que refutan la posición de la alegoría dantesca como teológica remito a David Thompson, "Figure and Allegory in the *Commedia*"; Bruno Nardi, "I sensi delle Scritture"; y R. H. Greene, "Dante's 'Allegory of the Poets' and the Medieval Theory of Poetic Fiction"; entre otros. Estudios mucho más recientes como *Writing in Dante's Cult of Truth from Borges to Boccaccio* de Maria Rosa Menocal y *Dante and Difference: Writing in the Commedia* de Jeremy Tambling ya se acercan a la *Comedia* desde perspectivas posmodernas.

8. En *El indulto general,* por ejemplo, le replica Mundo a la Culpa al ésta urgirlo a pasar a la segunda edad: "Si de mi primero / tránsito, primera edad / y primera ley, tan presto / pasar pretendes, en fe / de que en fantásticos cuerpos / de alegóricas figuras, / no se da lugar ni tiempo / hasta dar con la segunda ley, ven conmigo" (1725a). La referencia a lo fantástico y fabuloso de los cuerpos de las figuras alegóricas indica que es un espacio fictivo en el que ellas se despliegan. El Demonio de *El valle de la Zarzuela* funda su "nueva parábola" (702a) del mundo como selva de zarzas en el libro de los *Jueces:* "y no sin autoridad, / si del libro se me acuerda / de los *Jueces,* donde vimos / que haciendo los troncos dieta / a esta ruda débil planta / fue a quien juraron por reina" (702b). Incluso aunque el Demonio (irónicamente) esté autorizando la elección de su alegoría en sentidos que aparecen en las Escrituras, su representación dentro de la representación, que constituye gran parte del nivel literal de la alegoría del auto, evidentemente no puede reclamar el mismo status que la Biblia. Aunque con frecuencia la metáfora se le escapa de las manos y le muestra cosas que el diablo no desea ver (¡como le ocurre a tantos poetas y dramataurgos!), el nivel literal de la alegoría del auto no se asume como teniendo o habiendo tenido una dimensión histórica concreta fuera de las tablas. No se pretende una realidad *in factis.* Debido a los constreñimientos de espacio, no puede hacerse un inventario de todas las referencias metatextuales en los autos en que se alude al status figurativo de su textualidad.

9. Parker ofrece como hipótesis que fue precisamente lo tarde que se desarrollaron los milagros y las moralidades en España lo que permitió la emergencia del auto sacramental, el cual se apropia de estos géneros dándole nuevas inflexiones y dotándolo de una sofisticación intelectual que los haría atractivos a audiencias cultas y populares ("Notes" 181–82).

10. La diferencia entre este caso y el de la transformación personificadora de justicia en Justicia es que en el primero, el sustantivo de base, *hombre,* es un sustantivo concreto, mientras que en el segundo, la *justicia* es un sustantivo abstracto. Cuando el sustantivo *hombre* se personifica en Hombre, paradójicamente se "despersonaliza," mientras que cuando *justicia* sufre la transformación en Justicia, se vuelve más concreta, aunque no pierde su status abstracto original (Valesio 18). Baso esta diferenciación en el artículo de Paolo Valesio, "Esquisse pour une étude des personnifications."

11. En *Vita Nuova,* escribe Dante: "Potrebbe qui dubitare persona . . . di ciò che io dico d'Amore como se fosse una cosa per sè, e non solamente sustanzia intelligente, ma sì come fosse sustanzia corporale; la quale cosa, secondo la veritade, è falsa; che Amore non è per sè si come sustanzia, ma è uno accidente in sustanzia." Este fragmento es citado por Lewis (47) para sostener su posición de que el alegorista medieval es consciente de que las figuras que se nos presentan son ficciones. El Amor no existe como abstracción o como sustancia en sí, sino como un accidente en la sustancia. En este sentido, el referente de la personificación alegórica del Amor como abstracción o sustancia es también metafórico.

12. Barney sostiene una posición similar con respecto al autoritarismo de la alegoría: "Allegory is hard to define because one wishes to avoid making it seem forbidding. The visible control of characters and events which allegory exerts may have its source in the author, but its force is felt on the reader. Allegory can enforce certain interpretations, or at least prohibit certain ones. . . . This control may be felt as unattractive imposition, especially if the allegory is poorly wrought or if the reader is ignorant and perplexed. At its best, the puzzle solving which is part of the reader's experience amounts to a re-creation of the allegorist's world, but it can be also merely irritating" (*Allegories* 49). Es sin duda el escepticismo del siglo XX ante cualquier reclamo de verdad absoluta lo que abre la posibilidad de interpretar el modo jerarquizante y didáctico de la alegoría como algo autoritario, y en este sentido, negativo. Por otro lado, la persistencia de tal deseo extremo de la alegoría por ejercer control sobre el lector acaso revele la imposibilidad de realizarse, lo cual no debe dejar de tomarse en cuenta en el momento de considerar la producción de significado de la figura.

13. En un artículo sobre la alegoría medieval, Payen concluye mostrando también la inconsistencia entre la "verdad" y la manera tan artificiosa e irreal en que se revela en la alegoría: "Mais on peut faire état d'un échec de l'allégorisme, dans la mesure où ses créatures ne sont pas véritablement en prise sur le réel. Le système des signifiants qu'il instaure s'insère dans un spatiotemporalité toute imaginaire qui accuse le caractère foncièrement irréaliste d'une telle entreprise. Je veux dire que les signifiés eux-mêmes s'en trouvent compromis, dans la mesure où la fiction qui les supporte se perd dans un ensemble arbitraire d'événements non crédibles" (478).

14. Puede apreciarse una inconsistencia similar en la interpretación que Lewis ofrece del jardín de Acrasia y Adonis en *The Fairee Queene*. El crítico quiere refutar el argumento de que estos dos jardines no se diferencian lo suficiente. Hace alusión al hecho de que se opone con claridad el artificio del jardín de Acrasia con la espontaneidad del de Adonis: "The one is artifice, sterility, death: the other, nature, fecundity, life" (326). Mas es un poco contradictorio o inconsistente que en un medio tan marcadamente artificioso como es la alegoría, se privilegie con tanto énfasis la virtud de la naturaleza y la espontaneidad. No explorar esta contradicción con respecto al impacto que pueda tener en la producción del significado alegórico del texto sería, a mi entender, no adoptar una posición suficientemente crítica.

15. Para una discusión más detallada sobre esta controversia remito a Gadamer (70–81) y a Tzvetan Todorov en "The Romantic Crisis." Para estudios sobre el sentido romántico de lo orgánico y la preponderancia del símbolo deben verse, entre otros, a Meyer H. Abrams, "Structure and Style in the Greater Romantic Lyric"; Daniel Stempel, "Coleridge and Organic Form: The English Tradition"; Geoffrey H. Hartman, "Romanticism and Anti-Self-Consciousness"; y Peter L. Thorslev, "The Organic Universe," en *Romantic Contraries.*

16. Tomo esta frase de ter Horst, quien representa semejante supremacía como aquello que la desobediencia creativa del arte del auto calderoniano va a sacudir y amenazar: "Even though art is ancilla to dogma, and one that serves well, to do so she must be a person apart, but not always a perfectly obedient person. Indeed, one aspect of art's service to morals and dogma is a creative disobedience in which the *non serviam* fashions a counter-world to the sublime idiocy of omnipotence. The counter-world threatens, challenges, and activates the inertness of supremacy" (*Secular Plays* 49). Para ter Horst, aunque el pensamiento convencional de Calderón sea ortodoxo, su praxis artística es heterodoxa ("New History" 40) y esto produce ambivalencia. Piensa el crítico que se le ha hecho un mal servicio a Calderón al identificarlo sólo con el primer elemento de su procedimiento usual ("New History" 40) porque esto ha reducido las posibilidades de apreciar su intensidad dramática. Estas son ideas muy sugestivas y osadas con respecto al auto, con las que en muchos sentidos estoy de acuerdo.

17. En este estudio, los autos analizados que representan la culpa actual son *Los encantos de la Culpa, La nave del Mercader* y *Lo que va del Hombre a Dios.* Sólo *El jardín de Falerina* y *La vida es sueño* representan la redención de la culpa original, redención que es definitiva y la cual ciertamente puede celebrar el género humano.

18. No debe dejar de consignarse que Benjamin piensa que en los autos calderonianos se asume que sea posible la "ponderación misteriosa" o la intervención de Dios en la obra de arte (235). La apoteosis triunfal del final del auto es para Benjamin como privilegiar ese significado por sobre los otros. Aunque esta posición no es de ningún modo desechable, creo que mistifica demasiado la propuesta del auto calderoniano, pues la efímera apoteosis triunfal en el auto nunca significa ni la salvación definitiva ni el final de la historia.

19. Aunque estoy de acuerdo con Krieger en este punto, difiero con que designe como los precursores de esta revolución teórica a Honig y Fletcher. A pesar de la ambivalencia con que Fletcher representa la alegoría (ver anteriormente), la realidad es que ni él ni Honig figuran en los primeros escritos publicados por de Man, siendo la afinidad con Benjamin mucho más evidente, como veremos mediante la lectura de "The Rhetoric of Temporality" a continuación.

20. Concurre en este punto sobre la incitación al significado Murrin cuando describe la alegoría como "a figure of speech incomplete in itself, which, for this reason makes certain demands on its audience. The hearer by analogy must fill in the proper meaning to complete the figure" (58).

21. Para Van Dyke, en el contexto de la lingüística y crítica literaria contemporáneos, la alegoría desconstruye u oculta la disyunción entre significante y significado "under a second-order signification" (28). Es decir, para ella la alegoría es mistificante: oculta la disyunción mediante un segundo significado. En este sentido, la alegoría no desconstruye, sino todo lo contrario, encubre la arbitrariedad saussureana del signo. La alegoría según Van Dyke preserva un orden entonces que a mi entender ha sido muy superado por el pensamiento crítico contemporáneo.

22. Dice Auerbach con respecto a formas simbólicas que existieron incluso hasta la antigüedad tardía en los países mediterráneos: "Their characteristic feature is that the thing represented must always be something very important and holy for those concerned, something affecting their whole life and thinking, and that this something is not only expressed or imitated in the sign or symbol, *but considered to be itself present and contained in it.* Thus the symbol can act and be acted upon in its place" ("Figura" 56–57; el énfasis es mío). Este concepto de la presencia en el símbolo propicia la imputación de poderes mágicos a las dichas formas simbólicas o mitológicas en cuestión.

23. Estoy de acuerdo con la refutación de Scanlon a la postura poco analítica asumida por de Man ante la alegoría cristiana: "The problem of loss is written into Christian ideology as an article of faith. Just as the individual believer can never be certain he or she is saved, so the Christian allegorist can never be certain his or her allegory has faithfully recaptured the Divine Word. Like all forms of Christian figuration, Christian allegory assumes from the outset that the Divine Word it reiterates is never fully recuperable in human language. When De Man implies that in Christian allegory the relationship between sign and meaning is 'decreed by dogma,' he is simply wrong" (46–47). También comparto su opinión sobre lo fructífero que podría ser el aplicar la descripción estructural desarollada por de Man a la alegoría medieval (46), así como a la barroca, añado yo.

24. En la segunda parte de "The Rhetoric of Temporality," de Man analiza la figura de la ironía y la vincula con la alegoría en términos del predicamento temporal negativo "verdadero" que ambas descubren (222): "Both are determined by an *authentic* experience of temporality which, seen from the point of view of the self engaged in the world, is a negative one" (226; el énfasis es mío). Y sin embargo, de Man reconocerá (casi con humildad) que la alegoría y la ironía no tienen el poder para erradicar las formas mistificadas del lenguaje con las que interactúan (226). El lenguaje crítico elaborado por de Man no puede dejar de repetir el error ilusorio de hacer coincidir ese lenguaje con la realidad no-linguística mediante el conocimiento de la no-coincidencia entre ambos. En otras palabras, cada aserto "desconstructor" realizado por de Man sobre la negatividad del lenguaje produce una verdad que a su vez debe ser desconstruida. Así pues, con la segunda sección de "The Rhetoric of Temporality" sobre la ironía, de Man desconstruye la claridad del conocimiento negativo que según él, en la primera parte del ensayo, producía la alegoría. En esta opinión concurro con la discusión del ensayo de Jacobs. Con dicha ironización, de Man nos revela que la lucidez que produce esta desconstrucción irónica de la lucidez es inescapable: el conocimiento de la imposibilidad de conocer produce un momento inevitable de síntesis, de *insight,* aunque sea pasajero. Esta es la dialéctica interminable entre la ceguera y el entendimiento que produce (o garantiza) la ironía. Con respecto al placer que produce el *insight* alegórico sobre la pérdida del origen, refiero a Jean-Pierre Mileur, "Allegory and Irony: 'The Rhetoric of Temporality' Reexamined" y a Carol Jacobs, "Allegories of Reading Paul de Man." Para unas notas sobre las contradicciones del imperativo de leer alegóricamente pronunciado por de Man, véase a Robert L. Caserio, "'A Pathos of Uncertain Agency': Paul de Man and Narrative."

Capítulo tres *La vida es sueño* (1673) o la economía del derroche

1. En *The Play of Allegory in Calderón de la Barca,* Kurtz arguye que "the extent and depth of the dramatist's Manicheism has been, and is likely to remain, the source of some controversy. . . . Nowhere are these Manicheistic tendencies more evident than in *La vida es sueño*" (25–26). Estoy completamente de acuerdo con esta afirmación.

2. Dietz también opina que la interacción entre los tres personajes que representan la Trinidad no es enteramente armoniosa, lo cual contribuye a la tensión psicológica de la pieza ("Liturgical Drama" 83). En otro artículo utiliza precisamente esta escena para ilustrar su concepto de conflicto vertical, el cual define como una situación dramática en que las figuras alegóricas de una misma facción luchan las unas contra las otras, creando tensiones dramáticas entre sí ("Conflict" 180–81).

3. Parker afirma que "no hay bien mencionado en *La Vida es Sueño* que no aparezca de inmediato asociado con su contrario" (*Autos sacramentales* 201) con respecto a las escenas iniciales del auto, en las que el Poder da instrucciones a los Elementos de cómo proceder con la nueva criatura que será el Hombre. Si bien estoy de acuerdo con este aserto, difiero de la nota al mismo en la que aclara Parker: "Las consecuencias importantes de esta doctrina, con todos los problemas y respuestas que suscita, no son de ulterior importancia para este auto" (201n14). Como veremos, la ambivalencia indomeñable de la negatividad de la positividad, y viceversa, continuará informando este auto hasta su conclusión.

4. Para una elucidación más extensa del recurso estilístico de la correlación, véanse, desde luego, "La correlación en la estructura del teatro calderoniano" de Dámaso Alonso y Carlos Bousoño, y en particular las páginas 138–39, en las cuales los autores se refieren a la escena del auto *La vida es sueño* que estudiamos aquí.

5. En un estudio reciente (1993) sobre el pensamiento de Gracián, afirma Hidalgo-Serna: "Es innegable que la correspondencia precede el concepto y el arte ingenioso. Descubierta por el ingenio, ella se convierte en fundamento del concepto al expresar las concordancias ontológicas. . . . [La] verdad aparece y se hace patente en Gracián en la correlación y correspondencia entre las cosas; se muestra a partir de las diferencias y de las semejanzas entre los objetos. Es aprehendida por el ingenio y 'exprimida' con palabras por el concepto" (145–46). Con respecto a la vertiente filosófica y cognoscitiva del concepto, puede verse también a Benito Pelegrín, entre otros. T. E. May representa la vertiente crítica que ve el concepto gracianesco como un mero ornamento, cuyo fin es producir sólo placer de ingenio. Sin pretender tomar una posición en este largo e intrincado debate, concierne por el momento a este estudio tan sólo señalar la posible semejanza entre la Sombra y su capacidad para penetrar los secretos ocultos de la Naturaleza, con la del poeta conceptuoso, cuya agudeza y arte de ingenio lo conducen a ver y exprimir correspondencias ocultas, sea ello con fines puramente retóricos o filosóficos.

6. Amadei-Pulice es de la opinión que el auto sacramental calderoniano participa de muchos de los recursos del *stile rappresentativo,* que para ella constituye la nueva comedia de teatro barroca (53–54).

7. Para detalles con respecto a la espectacular puesta en escena de este auto, remito al artículo de John E. Varey, "Calderón's Auto Sacramental *La vida es sueño* in Performance."

8. Con relación a Calderón en particular, Ferrater Mora opina que su imaginería verbal, "his sudden shifts from the animate to the inanimate, and vice versa—*aim at depicting a world which does not seem to be ruled by the law of cause and effect*" (9; el énfasis es mío). También González-Echevarría apunta al elemento de lo irracional en el barroco de Calderón cuando propone que la recurrente figura del monstruo en sus textos es emblemático de su estética: "El carácter visual del monstruo, hecho, contrahecho de especies y visos diversos, parece representar el ansia de Calderón por hacer visible un concepto de lo representable que se escapa a la precisión y coherencia del discurso lógico y aún del poético. Lo más profundo del barroco calderoniano se encuentra en esa tendencia a convertir la aporia en visión que contenga, sin cancelarlos, apariencias contradictorias —tan contradictorias y múltiples como se le hace la realidad dinámica que percibe" (52). Como estamos viendo, Calderón parecería atribuirle al Poder creativo en *La vida es sueño* muchos de los rasgos de su propia estética barroca que no se sujetan a los dictados de la lógica ordinaria.

9. El intertexto aquí posiblemente es Génesis 6.7: "Me pesa haber hecho al hombre."

10. Preciso es admitir que Santo Tomás discute con sosiego el asunto de la encarnación y su estrecha relación con el pecado en la *Suma teológica* 3, cuestión 1, artículos 1–6, "Conveniencia de la encarnación." Afirma el Doctor Angélico: "Pero, como el hombre, apartándose de Dios, se entregó a las cosas materiales, fue conveniente que Dios se hiciese hombre a fin de salvarle por medio de esas mismas criaturas materiales" (79; 3.1.3). Aunque es difícil entender por qué escogió Dios el doloroso camino de la encarnación para reparar una deuda en contra de sí mismo (casi parecería ser más infame la injustísima crucifixión del Hombre-Dios que la desobediencia de Adán), Santo Tomás arguye que ésta es la manera más perfecta de saldar esa deuda: "la gravedad de la ofensa se mide por la dignidad de la persona ofendida. Para la satisfacción perfecta es preciso, por tanto, que la obra satisfactoria tenga una eficacia infinita, como, por ejemplo, la de un Hombre-Dios" (*Suma teológica* 76; 3.1.2). Este es, a mi entender, uno de esos momentos de la *Suma teológica* en el que la racional explicación de la perspectiva divina que satisfaga el principio de no-contradicción crea muchas más dudas de las que aclara. Por una parte, establece Santo Tomás una relación que es necesaria o habitual en el mundo humano ("la gravedad de la ofensa se mide por la dignidad de la persona ofendida" [76]) para inmediatamente sustentar algo que no tiene mucho sentido dentro de ese mismo mundo humano, a saber, que la persona ofendida sea capaz de sacrificar a su propio hijo o a su misma persona para saldar una ofensa que otro ha hecho en contra suya a base de las reglas que la persona ofendida misma ha establecido. A menos, claro, que esa persona ofendida que sacrifica a su hijo esté sometida a leyes de retribución que no puede abrogar aunque quisiera, es difícil entender por qué llegaría al extremo dicho en vez de optar por otra solución menos dolorosa y costosa para sí. El tono sosegado de Santo Tomás al discutir estas materias insondables implica la certeza de un *logos* divino que le da sentido y orden a todo, aunque éste no aparezca o no brille para el ser humano. Parte del *pathos* de *La vida es sueño* es el considerar estas materias desde una perspectiva más antropocéntrica desde la cual, debido a los estragos del mal y de la caída, las cosas están mucho más dispersas y fragmentadas, careciendo de la luz de la totalidad.

11. Es lo que opina Michel Darbord en "La expresión alegórica de la peregrinación humana en *La vida es sueño* (auto) de Calderón": "La sencillez dramática del auto parece inspirada por una marcada sencillez dogmática. Radica ésta esencialmente en la teoría de la satisfacción, nacida de los versículos del Génesis y desarrollada después: la culpa de Adán fue poca si sólo tenemos en cuenta al pecador. Es inmensa si se considera al ofendido —Dios—. Siendo Dios el agraviado, es la culpa humana infinita y sólo el Verbo encarnado, o sea Cristo (la Sabiduría en el auto), es capaz, por pura misericordia, de satisfacer la deuda" (33). Es decir, si se considera que Adán no podía conocer ni siquiera el significado de la muerte, del mal ni de la culpa en estado de inocencia, entonces su culpa no podía ser tan grave puesto que caía en ella sin saber qué era ni desearla. La teología de la satisfacción fue defendida en el Concilio de Trento. Este no canoniza ninguna teoría sobre el mérito o la satisfacción en particular con respecto a la eficacia de la redención, sino que más bien decreta que "authentic Catholic theology will explain the manner of the Redemption within some valid conception of merit and satisfaction. That is, the work of Christ somehow earns or acquires the deliverance from sin and the reunion of man with God; Christ in His sacrificial death in some real way compensates for the evil of sin . . . ." (Peterman 147).

12. El texto litúrgico de la *felix culpa* se canta en la bendición del cirio pascual el Sábado Santo, y dice así: "O certe necessarium Adae peccatum quod Christi morte deletum est! O felix culpa, quae talem ac tantum meruit habere Redemptorem!" La culpa y el pecado original son deseables entonces en tanto que hacen conveniente la encarnación redentora y es en ésta en la que según San Agustín la naturaleza humana alcanza la plenitud de la perfección.

13. Vienen muy al caso aquí los comentarios de ter Horst en su artículo "From Comedy to Tragedy: Calderón and the New Tragedy" con respecto a la dramaturgia calderoniana: "Conflict is the essence of his vision, and without the hybridization of unity into dual oppositions, the essential construct of his perspective would be lost. Consequently, pure comedy and pure tragedy are largely out of the question for him. Calderón's basic material is a mix of tragic and comic tendencies locked in struggle, with the usual finale a tentative decision in favor of the non-tragic, of the comedic. But the tragic recollection and future potential are never out of sight or mind" (200). Es preciso apuntar que los autos sacramentales, parte destacada de la dramaturgia calderoniana, hasta este estudio presente apenas se han considerado en el siglo XX desde el punto de vista de su "monstruosidad" e hibridez. Siempre se han considerado como comedias que terminan con la feliz apoteosis del Sacramento, sin indagar en la corriente trágica que nunca se pierde de vista por completo. Esta omisión de la crítica del siglo XX resulta en una lectura del auto sacramental calderoniano que no da cuenta de todos sus aspectos.

14. Opina de modo muy similar a Parker, Ludwig Pfandl, quien, en 1929 sostiene lo siguiente: "En los españoles, incluso en la época barroca, la fe en los valores y en los fines sobrenaturales permanece inconmovible, como serena y obligada compensación después de todas las contradicciones, exageraciones y desencantos. . . . Contra las infinitas posibilidades de un lamentable, triste, colérico y caprichoso *ignorabimus,* se levanta un credo único, unánime y jubiloso. El auto sacramental (no la comedia) de *La vida es sueño* concilia ambas contradicciones y resuelve el enigma. La certeza en el más allá resuena triunfadora sobre todo el desengaño mundanal, la cavilación y la duda" (253). La postura de Pfandl frente al auto que nos ocupa adolece de un optimismo excesivo. Es cierto que hay certeza en el más allá en *La vida es sueño,* pero puesto que el auto concluye con la posibilidad de que el Hombre se pueda condenar, dicha certeza no debe ser motivo de tanto regocijo para éste. La postura de Pfandl, al igual que la de Parker, se funda en una visión ética del mundo y de la relación entre Dios y el Hombre, en la cual el problema del mal es explicable como castigo de los pecados de éste, y en la cual la redención es un acto de amor absoluto, el cual el Hombre no merece y por el cual siempre quedará endeudado. Si bien esto último puede ser verdad, semejante visión ética del universo trivializa la coyuntura trágica de la condición humana, y el hecho de que, como señala Ricoeur: "The figure of Job bears witness to the irreducibility of the evil of scandal to the evil of fault, at least on the scale of human experience; the theory of retribution, which was the first, naïve expression of the moral vision of the world, does not account for all the unhappiness in the world" (*Symbolism* 314). En el auto *La vida es sueño* no necesariamente se duda, pero sí se representa el misterio del mal como algo que excede y antecede la culpabilidad del Hombre, y que por lo tanto, no es enteramente atribuible y reducible a él.

Capítulo cuatro
El jardín de Falerina y la escritura de Lucifer

1. Una versión abreviada de este capítulo ha sido publicada por la *Revista de Estudios Hispánicos* 28 (1994): 141–62, como "*El jardín de Falerina* de Calderón y la escritura de Lucifer."

2. Son diecisiete los autos de Calderón en que Lucifer, junto a la Culpa o a algún otro aliado maligno, compone el auto que el espectador ve. Para una lista de éstos, véase Cilveti, *Demonio* 111n17.

3. En *When Theater Turns to Itself,* libro sobre la dramaturgia de Shakespeare, Homan denomina el comentario o figura metateatral "metáfora estética" y la define del siguiente modo: "The term . . . refers not just to theatrical references in the text itself but to metaphors based on all the components of the theater: the act of creation on the playwright's part, the resulting text, the techniques of acting and delivery of that text, and the presence and function of the audience" (10–11). Estoy de acuerdo con los componentes de la "metáfora estética" que propone Homan, pero prefiero mi propio término "comentario, figura o dimensión metatextual" porque creo que es más amplio. En los autos de Calderón se alude constantemente al modo, constitución y efectos mismos de la representación dramática. El espectador queda siempre inscrito dentro del auto, ya que uno de los personajes principales es la Naturaleza Humana o el Hombre, y el argumento trata de su caída. Ahora bien, excepto por *El gran teatro del mundo* (auto que de todos modos no es típico), lo que se ve en los autos sacramentales de Calderón no es tanto la representación de la semejanza e interdependencia entre la vida e ilusión teatral, que es el fin de la "metáfora estética" según Homan. Algunos de los significados que pueden verse en las alusiones a los distintos aspectos del texto dramático en el auto calderoniano son la figuración del poder de la representación como capaz de desviar la voluntad del Hombre, ya sea hacia un fin piadoso o maligno; una concepción de la representación como medio de conocimiento; y el deseo del auto de controlar y definir su propia coherencia como texto dramático-alegórico. En esto último coincido con

Kurtz y remito sobre todo al capítulo "Defining Allegory: Introduction to Auto and Allegory" de su ya mencionado libro (*Play* 19–62).

4. En *The Allegorical and Metaphorical Language in the Autos Sacramentales of Calderón,* escribe McGarry: "Calderón, in giving expression to the idea that the sense of hearing is the only one that is incapable of being deceived and is the most capable of penetrating the deepest mysteries of faith must have recalled the beautiful lines of St. Thomas Aquinas' lovely *Adoro te devote, latens Deitas* in which he pays honor to the Holy Sacrament:

Visus, gustus, tactus, in te fallitur
Sed auditu solo in te creditur
Credo quidquid dixit Dei Filius
Nil hoc veritatis verbo verius."

(45)

5. Algunos de los pasajes en que se celebra la preeminencia del oído (citados en Díez-Borque, *Fiesta* 49–52) son:

Del propio *Jardín de Falerina:*

Música. Y dejando aparte que
el Oído, que es mi centro
es solo el capaz sentido
del mayor de los Misterios

(1503a)

De la loa de *La vida es sueño:*

Oído. Y pues sentido de Fe
es solamente el Oído,
crea el Oído a la Fe
y no a los demás sentidos.

(1385b)

De *El Palacio del Buen Retiro:*

Fe. Los favores de la Fe
sólo son para el Oído.

(142b)

También remito a la página 45n171 de McGarry en su obra citada para una breve lista de autos en que esta afirmación ocurre. En "La controversia en los autos de Calderón" de 1948, William Entwistle también documenta las aseveraciones de Calderón con respecto al vínculo de la fe y el oído. Aunque problematiza tales aseveraciones mucho más que McGarry, no señala la naturaleza profundamente visual del auto en que semejante vínculo se establece. Sin embargo, Entwistle se muestra en este artículo lejos de la posición apologética de Parker con respecto al género sacramental.

6. Para José Antonio Maravall, la respuesta sería posiblemente afirmativa. El señala que en el Barroco lo visual adquiere una (malévola) función persuasiva/propagandística sin precedentes, por surgir en esta época la primera sociedad de masas. Remito particularmente a su capítulo sobre la literatura emblemática en *Teatro y literatura en la sociedad barroca.* Este pasaje del Lucero parecería confirmar las sospechas de Maravall con respecto a la perversión de lo visual en el Barroco.

7. Estos parlamentos sitúan el tiempo de los hechos alegorizados como ocurridos después de la caída original, y antes de la redención. Sin embargo, como mostraremos, la recaída del Hombre en este auto se dramatizará en unos términos con los cuales el espectador/lector puede identificarse, incluso en la inmediatez de su posición como espectador/lector.

8. En su edición moderna de los autos de Calderón que manejamos para este estudio, Valbuena Prat utiliza el complemento indirecto pronominal de primera persona singular en el verso al cual le estamos haciendo la llamada, dándole un sentido reflexivo. Como es el Lucero quien habla, el pronombre se refiere a él mismo. Es decir, cuando venga Dios encarnado a rescatar al Hombre, hallará al Lucero faltando de tal manera a sus obligaciones ("de tan otra manera / prevaricado"), que éste no conocerá ni creerá que es Dios quien ha venido. No obstante, esta interpretación no tiene mucho sentido, pues a pesar de que es cierto que el demonio tienta a Cristo (Mt. 4.1–11; Mr. 1.12–13; Lc. 4.1–13), ¿cómo podría interpretarse que Lucifer estuviera prevaricado? ¿Qué obligación le corresponde al demonio como tal a la que pudiera estar faltando? Mucho más lógico es pensar que ese complemento indirecto pronominal es de tercera persona singular, y que se refiere al Hombre. He manejado la edición de autos sacramentales calderonianos de Pedro Pando y Mier de 1717 (Madrid: Manuel Ruiz de Murga) que posee la colección de libros raros de la Universidad de Yale. Y en efecto, el pasaje en cuestión reza en esa edición "*le* halle tan de otra manera / prevaricado . . ." (v. 5, 177; el énfasis es mío). Puesto que hay discrepancia en ambas versiones, me inclino a aceptar en este caso la de Pando y Mier pues creo que es la que más sentido tiene, por las razones aducidas. Así pues, baso mi interpretación de este pasaje en ella, y no en la de Valbuena Prat, versión a la que me ceñiré en el resto de los casos.

9. En su segundo *Desengaño al theatro español,* protesta Nicolás Moratín: "¿Juzgará nadie posible que se junten a hablar personajes divinos y humanos de muy distintos siglos y diversas naciones, verbigracia, la Trinidad Suprema, el demonio, San Pablo, Adam, San Agustín, Jeremías y otros tales, cometiendo horrorosos e insufribles anacronismos?" (citado por Marcelino Menéndez y Pelayo, *Historia* 291).

10. Sarduy sostiene que "En el universo extremadamente culturalizado del barroco, el mecanismo de la metáfora (gongorina) se eleva a . . . su potencia al cuadrado" (*Barroco* 73). Pienso que el caso que examinamos ahora, de una alegoría de una alegoría, puede concebirse también como una elevación al cuadrado de la figura.

11. "The author is thus able to claim that his actors were all spirits, or parts of a dream, and is able to exploit the distinction between imagination and reality as the occasion requires. Thus he can use it defensively whenever the results of his imaginative adventures seem dangerous or unfortunate or inadequate or too good to be true; or a late dramatist like Calderón, dealing with truths which are acknowledged from the beginning to be beyond the reaches of the imagination alone, can have his allegories proclaim from the stage that they are only allegories" (May 40).

12. En el sentido de que un género es determinado por las condiciones establecidas entre el poeta y su público (Frye, *Anatomy* 247), puede decirse que el auto sacramental se funda en una retórica.

13. Como establece Wilson: "Calderón's mode is rhetoric. He delights in learned allusions, figures of speech, verbal arabesques, parallelism, and reiterations" (153).

14. En su discusión sobre el auto como ejercicio espiritual, Kurtz también alude a este problema, apuntando que puede parecer extraño que la composición de lugar que va a apelar al entendimiento del lector mediante el movimiento de sus afectos sea (en tantas ocasiones) realizada por la figura demoníaca o por la Culpa. En una sugestiva nota (*Play* 184n35), especula brevemente sobre la cosmología heterodoxa que implica el papel dramático y teológico tan prominente que se le confiere a la Culpa y al Demonio en el auto. No obstante Kurtz tacha de inútil, quizá con demasiada modestia, la consideración de tal tendencia heterodoxa que con tanta agudeza apunta. Como debe estar muy claro ya para el lector/a de este estudio, la poderosa presencia diabólica en el auto es para mí algo de enorme importancia en términos de la producción del significado.

15. En su conocida obra sobre la historia social del arte dice Hauser con respecto al Renacimiento: "The things that are now felt as 'beautiful' are the logical conformity of the individual parts of a whole, the arithmetically definable harmony of the relationships and the calculable rhythm of a composition, the exclusion of discords in the relation of the figures to the space they occupy and in the mutual relationships of the various parts of the space itself" (15). La belleza del orden, de la lógica, de la proporción, de la armonía y del ritmo se funda en una verdad matemática. El deleite que produce el contemplar el concierto de las cosas es algo que puede entenderse numéricamente. Así, verdad y belleza están estrechamente ligadas. Este vínculo proviene de las corrientes neoplatónicas que circulan en el Renacimiento.

16. Este es un verso del poema *Psalle et Sile* que cita Sage (214) como descripción calderoniana de las falsas armonías de la música sensual. Nótese la insistencia en la belleza de la maldad.

17. Este es un problema importante que Pollin no discute en su artículo sobre la música en *Falerina.* Resume Pollin: "If the function of performed music in the *auto* was to heighten and embellish the meaning of faith, theoretical music, in the *loa,* delights the intellect, as well as the spirit, with its logical, syllogistic resolution of psalmodic enigma" ("Falerina" 323). Aunque siempre puede decretarse que en última instancia todos los elementos que constituyen el auto están "al servicio de embellecer el significado de la fe," de todos modos es problemático el deleite que deriva el espectador (lector) de la música y los versos del mal, siquiera porque el auto está mostrando que es debido a tal placer que el Hombre está a punto de caer en las redes de la Culpa. El artículo de Pollin, si bien muy agudo en su análisis, no da cuenta de esta dificultad. Con respecto a la música como diabólico recurso de seducción también remito al artículo de Agustín de la Granja: "La música como mecanismo de la tentación diabólica en el teatro del siglo XVII."

18. Para Baldick, esta estructura con frecuencia sugiere una regresión infinita o "an infinite regress, i.e. an endless succession of internal duplications" (138). En este sentido, la estructura dramatiza la dificultad de determinar el significado o por lo menos el status del texto. En el caso que examino, el Demonio y la Culpa, personajes alegóricos, se sirven de la retórica para montar una representación prefigurativa. Lo que ve el espectador, como ya indicamos, es una alegoría de una alegoría. Quede para otro momento la investigación de la complejidad figurativa del auto calderoniano y los posibles efectos de distanciamiento y posposición de significado que ello crea.

19. Son dos términos que utiliza Checa en un inteligente artículo sobre *El divino Narciso* de Sor Juana, para denominar la perversión postbabélica del lenguaje ("*Divino*" 203). El lenguaje caído es aquel que obstruye su función transitiva; es un lenguaje que se vuelve opaco, autoreferencial, circular: es decir, narcisista.

20. Escribe Jakobson con respecto a la "poeticidad" que está presente "when the word is felt as a word and not a mere representation of the object being named or an outburst of emotion, when words and their composition, their meaning, their external and inner form, acquire a weight and value of their own instead of referring indifferently to reality" (378). Este "peso y valor propios" del significante poético es precisamente lo que estamos proponiendo que posibilita el desplazamiento del significado teológico en la alegoría del auto. Cuando el significante poético cobra ese interés y valor propios, deja de ser un mero vehículo para referirse a una realidad que lo antecede. Es en este sentido que puede decirse que se vuelve "idólatra y narcisista," auto-referencial, no pudiendo cumplir cabalmente, en el caso del auto calderoniano, su función edificante.

21. Adopto la definición del concepto de Bryans: "It is a complex verbal unity in which tension or disparity, and logical connection are present at the same time" (101). Aquí, la disparidad o tensión es comparar el Hombre en estado de culpa a una estàtua. Puesto que el vínculo no es inmediatamente evidente, corresponde al lector buscar o establecer la conexión lógica entre ambos términos. Esta es o podría ser que, en estado de culpa, los sentidos del hombre están cautivos, paralizados, y en ese sentido, él es insensible como una estatua. Dilucidar o ver la conexión lógica en la disimilitud del hombre pecador como estatua es lo que aquí produce el placer (del ingenio), y no sólo la enseñanza que pueda derivar el espectador para vivir una vida mejor.

22. Es el término que utiliza Van Dyke para referirse a una de las dos posturas posibles ante la alegoría. Me he referido a este término en varios momentos en este estudio, sobre todo en la introducción y en el capítulo sobre la alegoría.

23. La metáfora de la nave sería reconocida e identificada inmediatamente por el público, puesto que es una imagen usada con frecuencia para referirse a la Iglesia. Según F. R. Webber, la nave: "recalls the ship in which the apostles sailed across the Sea of Galilee, when our Lord stilled the tempest. It represents the Ship of the Church, tossed by the stormy waves of persecution, heresy, and schism; threatened with destruction by rationalism, by indifference, by negative critics and by false teachers, who arise. But the presence of the Saviour is a positive assurance of safety" (236).

24. Flecniakoska denomina "trágica" esta no-autoridad del Hombre, quien es solicitado incesantemente por fuerzas antagónicas que lo aplastan y cuya esencia es incomprensible para su inteligencia (*L'Auto* 335). Flecniakoska se refiere aquí a autos anteriores a Calderón, pero lo que dice viene muy a propósito a nuestra discusión. El Hombre no es el autor de *El jardín de Falerina;* el Lucero y la Gracia lo son. El es más bien una débil figura, el teatro en que fuerzas exteriores y anteriores a él se disputan el apego de su voluntad servil.

25. Es San Pablo quien en sus epístolas inicia la tradición interpretativa cristiana de la *figura* con el propósito de mostrar que el Antiguo Testamento era sólo una sombra o *typos* del Nuevo, y que por lo tanto quedaba abrogado y obsoleto con la venida del Mesías anticipado en él (Auerbach 50–51). En 1 Cor. 15.21, escribe San Pablo: "Porque por cuanto la muerte entró por un hombre, también por un hombre entró la resurrección de los muertos." En los versos citados, puede decirse entonces que Calderón apropia esta tradición figurativa que vemos ejemplificada en San Pablo. Para una discusión detallada de la *figura,* remito al clásico artículo de Auerbach de ese título.

26. En "The Devil in the Drama of Calderón," Parker intenta resolver el problema del dualismo inherente a los autos al mostrar cómo en *El Pastor Fido* el Demonio se alía a la figura del Pecado Original para tentar a la Naturaleza Humana. Según él, esto resuelve el problema del maniqueísmo del cual adolecen los autos calderonianos más tempranos pues el Pecado es una abstracción, una negación y perversión del bien, no es una encarnación del mal en competencia con aquél: "Calderón has avoided presenting the Devil as a personified Principle of Evil in antithetical rivalry with a Principle of Good, by making him subordinate to the abstract character of Sin who leads him and not he her" (14). Difiero de Parker, no sólo por la orientación rigurosamente agustiniana y tomista con la que quiere interpretar los autos calderonianos (lo cual ya ha demostrado Cilveti, es insuficiente [*Demonio*]), sino también por su deseo de reprimir el que la reescritura dramática del concepto teológico produzca una ruptura/diferencia con el concepto original. Incluso aunque el pecado original sea una abstracción conceptual dentro del discurso teológico, en el auto *El Pastor Fido* aparece reinscrito y diferenciado como un agente exterior a la Naturaleza Humana que lucha y trama cómo seducirla, y esto es lo que permite el amado y amable movimiento textual y dramático del que carece el severo discurso teológico conceptual. Esta diferencia/reinscripción puede resultar difícil de controlar; puede producir incongruencias y perversiones del discurso teológico/original tales como las de la dualidad, pero esto es parte de los riesgos y hallazgos que constituyen la escritura del auto calderoniano.

27. En su estudio ya citado sobre el auto calderoniano, McGarry confirma la importancia del mal en el auto cuando afirma: "The devil in the Calderonian *auto* is one of the most fantastic of all his characters, and one that plays an indispensable rôle in the dramas in which he appears. Quevedo believed that the demon was given too prominent a place, and remarked that he became an exultant and vainglorious individual, making his entrance upon the stage dressed in fine array, and speaking as though the theater were entirely his own. He is represented as the arch-enemy of God and man . . ." (39). Aunque McGarry no encuentra problema alguno con esta indispensabilidad de Lucifer, basta para mi argumento que nos recuerde que Quevedo ya había comentado con respecto al problema de la prominencia diabólica, y que la misma McGarry reconozca la participación estelar del mal en el texto dramático del auto que tanto placer dramático rinde al espectador/lector.

28. Véase en especial Louise Fothergill-Payne, *La alegoría en los autos y farsas anteriores a Calderón,* sobre todo los capítulos 6 y 7. También remito a Jean-Louis Flecniakoska, *La Formation de l'auto religieux en Espagne avant Calderón (1550–1635),* "Les Rôles de Satan dans les pièces du *Códice de Autos Viejos*" y "Les Rôles de Satan dans les *autos* de Lope de Vega."

Capítulo cinco
Los encantos de la Culpa y las culpas de la representación

1. El ejemplo cervantino que cita Pagés figura al final del capítulo 42 de la Primera Parte del *Quijote:* ". . . oirán la voz de un mozo de mulas, que de tal manera canta, que encanta" (Pagés 2: 953). Habla Cardenio y se refiere, sin saberlo, a don Luis, el enamorado de la pequeña doña Clara, el cual, vestido de mozo de mulas, la ha venido siguiendo desde su pueblo.

2. Como hemos dicho en capítulos anteriores, sólo hay que echarle un vistazo a las "memorias de apariencias" y a las acotaciones de Calderón para darse cuenta de que hay una fuerte intención de maravillar al espectador con las peripecias escenográficas.

3. Para más detalles sobre la relación entre la comedia y el auto, véanse los capítulos 3 y 4 de *La fábrica de un auto sacramental: "Los encantos de la Culpa,"* de Egido.

4. Como San Agustín es una fuente importante en los autos sacramentales calderonianos, es apropiado apuntar que según Páramo Pomareda, él también concede que los griegos tuvieron intuiciones de las verdades cristianas, pero no se interesa tanto en la mitología como en la filosofía (66–67).

5. Este es uno de los puntos espinosos de la controversia que existe en torno a la moral de la retórica gracianesca. En *Ethique et esthétique du baroque,* Pelegrín defiende los conceptos y figuras con los cuales se adereza la verdad con el fin de ser aceptada y deseada: "Il y a donc une *direction d'intention de la figure:* la lumière finale après avoir sidéré. Eblouissement de la révélation après les ténèbres, l'éclair dans la nuit. Si la révélation est morale, religieuse (vague préoccupation chez Gracián, alibi subtil de son esthétique profane) c'est un argument supplémentaire en faveur de la figure dont la frivolité apparente, dont les grâces voyantes, étaient le masque d'une efficacité stratégique militante: tout est bon à qui veut vaincre, convaincre. Pour la plus grande gloire de Dieu. On persuade davantage par les sens qu'on ne convainc par le sens" (168). Más adelante en su libro sin embargo, Pelegrín reconoce que con *El Criticón,* Gracián deja de recomendar sus agresivas, retóricas, controversiales y casi maquiavélicas tácticas para triunfar en un mundo corrupto, exhortando ahora al lector tan sólo a que viva rectamente. Ver al respecto "De l'édification à la mortification de Herós" (Pelegrín 195–216), y a Kassier (140–42). Por otro lado, consignemos que críticos como Menéndez y Pelayo, Benedetto Croce, Arturo Farinelli y T. E. May han tachado la estética gracianesca de ser brillante, pero también de decadente y confusa. Otra vertiente crítica ha intentado rescatar el conceptismo gracianesco de toda posible sombra de amoralidad, mostrando que se funda en un proyecto filosófico y ontológico de desvelar las correspondencias ocultas entre los objetos del mundo. Ver al respecto, entre otros, a Emilio Hidalgo-Serna. Sin embargo, con relación a esta última postura, el problema que vemos representado en el pasaje citado no es tanto que las figuras de la verdad no produzcan verdadero conocimiento, sino que tales figuras sean necesarias para que la verdad sea deseada.

6. Esta voluntad fragmentada, producto del pecado original, desafortunadamente no queda restituida por completo con el sacramento del bautismo. Dice Sayes en su estudio *Antropología del hombre caído:* "El hecho de que Dios nos ofrezca su gracia y de que objetivamente el hombre pueda anclarse en él como fin último no significa que quede eliminada en el hombre toda tensión o todo desequilibrio después del bautismo" (358–59).

7. Flasche sostiene una posición similar en *Die Strucktur des Auto Sacramental "Los encantos de la Culpa" von Calderón.* En este artículo, el hispanista alega que la tormenta representa las tribulaciones internas del ente dividido que es el Hombre (20–21). Es decir, la tormenta ya simboliza la caída puesto que esa lucha del hombre consigo mismo no puede ser sino producto de su pecado original. Afirma lo mismo Egido en su estudio sobre este auto (*Fábrica* 71).

8. El teólogo McGuiness opina igualmente que el bien humano que consiste de una inclinación hacia la virtud, característica natural de los seres racionales, ha disminuido a causa del pecado, aunque no ha sido completamente destruido: "Some diminution of this good is a result in man of original sin. This wound in nature is not healed in man's present state by sanctifying grace. Personal sin aggravates and deepens this wound, making further sin easier to commit and virtue more difficult to practice" (244). Es decir, la inclinación al bien ha sido y es fragmentada por el pecado original. Además, ni siquiera la gracia santificante logra erradicar por completo los residuos malévolos y fraccionantes del pecado original, lo cual hace al ser humano más propenso al pecado personal.

9. En el artículo en cuestión, "Sobre la demonología de los burladores," Egido se dedica a estudiar la seductora figura demoníaca del don Juan de Tirso, y su atractivo para el público del teatro del XVII, como bien anticipa el título. Es sorprendente, sin embargo, que la autora haga alusión al demonio miltoniano para ilustrar tal fascinación, pero que ni siquiera mencione al creativo y bello diablo-poeta del auto calderoniano, mucho más cerca al público español que el demonio del *Paraíso perdido.* El caso de la Circe del auto que estudiamos es un gran ejemplo de esa fuerza malévola, bella y exquisita.

10. En *El cisne de Apolo* (1602), Luis Alfonso de Carvallo denuncia la osadía del demonio de apropiarse de la poesía para sus fines perversos: "Porque desde el principio del mundo, el demonio procuró ser mona (como dicen) de Dios. . . . Claro está pues que no le faltaría atrevimiento para procurar ser loado, y venerado, con los versos de los poetas que para alabar a Dios fueron inventados. Y como vio el enemigo que desde el principio del mundo . . . fue escogida esta orden de concertar y medir las palabras para alabar a Dios, y manifestar sus grandezas . . . procuró este invidioso enemigo ser también celebrado con este género de alabanza y así vinieron los gentiles poetas a celebrar sus vanos dioses en sus medios versos, y del propio demonio inducidos, hacen lo mismo aquellos que ciegos de sus vanos intentos y pretensiones, se desvelan en semejantes poesías . . ." (citado en Porqueras Mayo 227). El demonio, siempre perverso y envidioso, ha procurado de hacerse alabar por la poesía que se había originado para celebrar las grandezas de Dios. Mas que el demonio intente corromper y apropiarse de aquello destinado a la alabanza divina, no es nada extraño. Lo extraño es que lo logre casi con facilidad. En el caso de la poesía, esto sugiere cierta inestabilidad en ella, cierto vacío, cierta ambigüedad, ya que no está totalmente arraigada a su origen. La poesía, aunque concebida para un fin loabilísimo, no tiene sin embargo un valor intrínseco, fijo e inconmovible, en tanto que habiéndose originado para celebrar el bien, puede terminar sirviendo al mal. Una explicación posible para esta escandalosa maleabilidad de la poesía, para su susceptibilidad a los designios perversos del demonio, para su facilidad de ser infiltrada y corrompida, es precisamente la ausencia que venimos describiendo y que recorre su bella materia lingüística, permitiéndolo operar de un modo independiente a sus referentes y enunciadores.

11. Algo muy similar propone Elias L. Rivers con respecto al conocido soneto "A una mujer que se afeitaba y estaba hermosa." Escribe: "Cosmetics, traditionally considered to be immoral, are the symbol here of human artifice; *but the charm of false physical beauty is real,* and it pervades not only the lady's boudouir, but the blue vault of Nature's heaven itself! The antithesis between Art and Nature has deliberately been destroyed here, and in its place arises a new antithesis between beauty and truth" (256; el énfasis es mío). En *Los encantos de la Culpa* estamos viendo articularse esta antítesis entre belleza y verdad, que recurre en la retórica barroca del desengaño. Además, estamos viendo que esa falsa belleza física, desgraciadamente para Ulises, tendrá efectos muy reales y funestos sobre él.

12. No obstante, es importante notar que Egido opina que en la escena en que entra la Culpa junto a la Lascivia luego de que el Hombre se ha herido con las espinas del ramillete de la Penitencia, sí se parodia el Sacramento: "La acotación indica que 'trae una salvilla, un vaso de plata, y otra una toalla al hombro' (v. 562), agniciones profanas que el espectador pondrá luego en antítesis con el ceremonial eucarístico. Pues es obvio el paralelismo que la escena ofrece con los útiles —aguamanil y toalla— que el oficiante empleaba para el lavado de manos antes de la Eucaristía y en algunos oficios especiales de la Iglesia. Acto simbólico de inocencia y pureza que aquí está siendo utilizado en forma pagana" (*Fábrica* 47). Ahora bien, si se acepta la posición de Egido, puesto que esta escena indudablemente causará placer, o por lo menos escándalo dramático, acaso sea un poco perverso que el auto deleite, encante o incluso alarme al espectador mediante la inversión paródica de los signos sagrados. Puede ser perturbador que dentro del drama que va a celebrar el sacramento de la Eucaristía, se vaya a deleitar el espectador con una representación ingeniosa de la profanación de su ceremonial. A nivel metatextual entonces, el auto sacramental estaría diseminando simbólicamente el mal que representa, al producir placer al lector/espectador con las maldades de la Culpa, aunque al mismo tiempo trate de remediar la inclinación al mal mediante ese mismo placer.

13. Si se replica que la estética teológica de Calderón no disuena en lo absoluto con la militante postura proselitista de sus maestros jesuitas, quienes no escatimaban en emplear todo tipo de recurso para evangelizar y convertir almas, no olvidemos que desde sus inicios, por alguna razón u otra, la Compañía siempre fue controversial. Fülöp-Miller, cuya admiración por los industriosos padres es indudable, afirma lo siguiente: "All along, from the sixteenth century to the present day, the Society of Jesus has been accused of having 'betrayed' the supreme good of humanity by their 'corrupt doctrine and practice.' By their system of exercises, so runs the indictment, faith in the mystical union of the soul with God has been destroyed, and replaced by mechanical drill, 'an ectasy abased and stifled by arithmetical rules.' The Jesuit endeavour to assign so great a part to the reason and the will in the perfecting of man means that the decisive importance of divine grace is denied, and the omnipotence of the Creator is replaced by the alleged omnipotence of His creatures" (470). A estas críticas de místicos, protestantes, dominicos y jansenistas se añade, según Fülöp-Miller, la acusación de que los jesuitas han degradado "de modo repugnante" la religión y doctrinas cristianas al intentar adaptarla a asuntos seculares. Al tratar de hacer los misterios de la fe más accesibles a la limitada imaginación de las masas mediante imágenes "rudas y bastas," han hecho perecer la verdadera interioridad de la fe, poniendo en su lugar un culto externo, formal y supersticioso (470–71; la traducción es mía). Ni que decirse tiene que la Compañía de Jesús ha sabido defender sus procedimientos con elocuencia y convicción. No obstante, lo que interesa apuntar aquí es únicamente que semejantes prácticas y doctrinas de los jesuitas —dentro de las cuales se incluye el satisfacer el deseo de sensualismo, espectáculo y representaciones de las masas para atraerlas al catolicismo— han sido consideradas controversiales y peligrosas incluso en el siglo XVII y a veces, hasta excesivas por los historiadores simpatizantes con la Compañía. Considérense al respecto también las siguientes palabras de A. Astrain en su apologética *Historia de la Compañía de Jesús en la Asistencia de España* en relación al teatro jesuita: ". . . ya desde 1560 era costumbre corriente en casi todos los colegios, representar diálogos, églogas, y tragedias, cuyos argumentos solían sacarse de la Historia sagrada. Con tanto ahinco se empezó a tomar este negocio del teatro, que *pronto se sintió la necesidad de poner freno, para que no se hicieran gastos excesivos* . . ." (citado en Marcos Villanueva 28; el énfasis es mío). Es sin duda interesante para este estudio el considerar que los jesuitas incurrieran, o pudieran haber temido incurrir, en excesos, incluso cuando se trataba de la fervorosa empresa de llevar a las tablas argumentos de la historia sagrada en los colegios. Es decir, aunque los padres estuviesen facilitando la comprensión y acceso a los episodios de la historia sagrada dramatizándolos, ello no garantizaba la coincidencia y propiedad plena entre sus fastuosas prácticas teatrales y el devoto discurso. Había que vigilar, controlar y supervisar hasta la intencionalidad más piadosa, porque incluso ésta podía conducir al exceso y la demasía.

14. Así lo piensa también Egido en su estudio tan citado ya en este capítulo, aunque se refiere concretamente a la penitencia: "Calderón quería mostrar, sobre todo, a los espectadores el carácter *renovable* del sacramento, la posibilidad de recibirlo tantas veces como se caiga en pecado (vv. 1.202 ss.)" (*Fábrica* 127; el énfasis es mío).

15. En términos teológicos, nunca ha sostenido la Iglesia Católica que el fiel que recibe el sacramento de la Eucaristía esté a salvo definitivamente de la culpa actual. Como afirma el teólogo Lachowski: "While man is still in the world, still in the body, he must war against sin. Likeness to Christ and spiritualization come by justification, but the battle is not over; one must still put to death one's sinful inclinations. . . . Only in the heavenly Jerusalem will the threat of sin be no more (Ap. 21.27; 22.14–15)" (241).

16. En este sentido, no estoy de acuerdo con Arellano cuando escribe que en este auto "la magia de la Culpa queda totalmente derrotada" ("Noticia" 67), en tanto que Ulises nunca cesará de estar expuesto a sus efectos, como el "¡ay de mí!" ya anticipa. La derrota total sólo puede atribuirse a la culpa original que con la redención queda borrada; no a la culpa actual que, como se ha visto, es la que figura en *Los encantos de la Culpa.*

Capítulo seis
La nave del Mercader y la economía de la violencia

1. Kurtz hace una observación muy aguda con respecto a esta superposición cuando escribe que la preeminencia de la culpa en el auto sacramental "may partially incarnate Calderón's uneasiness or guilt about his Manicheistic leanings, and thus represent the projection of an essentially personal psychomachia or psychodrama" (*Play* 184n35). Quizá estas inclinaciones maniqueístas por las cuales se inquieta tanto Calderón también tengan mucho que ver con las exigencias dramáticas y alegóricas del género, que reclama fuerzas en oposición. Estrechamente ligado a la inquietante presencia de la Culpa está también el problema de toda la irresistible belleza poética que el dramaturgo le confiere a su voz malvada. Es decir, Calderón emplea todo su talento poético e imaginativo para componer los pasajes de la Culpa, que en muchos casos pueden ser los más hermosos del auto.

2. Es de la misma opinión Kirn, quien escribe que en el Nuevo Testamento se atestigua que al individuo no se le responsabiliza por el pecado de la raza o género humano, sino sólo por su participación consciente en él. Así: "Forgiveness is not of original sin, but individual sins (Matt. vi. 12, ix. 2). *Guilt is always individual*" (438; el énfasis es mío).

3. Según Lázaro Carreter, la metonimia puede establecer relaciones sustitutivas entre la parte y el todo (que tiene el nombre de sinécdoque), así como entre lo genérico y lo específico (277). Pienso que la primera posibilidad relacional de la metonimia corresponde a la del Hombre representando la Humanidad, y la segunda a la del Hombre representando a cada individuo, miembro de esa humanidad, pero único responsable de sus actos.

4. En el quinto canon del Concilio de Trento sobre el pecado original se decreta lo siguiente: "Ahora bien, este santo concilio confiesa y piensa que continúa en los bautizados la concupiscencia o la yesca del fuego; dejada para que luchemos, no es capaz de dañar a los que no consienten, sino que resisten varonilmente con la gracia de Jesucristo. . . . Si alguno piensa lo contrario, sea anatema" (citado por Sayes 202). Es decir, aunque la humanidad como tal haya sido redimida y reconciliada con Dios por medio del bautismo y del sacrificio de Cristo, el individuo tiene que continuar luchando contra la posibilidad de caer en culpa actual a que los residuos o efectos de la original lo inclinan. Es cierto que tales inclinaciones pueden ser resistidas, pero el problema consiste en la tribulación de la lucha constante para lograrlo a que se ve sometido el individuo debido a la transgresión de la raza humana.

5. El pasaje es como sigue: "pirata, haré / presa en sus tesoros ricos; / y huracán, en elevados / montes de agua, a remolinos / de piélagos de aire, haré / echar a pique el navío" (1451b). De hecho pues el Hombre tenía cierta razón al anticipar que el viaje del Mercader por los mares del nuevo mundo supondría tribulaciones y peligros. Según este pasaje de la Culpa, la nave del Mercader va a ser blanco de su furia.

6. En la edición de Valbuena Prat aparece la "Memoria de apariencias" que escribió Calderón para este auto. Para ilustrar la magnificencia de la escena que alimentará el "deseo de ver" del espectador, cito las estipulaciones para el primer carro: " . . . ha de ser una nave, rica y hermosa, adornada de sus jarcias y velas; el farol ha de ser un cáliz grande con su hostia, y en su proa un serafín; sus flámulas y gallardetes, blancos y encarnados, pintados todos de cálices y hostias. En su árbol mayor ha de tener una elevación en que pueda subir hasta el tope una persona, y ha de dar vuelta, y tener bajada para el tablado" (Calderón 1444).

7. Kurtz propone que la originalidad de la alegoría en Calderón radica en su aspecto performativo: la alegoría hace lo que dice cuando habla sobre sí misma, sobre todo en aquellas maravillosas y lúdicas instancias en que hay un personaje que se llama Alegoría, hablando sobre lo que es la alegoría, como ocurre particularmente en la loa a *El sacro Parnaso:* "Allegory's performative utterance, creating signification in the act of defining it, suggests that saying *is* meaning, that is, signifying, conferring significance. Allegory, in 'signifying' allegory, 'signifies' allegory's radical conjunction of signifier and signified" (*Play* 60). Kurtz arguye que puesto que la alegoría no es únicamente deíctica, sino performativa, al decretarse a sí misma como conjunción entre significante y significado, se produce como tal (60). Aunque la decidida intencionalidad de la alegoría en este pasaje de hacer coincidir el significante con el significado no necesariamente tiene que resultar en la ejecución o realización de la conjunción misma, el *insight* de Kurtz es sin duda productivo porque nos representa los profundos niveles a los que llega o desea llegar el rigor retórico de Calderón. Sin embargo, dichos pasajes metatextuales tampoco son los únicos que interpretan y hablan sobre el auto. La dimensión metatextual en el auto calderoniano, en efecto más conspicua que en ningún dramaturgo anterior como afirma Kurtz, abarca muchos más momentos que esta definición del modo alegórico del auto en alguno de ellos. En el caso de *La nave del Mercader* las alusiones al arte dramático dentro del drama también constituyen una instancia metatextual en la cual se diserta sobre los efectos que produce la pieza teatral en general, y por extensión, los que realiza el auto. Un pasaje como el citado, en que se habla de una representación dramática como satisfaciendo la concupiscencia de la vista, no puede dejar de sugerir que la pieza de teatro de montaje fabuloso dentro de la cual esto se dice, en mayor o menor grado participa de dicha satisfacción.

8. Díez-Borque también reconoce esta inscripción del espectador dentro del espectáculo, aunque desde otro punto de vista y por otras razones. Díez-Borque afirma que la música en el auto tiene una función litúrgica, y en este sentido, incluye al espectador en el espectáculo como feligrés: "En la oración católica suele asociarse súplica y alabanza, según una actuación también tipificada en las relaciones humanas: para obtener el favor se alaba, se rinde culto a quien ha de otorgarlo y se autodesprecia el solicitante para realzar al destinatario de la súplica. Esta asociación se repite sistemáticamente en pasajes cantados de los autos . . . y responde a esa finalidad del mismo acto litúrgico, lo que supone una determinada forma de comunicación, de inclusión del feligrés-espectador" (53). Estoy de acuerdo con esta inclusión de la cual habla Díez-Borque, pero como estoy mostrando, hay otros aspectos de la inclusión del espectador que no son enteramente festivos y felices en tanto que se le incluye no solamente como feligrés, sino también como pecador.

9. Tomo esta frase "discursive exhibicionism" de María Cristina Quintero en *Poetry as Play: Gongorismo and the "Comedia"* (219). Remito sobre todo al séptimo capítulo del mismo en que la autora arguye que la poesía del teatro calderoniano es la culminación del uso del lenguaje culto en el espacio dramático, y analiza varias instancias de ello.

10. Como ya se ha venido insistiendo en este estudio, una de las "tensiones" del mensaje del Nuevo Testamento es la dificultad de reconciliar la proclamación de que el acto decisivo de la salvación de la historia ya se ha realizado con la encarnación de Cristo, y el hecho de que no será sino en la Segunda Venida que finalmente se establecerá de modo perfecto el reino o ciudad de Dios (Jensen 144). Pienso que esta dificultad incide en la constitución del auto calderoniano: a pesar del triunfo apoteósico del bello sacrificio y bondadosos sacramentos, el mal continuará de todos modos regresando, y el Hombre seguirá propenso a la culpa actual, con la posibilidad de condenarse por ella hasta el fin de los tiempos. Es esta presencia del regreso del mal y de la condenabilidad de la condición humana redimida uno de los elementos que desestabilizan la retórica triunfal del auto calderoniano, y que permiten considerar la estructura disyuntiva de su alegoría.

11. De hecho, el concepto teológico que soluciona la dificultad o aparente discontinuidad temporal en el texto es el de la apropiación individual del sacrificio de Cristo. Acudamos nuevamente a Jensen: "Objectively the sacrifice of Jesus, offered in the name of sinners, accomplishes total reparation and redemption; but it does not operate in an automatic way in reconciling the individual sinner to God. Each person must make the sacrifice his own, expressive of his own dispositions of contrition for sin and willingness to make reparation. . . . That Jesus intended men to appropriate His sacrifice as their own is clear from His institution of the Eucharist. In this rite the broken loaf and chalice of wine are effective signs of His body slain and His blood 'shed for many'" (142). Como veremos pronto, lo que es aceptado como fianza de la culpa actual en este auto no es la ejecución en sí del Mercader, sino el pan que trae en su nave. En este sentido, como dice Jensen, es el sacramento de la Eucaristía lo que permite la apropiación individual del sacrificio de Cristo por la humanidad.

12. Por sus efectos y eficacia, la Eucaristía es considerada un prodigio dentro de la tradición religiosa patrística y popular. Cilveti sitúa el concepto de la Eucaristía dentro de una teoría de lo verosímil maravilloso: "El funcionamiento de la imaginación dentro de los límites del concepto de la Eucaristía y de otros con él relacionados es artísticamente viable bajo el supuesto de compatibilidad entre lo verosímil basado en el poder sobrenatural que posibilita la verdad de esos conceptos y lo maravilloso (milagroso, prodigioso) de la misma verdad contemplados desde el punto de vista de la naturaleza" ("Verosímil maravilloso" 139).

13. "En la obra *El nuevo hospicio de los pobres,*" escribe Flasche, "el Hombre se dirige a Dios diciendo: 'Al ver que yo soy yo, / y Tú eres Tú, arrepentido / piedad a tus plantas pido.' Calderón hace ver en estos versos cómo el hombre que reconoce su debilidad y la grandeza de Dios suplica, lleno de arrepentimiento, la misericordia de su creador todopoderoso. El dramaturgo admirablemente familiarizado con la teología dice a menudo que Dios no pretende la muerte del pecador, sino su arrepentimiento. Al hacer esta afirmación, el autor de las maravillosas obras del Siglo de Oro caracteriza al Rey de los Reyes como infinitamente misericordioso, como una esencia dispuesta a la bondad absoluta, ontológica" ("Arrepentimiento" 180). Cada vez que el hombre se arrepienta, ciertamente recibirá el perdón del creador. La economía del arrepentimiento tal y como queda representada en *La nave* no pone en duda la infinita bondad de Dios. No obstante, el atroz sufrimiento a que se ve el Hombre sometido y que eventualmente lo conduce a arrepentirse, tampoco se representa como algo que se merezca por completo. Es también verdad que "la culpa queda anulada por el arrepentimiento" (Flasche, "Arrepentimiento" 182), pero no la necesidad de continuar luchando contra la constante posibilidad de recaer en ella. El bondadoso perdón que invariablemente se le conferirá al Hombre cada vez que se arrepienta de sus pecados no pone fin a las tribulaciones a que está sometido, las cuales no son todas resultado o consecuencia de su culpa individual. Esto no contradice la visión de la bondad divina que representa Flasche, pero sí problematiza el grado de culpabilidad del recipiente de las bondades del perdón.

Capítulo siete
Distancia, compulsión y diferencia en *Lo que va del Hombre a Dios*

1. Recuérdese que Jesucristo, por su naturaleza divina, tenía conocimiento de todas las cosas que se habían desarrollado, se desarrollaban y se desarrollarían en el tiempo: "Cuando se pregunta si Cristo conoció en el Verbo todas las cosas, se puede entender ese 'todas las cosas' de dos maneras. Primera, en sentido propio, entendiendo todo lo que es, fue o será dicho, hecho o pensado por quienquiera que sea y en cualquier tiempo. En este sentido es cierto que el alma de Cristo conoce en el Verbo todas las cosas. Una inteligencia creada, en efecto, conoce en el Verbo no todo absolutamente, sino tantas más cosas cuanto más perfectamente conoce al Verbo; de tal manera, empero, que ningún bienaventurado está privado de conocer en el Verbo todo cuanto guarda relación con él. Ahora bien, todas las cosas dicen de algún modo relación a Cristo y a su dignidad, porque todas las cosas le están sometidas. . . . Por esto, el alma de Cristo conoce en el Verbo todas las cosas existentes en cualquier tiempo, incluso los pensamientos de los hombres cuyo juez es" (Santo Tomás de Aquino, *Suma teológica* 438; 3.10.2). Las preguntas 9, 11 y 12 son también pertinentes a este punto.

2. Fue San Agustín quien en su polémica con los maniqueístas encontró la solución al problema del mal que la Iglesia generalmente ha aceptado. El mal no tiene existencia independientemente ni tampoco ha sido creado por Dios, quien es un ente totalmente bueno. El mal es la ausencia del bien y entra en el mundo mediante la voluntad: "Que nadie se empeñe en buscar una causa eficiente de la mala voluntad. No es eficiente la causa, sino deficiente, puesto que la mala voluntad no es una eficiencia, sino una deficiencia. Así es: apartarse de lo que es en grado supremo para volverse a lo que es en menor grado; he ahí el comienzo de la mala voluntad. Querer encontrar las causas de estas defecciones, dado que no son eficientes, sino deficientes; es como si alguien quisiera ver las tinieblas u oír el silencio" (San Agustín, *Ciudad de Dios* 767; 12.7). En el auto sacramental, por ser un género dramático, la concepción del mal como ausencia del bien es muy difícil de asumir.

3. Imprescindible es hacer mención de Quevedo, quien con su acostumbrada perspicacia, a veces algo viperina, ya había observado el enorme poder que se le confiere a Lucifer en el auto sacramental. En el "Sueño de la muerte," dice la mujer de un mal poeta a otras señoras difuntas, en relación a sus antiguas rencillas matrimoniales: "Donde mayores voces tuvimos, que casi me quise descasar, fue sobre los autos del Corpus. Decíale yo: 'Hombre del diablo, ¿es posible que siempre en los autos del Corpus ha de entrar el diablo con grande brío, hablando a voces, gritos y patadas, *y con un brío que parece que todo el teatro es suyo,* y poco para hacer su papel, como quien dice ¡Huela la casa al diablo!, y Cristo muy encogido, que parece que apenas echa la habla por la boca? Por vida vuestra que hagáis un auto donde el diablo no diga esta boca es mía; y pues tiene por qué callar, no hable'" (Quevedo 390; el énfasis es mío). McGarry hace referencia a este pasaje en su estudio ya citado (*Allegorical Language* 39).

4. Como ya se indicó antes, la *ignorantiae malae electionis* es: "When one does not consider, or takes no trouble or care to acquire the knowledge one ought to have." Toma el término Parker de la *Suma teológica* 1.2.6 ("The Devil" 18).

5. No sólo es la dimensión metatextual conspicua en los autos calderonianos, sino en toda su dramaturgia. Se ha tasado en 65 por ciento el número de textos dramáticos calderonianos en que hay ruptura de la ilusión dramática mediante algún tipo de autorreferencia (Hernández-Araico 72).

6. Como el parlamento citado del Placer ya implica una fractura entre el deleite del texto y el significado teológico, acaso no sea enteramente apropiado considerar el estado del Placer en esta escena como uno de "pre-lapsarian innocence, a kind of typological re-creation of Edenic contentment" como se ha propuesto en artículos recientes sobre *Lo que va del Hombre a Dios* (Kurtz, "Guilty Pleasure" 80).

7. Cilveti apunta que el demonio de *Lo que va del Hombre a Dios* "se sirve de la Muerte y del Apetito . . . con el resultado de que su acción es indirecta, o bien actúa con personalidad diferente de la del demonio, como 'hábito de la Culpa'" (*Demonio* 187). Es decir, el "hábito de la Culpa" que arrastra de nuevo hacia la caída, es una operación, aunque indirecta, del demonio. Ello implica que las fuerzas del mal no han sido derrotadas incluso a pesar de que el Príncipe "de la antigua esclavitud / . . . [redimió] el infame fuero, / a la primera alegría / de su salud reduciendo / todos los hijos de Adán" (276a).

8. La compulsión al mal de la que hablamos aquí se parece a las compulsiones que surgen del inconsciente porque en ambos casos puede pensarse que el Hombre es habitado por fuerzas que no domina. Sullivan propone la idea de que en sus autos "Calderón está esbozando una teoría premoderna de psicoanálisis paradigmático" ("Psicoanálisis" 617). La lucha entre las facultades del Hombre calderoniano anticipa para Sullivan la descripción de la vida psíquica que hacen Freud y Lacan. Aunque en *Lo que va del Hombre a Dios* no hay psicomaquia propiamente hablando, sí hay un comportamiento compulsivo, repetitivo, incontrolable de parte del Hombre que, leyendo el auto desde un discurso psicoanalítico, pudiera vincularse a los impulsos terribles del inconsciente.

9. *Diccionario histórico de la lengua española* 318. Curiosamente, apenas se documenta el uso de *bosquejo* en el siglo XVII aunque Calderón usa el vocablo por lo menos diez veces en sus autos. Pienso sin embargo que la definición que ofrece el *Diccionario* muy bien puede ser uno de los sentidos figurativos en que emplea Calderón *bosquexo,* debido a sus alusiones constantes a la pintura, y también a la manera en que aparece en otros autos, casi siempre haciendo referencia a la vista.

10. Fundo este aserto sobre el "tremendo día" como alusión al Juicio final no sólo en la evidencia del texto, sino también en la opinión de Valbuena Prat en su introducción a este auto. Piensa que *Lo que va del Hombre a Dios* pudo haber sido también el auto del Juicio final que aparece en los avisos de Pellicer sobre los autos de ese año: "No se me oculta que hay aspectos siguientes que no parecen propios del Juicio final, sino del particular de los hombres [en *Lo que va del Hombre a Dios*]; pero no hay que olvidar que se trata de una obra alegórica y de que Calderón, en esa fecha, hallándose en la plenitud del sentido dramático y escénico, no poseía la precisión doctrinal de los autos posteriores a 1650. En todo el aparato de este Juicio trascendental hace el efecto de que pudo la obra, ante el público en general, ser llamada con ese nombre" (en Calderón 271).

11. En el libro 21, artículo 24 de *Ciudad de Dios,* San Agustín afirma que ni siquiera los santos ni la Iglesia podrán interceder por los pecadores en el Juicio final. La Iglesia reza por todos mientras estén vivos, pero una vez muertos o llegado el fin de los tiempos, ya su suerte está echada porque no hay posibilidad de cambio o arrepentimiento.

12. Cilveti aduce que esta recaída se representa a base de la parábola del siervo que no supo perdonar a su consiervo. Aparece en Mateo 18. 21–34 (*Demonio* 89).

13. La atrición o el arrepentimiento por temor al castigo es una forma imperfecta de repudiar el pecado. Se opone a la contrición, que es el arrepentirse por caridad, por el dolor de haber ofendido a Dios. El término atrición fue utilizado por primera vez por Alan de Lille en *Regulae sacra theologia.* En el mejor de los casos, la atrición fue considerada por los teólogos como una preparación para la verdadera contrición. El Concilio de Trento, en su decimocuarta sesión, declaró que la atrición no justifica al pecador, pero lo dispone para recibir la gracia de Dios en el sacramento de la penitencia. El Concilio dispone además que la atrición debe excluir la voluntad de pecar y debe acompañarse de la esperanza del perdón (de Letter 280). Así, el arrepentimiento de la Naturaleza es aceptable incluso aunque sea por miedo al castigo, pero es un arrepentimiento imperfecto.

14. "En lo bajo del carro de la cárcel se ve al Hombre, en prisiones, y al Pobre, sentado en lo alto a una mesa, en trono real, con el Santísimo Sacramento en ella" (Calderón 297a).

15. En el caso del Hombre, al quedar el Pobre como heredero, la transformación es a la inversa: del nivel o sentido de lo común, que es lo que ha permitido la personificación alegórica, el Hombre se vuelve particular, individuo, que es el sentido concreto del sustantivo (Valesio 18). Este regreso a lo particular, en el caso del Hombre, también significa entonces el abandono del sentido alegórico.

16. Aunque Milton y Calderón sostuvieron posiciones religiosas muy diferentes, sería una limitación no ver que a pesar de ello coinciden ambos en la producción de lo que Joseph Summers denomina "the technique of the 'guilty reader'" (citado en Fish 2). En el caso de Calderón, claro, no es sólo un lector, sino también un espectador culpable. Tal culpabilidad radica precisamente en el apego a la forma que tanto poema como auto suscitan en el lector/espectador, al mismo tiempo que muestran la necesidad de su renuncia.

Obras citadas

Abel, Lionel. *Metatheater: A New View of Dramatic Form.* New York: Hill, 1963.

Abrams, Meyer H. "Structure and Style in the Greater Romantic Lyric." *From Sensibility to Romanticism: Essays Presented to Frederick A. Pottle.* Ed. Frederick W. Hilles and Harold Bloom. Oxford: Oxford UP, 1970. 527–60.

Agustín, San, Obispo de Hipona. *Sobre la doctrina cristiana. Obras de San Agustín.* Vol. 15. Biblioteca de Autores Cristianos. Madrid: Católica, 1979. 45–285.

———. *La ciudad de Dios.* 2 vols. *Obras de San Agustín.* Biblioteca de Autores Cristianos. Madrid: Católica, 1977.

———. *Confesiones.* Trad. Francisco Montes de Oca. México: Porrúa, 1975.

———. *The Problem of Free Choice.* Trans. Dom Mark Pontifex. New York: Newman, 1955.

Alborg, Juan. *Historia de la literatura española.* 2 vols. Madrid: Gredos, 1977.

Allen, Don C. *Mysteriously Meant: The Rediscovery of Pagan Symbolism and Allegorical Interpretation in the Renaissance.* Baltimore: Johns Hopkins, 1970.

Alonso, Dámaso. *Estudios y ensayos gongorinos.* Madrid: Gredos, 1960.

Alonso, Dámaso, y Carlos Bousoño. "La correlación en la estructura del teatro calderoniano." *Seis calas en la expresión literaria española.* Madrid: Gredos, 1951. 115–86.

Andioc, René. *Teatro y sociedad en el Madrid del siglo XVIII.* Madrid: Fundación Juan March, 1976.

Amadei-Pulice, María Alicia. *Calderón y el Barroco: exaltación y engaño de los sentidos.* Purdue University Monographs in Romance Languages 31. Amsterdam-Philadelphia: Benjamins, 1990.

Arellano, Ignacio. "El divino Jasón: noticia introductoria." *El divino Jasón.* Por Pedro Calderón de la Barca. Pamplona: U de Navarra; Kassel: Reichenberger, 1992. 57–133.

Arellano, Ignacio, y Angel L. Cilveti, eds. *Bibliografía crítica para el estudio del auto sacramental, con especial atención a Calderón.* Pamplona: U de Navarra; Kassel: Reichenberger, 1994.

Arias, Ricardo. *The Spanish Sacramental Plays.* Boston: Twayne, 1980.

Aristotle. *The Poetics.* Trad. W. Hamilton Fyfe. Loeb Classical Library. London: Heinemann, 1927. 3–117.

Obras citadas

Auerbach, Erich. "Figura." *Scenes from the Drama of European Literature.* Gloucester, MA: Smith, 1973. 11–76.

Bakhtin, Mikhail. *Rabelais and His World.* Trad. Helen Iswolsky. Cambridge: MIT P, 1965.

Baldick, Chris. *The Concise Oxford Dictionary of Literary Terms.* Oxford: Oxford UP, 1990.

Barney, Stephen A. *Allegories of History, Allegories of Love.* Hamden, CT: Shoe String-Archon, 1979.

———. "Allegory." *Dictionary of the of the Middle Ages.* Vol 1. New York: Scribner's, 1982. 178–86.

Barthes, Roland. *Le Plaisir du texte.* Paris: Seuil, 1973.

Baudrillard, Jean. *Seduction.* Trad. Brian Singer. New York: St. Martin's, 1990.

———. *Selected Writings.* Ed. Mark Poster. Stanford: Stanford UP, 1988.

Benjamin, Walter. *The Origin of German Tragic Drama.* Trad. John Osborne. London: New Left, 1977.

Bloomfield, Morton. "Allegory as Interpretation." *New Literary History* 3 (1972): 301–17.

———. "A Grammatical Approach to Personification Allegory." *Modern Philology* 60 (1963): 161–71.

Bryans, John V. *Calderón de la Barca: Imagery, Rhetoric, and Drama.* London: Tamesis, 1977.

Calderón de la Barca, Pedro. *Autos sacramentales.* Vol. 3 de *Obras completas.* Prólogo y notas por Angel Valbuena Prat. Madrid: Aguilar, 1967.

Cascardi, Anthony J. "*Comedia* and *Trauerspiel:* On Benjamin and Calderón." *Comparative Drama* 16 (1982): 1–11.

Caserio, Robert L. "'A Pathos of Uncertain Agency': Paul de Man and Narrative." *Journal of Narrative Technique* 20 (1990): 195–209.

Charity, A. C. *Events and Their Afterlife: The Dialectics of Christian Typology in the Bible and in Dante.* Cambridge: Cambridge UP, 1966.

Checa, Jorge. *Gracián y la imaginación arquitectónica: espacio y alegoría de la Edad Media al Barroco.* Potomac, MD: Scripta Humanistica, 1986.

———. "*El divino Narciso* y la redención del lenguaje." *Nueva Revista de Filología Hispánica* 38 (1990): 197–217.

Cilveti, Angel. *El demonio en el teatro de Calderón.* Valencia: Albatros, 1977.

———. "Teología dramatizada y teología dramática en los autos de Calderón." *Boletín Bibliográfico Menéndez y Pelayo* 45 (1989): 139–77.

———. "Los autos de Calderón a la luz de la teoría de lo verosímil maravilloso." *Actas del VIII Congreso de la Asociación Internacional de Hispanistas.* Ed. A. D. Kosoff, J. Amor y Vázquez, R. H. Kosoff y G. W. Ribbans. Madrid: Istmo, 1986. 137–43.

Cotarelo y Mori, Emilio. *Ensayo sobre la vida y obras de don Pedro Calderón de la Barca.* Madrid: Tipografía de la Revista de Archivos y Museos, 1924.

Covarrubias Orozco, Sebastián de. *Tesoro de la Lengua Castellana o Española.* Ed. Martín de Riquer. Barcelona: Horta, 1943 (según la edición publicada en Madrid, 1611).

Cowan, Bainard. "Walter Benjamin's Theory of Allegory." *New German Critique* 22 (1981): 109–22.

Cuervo, P. Manuel. "Introducción a la Cuestión I: conveniencia de la Encarnación." *Suma teológica.* Por Tomás de Aquino. Vol. 11. Biblioteca de Autores Cristianos. Madrid: Católica, 1960. 14–67.

Curtius, Ernst Robert. *European Literature and the Latin Middle Ages.* Trad. Willard E. Trask. Bollingen Series 36. Princeton: Princeton UP, 1973.

Darbord, Michel. "La expresión alegórica de la peregrinación humana en *La vida es sueño* (auto) de Calderón." *Estudios sobre Calderón.* Ed. Alberto González Navarro. Salamanca: Ediciones U de Salamanca, 1988. 33–39.

Danker, Frederick E. "Emblematic Technique in the *auto sacramental:* Calderón's *No hay más fortuna que Dios.*" *Comparative Drama* 6 (1972): 40–50.

Dante Alighieri. *El convivio.* Trad. Cipriano Rivas Cherif. Buenos Aires: Austral, 1948.

de la Granja, Agustín. "La música como mecanismo de la tentación diabólica en el teatro del siglo XVII." *Cuadernos del teatro clásico* 3 (1989): 79–94.

de Letter, Prudent. "Contrition." *New Catholic Encyclopedia.* Vol. 4. New York: McGraw, 1967. 278–83.

de Man, Paul. "The Rhetoric of Temporality." *Blindness and Insight: Essays in the Rhetoric of Contemporary Criticism.* 2ª ed. rev. Minneapolis: U of Minnesota P, 1983. 187–228.

———. "The Task of the Translator." *The Resistance to Theory.* Minneapolis: U of Minnesota P, 1986. 73–105.

Derrida, Jacques. *La Dissémination.* Paris: Seuil, 1972.

Derrida, Jacques. *Marges de la philosophie.* Paris: Minuit, 1972.

Díaz Balsera, Viviana. "*El jardín de Falerina* de Calderón y la escritura de Lucifer." *Revista de Estudios Hispánicos* 28 (1994): 141–62.

Diccionario histórico de la lengua española. Madrid: Real Academia Española, 1992.

Dietz, Donald D. "Conflict in Calderón's Autos Sacramentales." *Approaches to the Theater of Calderón.* Ed. Michael McGaha. Washington: UP of America, 1982. 175–86.

———. "Liturgical and Allegorical Drama: The Uniqueness of Calderón's Auto Sacramental." *Calderón de la Barca at the Tercentenary: Comparative Views.* Ed. Wendell M. Aycock y Sydney P. Cravens. Lubbock: Texas Tech UP, 1982. 71–78.

———. *The Auto Sacramental and the Parable in Spanish Golden Age Literature.* Chapel Hill: U of North Carolina P, 1973.

Díez-Borque, José María. *Una fiesta sacramental barroca.* Madrid: Taurus, 1983.

Durán, Manuel, y Roberto González-Echevarría. *Calderón y la crítica: historia y antología.* 2 vols. Madrid: Gredos, 1976.

Eagleton, Terry. *Walter Benjamin, or Towards a Revolutionary Criticism.* London: Verso, 1981.

Egido, Aurora. *La fábrica de un auto sacramental: "Los encantos de la Culpa."* Salamanca: U de Salamanca, 1982.

———. "Sobre la demonología de los burladores (De Tirso a Zorrilla)." *Iberoromania* 26 (1978): 19–40.

Elliot, John H. *Imperial Spain: 1469-1716.* New York: St. Martin's, 1964.

Entwistle, William J. "La controversia en los autos de Calderón." *Nueva Revista de Filología Hispánica* 2 (1948): 223–38.

Ferrater Mora, José. "The World of Calderón." *Hispanic Review* 52 (1984): 1–17.

Fish, Stanley. *Surprised by Sin.* Berkeley: U of California P, 1967.

Flasche, Hans. "Calderón als Paraphrast mittelältlicher Hymnen." *Medium Ævum Romanicum (Festschrift für Hans Rheinfelder).* Ed. Heinrich Bihler y Alfred Noyer-Weidner. Münich: Hueber, 1963. 87–119.

———. "Antiker Mythos in christlicher Umprägung: Andrómeda und Perseus bei Calderón." *Romantisches Jahrbuch* 16 (1965): 290–317.

———. *Die Struktur des Auto Sacramental "Los encantos de la Culpa" von Calderón.* Köln y Opladen: Westdeutscher, 1968.

———. "Elementos teológicos constitutivos en el Auto Sacramental *El Sacro Parnaso.*" *Actas del Congreso Internacional sobre Calderón y el teatro español del Siglo de Oro.* Vol. 1. Madrid: C.S.I.C., 1983. 39–49.

———. "El tema del arrepentimiento en Calderón." *Iberoromania* 23 (1986): 174–84.

Fletcher, Angus. *Allegory: The Theory of a Symbolic Mode.* Ithaca: Cornell UP, 1964.

Flecniakoska, Jean-Louis. *La Formation de l'"auto" religieux en Espagne avant Calderón (1550–1635).* Montpellier: P. Déhan, 1961.

———. "Les Rôles de Satan dans les pièces du Códice de Autos Viejos." *Revue des Langues Romanes* 74 (1963): 195–207.

———. "Les Rôles de Satan dans los *autos* de Lope de Vega." *Revue Hispanique* 66 (1964): 33–42.

Fothergill-Payne, Louise. *La alegoría en los autos y farsas anteriores a Calderón.* London: Támesis, 1977.

———. "The Jesuits as Masters of Rhetoric and Drama." *Revista Canadiense de Estudios Hispánicos* 10 (1986): 375–87.

Frank, Robert Worth. "The Art of Reading Medieval Personification-Allegory." *A Journal of English Literary History* 20 (1953): 237–50.

Frutos, Eugenio. *La filosofía de Calderón en sus autos sacramentales.* Zaragoza: C.S.I.C., 1952.

Frye, Northrop. "Allegory." *Princeton Encyclopedia of Poetry and Poetics.* Ed. A. Preminger. Princeton: Princeton UP, 1965. 12–15.

———. *Anatomy of Criticism.* Princeton: Princeton UP, 1957.

Fülöp-Miller, René. *The Power and Secret of the Jesuits.* Trad. F. S. Flint y D. F. Tait. New York: Viking, 1930.

Gadamer, Hans-Georg. *Truth and Method.* 2ª rev. ed. Trad. rev. Joel Weinsheimer y Donald G. Marshall. New York: Continuum, 1994.

García de Diego, Vicente. *Diccionario etimológico español e hispánico.* Madrid: Espasa-Calpe, 1985.

García Lorenzo, Luciano, ed. *Actas del Congreso Internacional sobre Calderón y el teatro español del Siglo de Oro.* Madrid: C.S.I.C., 1983.

García Ruiz, Víctor. "Los autos sacramentales en el XVIII: un panorama documental y otras cuestiones." *Revista Canadiense de Estudios Hispánicos* 19 (1994): 61–82.

Gasché, Rodolphe. "Saturnine Vision and the Question of Difference: Reflections on Walter Benjamin's Theory of Language." *Studies in Twentieth Century Literature* 11 (1986): 69–90.

Geffcken, J. "Allegory, Allegorical Interpretation." *Encyclopedia of Religion and Ethics.* Ed. James Hastings. Vol. 1. New York: Scribner's, 1913. 327–31.

González-Echevarría, Roberto. "Monstruo de una especie y otra: *La vida es sueño*, III, 2, 725." *Co-textes* 3 (1982): 27–58.

González Pedroso, Eduardo, ed. *Autos sacramentales desde su origen hasta fines del siglo XVII.* 2ª ed. Biblioteca de Autores Españoles 58. Madrid: Atlas, 1952.

Gracián, Baltasar. *Agudeza y arte de ingenio.* 4ª ed. Madrid: Austral, 1957.

Green, Otis H. *Spain and the Western Tradition.* Vol. 4. Madison: U of Wisconsin P, 1968.

Greene, R. H. "Dante's 'Allegory of the Poets' and the Medieval Theory of Poetic Fiction." *Comparative Literature* 9 (1957): 118–28.

Hartman, Geoffrey H. "Romanticism and Anti-Self-Consciousness." *Centennial Review* 6 (1962): 553–65.

Hatzfeld, Helmut. *Estudios sobre el barroco.* Madrid: Gredos, 1964.

Hauser, Arnold. *The Social History of Art.* Vol. 2. New York: Vintage, 1951.

Hernández, Mario. "La polémica de los autos sacramentales en el siglo XVIII: la Ilustración frente al Barroco." *Revista de Literatura* 42 (1980): 185–220.

Hernández-Araico, Susana. *Ironía y tragedia en Calderón.* Potomac, MD: Scripta Humanistica, 1986.

Hidalgo-Serna, Emilio. *El pensamiento ingenioso en Baltasar Gracián.* Barcelona: Anthropos, 1993.

Hillach, Ansgar. "El auto sacramental calderoniano considerado en su relieve histórico-filosófico." *Hacia Calderón: Quinto Coloquio Anglogermano, Oxford, 1978.* Ed. Hans Flasche y R. D. F. Pring-Mill. Wiesbaden: Steiner, 1982. 20–29.

Hollander, Robert. *Allegory in Dante's "Commedia."* Princeton: Princeton UP, 1969.

Homan, Sydney. *When Theater Turns to Itself: The Aesthetic Metaphor in Shakespeare.* London: Bucknell UP, 1981.

Jacobs, Carol. "Allegories of Reading Paul de Man." *Reading de Man Reading.* Ed. Lindsay Waters y Wlad Godzich. Minneapolis: U of Minnesota P, 1989. 105–18.

Jakobson, Roman. "What Is Poetry?" *Language in Literature.* Ed. Krystuna Pomorska y Stephen Rudy. Cambridge: Harvard UP, 1987. 368–78.

Jauss, Hans Robert. "Levels of Identification of Hero and Audience." *New Literary History* 5 (1974): 283–317.

Jensen, Joseph Norman. "Redemption (In the Bible)." *New Catholic Encyclopedia.* Vol. 12. New York: McGraw, 1967. 136–44.

Kassier, Theodore L. *The Truth Disguised: Allegorical Structure and Technique in Gracián's "Criticón."* London: Tamesis, 1976.

Kierkegaard, Søren. *The Concept of Dread.* Trad. Walter Lowrie. Princeton: Princeton UP, 1957.

Kirn, O. "Sin." *The New Schaff-Herzog Encyclopedia of Religious Knowledge.* 13 vols. New York: Funk, 1908–c1914. 10: 432–39.

Krieger, Murray. "'A Waking Dream': The Symbolic Alternative to Allegory." *Allegory, Myth and Symbol.* Ed. Morton Bloomfield. Cambridge: Harvard UP, 1981. 1–22.

Kurtz, Barbara E. "Illusions of Power: Calderón de la Barca, the Spanish Inquisition, and the Prohibition of *Las órdenes militares* (1662–1671)." *Revista Canadiense de Estudios Hispánicos* 18 (1994): 189–217.

———. *The Play of Allegory in the Autos sacramentales of Calderón de la Barca.* Washington, DC: Catholic U of America P, 1990.

———. "Guilty Pleasure: The Comic, the Sacred, and 'Placer(es)' in the *Autos Sacramentales* of Calderón de la Barca." *Texto y espectáculo.* Ed. Arturo Pérez Pisonero y Ana Semidey-Torres. El Paso: UTEP, 1991. 79–93.

Lachowski, Joseph Michael. "Sin (In the Bible)." *New Catholic Encyclopedia.* Vol 13. New York: McGraw, 1967. 236–41.

Latham, Charles S. *A Translation of Dante's Eleven Letters.* Boston: Houghton, 1891.

Lázaro Carreter, Fernando. *Diccionario de términos filológicos.* Madrid: Gredos, 1962.

León, Pedro. "La puesta en escena de las dos versiones de *El divino Orfeo* de Calderón." *Hacia Calderón: Séptimo Coloquio Anglogermano, Cambridge, 1984.* Ed. Hans Flasche. Wiesbaden: Steiner, 1985. 146–57.

Le Van, Richard. "Theme and Metaphor in the Auto Historial: Calderón's *Los encantos de la Culpa.*" *Approaches to the Theater of Calderón.* Ed. M. McGaha. New York: UP of America, 1982. 187–97.

Lewis, C. S. *The Allegory of Love: A Study in the Medieval Tradition.* Oxford: Clarendon, 1936.

Magliola, Robert. *Derrida on the Mend.* West Lafayette, IN: Purdue UP, 1984.

Maravall, José Antonio. *La cultura del barroco: análisis de una estructura histórica.* Barcelona: Ariel, 1975.

———. *Teatro y literatura en la sociedad barroca.* Madrid: Seminario y Ediciones, 1972.

Marcos Villanueva, Balbino. *La ascética de los jesuitas en los autos sacramentales de Calderón.* Deusto: U de Deusto, 1973.

May, T. E. "Gracian's Idea of the *Concepto.*" *Hispanic Review* 18 (1950): 15–41.

Mazzota, Giuseppe. *Dante, Poet of the Desert.* Princeton: Princeton UP, 1979.

McGaha, Michael, ed. *Approaches to the Theater of Calderón.* Washington, DC: UP of America, 1982.

McGarry, Francis. *The Allegorical and Metaphorical Language in the Autos Sacramentales of Calderón.* Washington, DC: Catholic U of America P, 1937.

McGuiness, Joseph Ignatius. "Sin (Theology of)." *New Catholic Encyclopedia.* Vol. 13. New York: McGraw, 1967. 241–45.

Menéndez y Pelayo, Marcelino. *Calderón y su teatro.* 3ª ed. Madrid: Pérez Dubrull, 1884.

———. *Historia de las ideas estéticas en España.* Vol. 3. Madrid: C.S.I.C., 1940.

Menocal, Maria Rosa. *Writing in Dante's Cult of Truth from Borges to Boccaccio.* Durham, NC: Duke UP, 1991.

Mileur, Jean-Pierre. "Allegory and Irony: 'The Rhetoric of Temporality' Re-examined." *Comparative Literature* 38 (1986): 329-36.

Miller, John Hillis. "The Two Allegories." *Allegory, Myth and Symbol.* Ed. Morton Bloomfield. Cambridge: Harvard UP, 1981. 355–70.

Mineo, Nicolò. *Profetismo e apocalittica in Dante.* Catania, It.: U di Catania, 1968.

Mourant, John A. "Scientia Media and Molinism." *The Encyclopedia of Philosophy.* Vol. 7. Ed. Paul Edwards. New York: Macmillan, 1967. 338–39.

Muñiz, Francisco. "Introducción a la Cuestión I: de la ciencia teológica." *Suma teológica.* Por Tomás de Aquino. Vol. 1. Biblioteca de Autores Cristianos. Madrid: Católica, 1957. 25–56.

Murrin, Michael. *The Veil of Allegory: Some Notes Towards a Theory of Allegorical Rhetoric in the English Renaissance.* Chicago: U of Chicago P, 1969.

Nardi, Bruno. "I sensi delle Scritture." *Nel mondo di Dante.* Roma: Edizioni di Storia e Letteratura, 1944. 55–61.

Neumeister, Sebastián. "Las bodas de España: alegoría y política en el auto sacramental." *Hacia Calderón: Quinto Coloquio Anglogermano, Oxford, 1978.* Ed. Hans Flasche y R. D. F. Pring-Mill. Wiesbaden: Steiner, 1982. 30–41.

Oriel, Charles. "Reading the Writing on the Wall: Logocentrism and the Metaphysics of Presence in Calderón's *La cena del Rey Baltasar.*" *Gestos* 13 (1992): 23–36.

Orozco Díaz, Emilio. *El teatro y la teatralidad en el Barroco.* Barcelona: Planeta, 1965.

———. "Sentido de continuidad espacial y desbordamiento expresivo en el teatro de Calderón: el soliloquio y el aparte." *Actas del Congreso sobre Calderón.* Vol. 1. Madrid: C.S.I.C., 1983. 125–64.

———. *Introducción al Barroco.* Granada: U de Granada, 1988.

Pagés, Aniceto de. *Gran Diccionario de la Lengua Castellana (de Autoridades).* 5 vols. Barcelona: Europeoamericana, 1917.

Páramo Pomareda, Jorge. "Consideraciones sobre los autos mitológicos de Calderón de la Barca." *Thesaurus* 12 (1957): 51–80.

Parker, Alexander A. *Los autos sacramentales de Calderón de la Barca.* Trad. Francisco García Sarriá. Barcelona: Ariel, 1983. Publ. orig. como *The Allegorical Drama of Calderón: An Introduction to the Autos Sacramentales.* Oxford: Dolphin, 1943.

———. "The Devil in the Drama of Calderón." *Critical Essays on the Theatre of Calderón.* Ed. Bruce Wardropper. New York: New York UP, 1965. 3–23.

———. "Calderón, el dramaturgo de la Escolástica." *Revista de Estudios Hispánicos* 5 (1935): 393–420.

———. "Notes on the Religious Drama in Mediaeval Spain and the Origins of the 'Auto Sacramental.'" *Modern Language Review* 30 (1935): 170–82.

Payen, J.-Ch. "Genèse et finalités de la pensée allégorique au Moyen Age." *Revue de Métaphysique et Morale* 78 (1973): 466–79.

Paz, Octavio. *Sor Juana Inés de la Cruz o las trampas de la fe.* Barcelona: Seix Barral, 1989.

Pelegrín, Benito. *Ethique et esthétique du baroque.* Arles: Actes Sud, 1985.

Pensky, Max. *Melancholy Dialectics: Walter Benjamin and the Play of Mourning.* Amherst: U of Massachussetts P, 1993.

Pépin, Jean. *Mythe et allégorie: Les Origins grécs et les contestations judéo-chrétiennes.* Aubier: Montaigne, 1958.

Pérez Pastor, Cristóbal. *Documentos para la biografía de don Pedro Calderón de la Barca.* Madrid: Estab. Tip. de Fortanet, 1905.

Peterman, Eugene L. "Redemption (Theology of)." *New Catholic Encyclopedia*. Vol. 12. New York: McGraw, 1967. 144–60.

Pfandl, Ludwig. *Historia de la literatura nacional española en la Edad de Oro*. Trad. B. Jorge Rubió. Barcelona: Juan Gili, 1933. Versión original de 1929.

Pollin, Alice. "Calderón de la Barca and Music: Theory and Examples in the *Autos* (1675–81)." *Hispanic Review* 41 (1973): 362–70.

———. "Calderón's 'Falerina' and Music." *Music and Letters* 49 (1968): 317–28.

Porqueras Mayo, Alberto. *La teoría poética en el renacimiento y manierismo españoles*. Barcelona: Puvill, s.f.

Potter, Robert. *The English Morality Play*. London: Routledge, 1975.

Pring-Mill, Robert. "Los calderonistas de habla inglesa y *La vida es sueño:* métodos del análisis temático-estructural." *Litterae Hispanae et Lusitanae (Festschrift zum Funzigjährigen Bestehen des Ibero-Amerikanischen Forschung-Institut der Universität Hamburg)*. Ed. Hans Flasche. München: Hueber, 1968. 369–413.

Quevedo, Francisco de. *Los sueños*. Ed. Ignacio Arellano. Madrid: Cátedra, 1991.

Quilligan, Maureen. "Allegory, Allegoresis, and the Deallegorization of Language: The *Roman de la rose*, the *De Planctu naturae*, and the *Parlement of Foules*." *Allegory, Myth and Symbol*. Ed. Morton Bloomfield. Cambridge: Harvard UP, 1981. 163–86.

Quintero, María Cristina. *Poetry as Play: Gongorismo and the "Comedia."* Purdue University Monographs in Romance Languages 38. Amsterdam-Philadelphia: Benjamins, 1991.

Raschke, Carl A. "The Deconstruction of God."*De-construction and Theology*. Ed. Raschke. New York: Crossroad, 1982.

Ricoeur, Paul. *Le Conflit des interprétations: Essais d'herméneutique*. Paris: Seuil, 1969.

———. *The Symbolism of Evil*. New York: Beacon, 1967.

Rivers, Elias. "Nature, Art and Science in Spanish Poetry of the Renaissance." *Bulletin of Hispanic Studies* 44 (1967): 255–62.

Rodríguez Puértolas, Julio. "La transposición de la realidad en los autos sacramentales de Calderón." *Actas del Congreso Internacional sobre Calderón y el teatro español del Siglo de Oro*. Vol. 1. Madrid: C.S.I.C., 1983. 751–58.

Rossi, Giuseppe Carlo. *Estudios sobre las letras en el siglo XVIII*. Madrid: Gredos, 1967.

Ruiz Lagos, Manuel. "Algunas relaciones pictóricas y literarias en el teatro alegórico de Calderón: notas de escenografía barroca." *Cuadernos de arte y literatura* 2 (1965): 21–71.

Sacrosanto y ecuménico Concilio de Trento. Edición bilingüe. Trad. Ignacio López de Ayala. Madrid: Imprenta Real, 1785.

Sage, Jack. "The Function of Music in the Theater of Calderón." *Calderón's Comedias: Critical Studies.* Ed. J. E. Varey. Farnborough, Eng.: Gregg Int., 1973. 209–30.

Sarduy, Severo. *Barroco.* Buenos Aires: Sudamericana, 1974.

———. "El barroco y el neobarroco." *América Latina en su literatura.* Ed. César Fernández Moreno. México: Siglo XXI, 1972. 167–84.

Saussure, Ferdinand de. *Cours de linguistique générale.* Ed. Tullio de Mauro. Paris: Payot, 1978.

Sayes, José Antonio. *Antropología del hombre caído.* Biblioteca de Autores Cristianos. Madrid: Católica, 1981.

Scanlon, Larry. "The Authority of Fable: Allegory and Irony in the Nun's Priest's Tale." *Medieval and Renaissance Text and Studies* 1 (1989): 43–68.

Shergold, Norman D. *A History of the Spanish Stage.* Oxford: Clarendon, 1967.

———. *Los autos sacramentales en Madrid en la época de Calderón, 1637–1681: estudio y documentos.* Madrid: Ed. de Historia, Geografía y Arte, 1961.

Shergold, Norman D., y John E. Varey. "Documentos sobre los autos sacramentales en Madrid hasta 1636." *Revista de la Biblioteca, Archivo y Museo del Ayuntamiento de Madrid* 24 (1955): 203–313.

———. "A Problem in the Staging of Autos Sacramentales in Madrid, 1647–1648." *Hispanic Review* 32 (1964): 12–35.

Schleifer, Ronald. *Rhetoric and Death: The Language of Modernism and Postmodern Discourse Theory.* Urbana: U of Illinois P, 1990.

Séznec, Jean. *The Survival of Pagan Gods: The Mythological Tradition and Its Place in Renaissance Humanism and Art.* Trad. Barbara F. Sessions. Rev. ed. New York: Pantheon, 1953. Publ. orig. como *La Survivance des dieux antiques.* 1940.

Sheerin, Francis Louis. "Molinism." *New Catholic Encyclopedia.* Vol. 9. San Francisco: McGraw, 1967. 1011–13.

Singleton, Charles. *Dante Studies 1: Commedia: Elements of Structure.* Cambridge: Harvard UP, 1954.

Smith, Paul. "The Will to Allegory in Postmodernism." *Dalhousie Review* 62 (1982): 105–22.

Steiner, George. *Real Presences.* Chicago: U of Chicago P, 1989.

Stempel, Daniel. "Coleridge and Organic Form: The English Tradition." *Studies in Romanticism* 6 (1967): 89–97.

Strubel, Armand. "'Allegoria in factis' et 'Allegoria in verbis.'" *Poétique* 23 (1975): 342–57.

Sullivan, Henry W. *Calderón in the German Lands and the Low Countries: His Reception and Influence 1654–1980.* Cambridge: Cambridge UP, 1983.

———. "Psicoanálisis paradigmático en los autos sacramentales de Calderón." *Actas del VIII Congreso de la Asociación Internacional de Hispanistas.* Ed. A. D. Kossoff, J. Amor y Vázquez, R. H. Kossoff y G. W. Ribbans. Madrid: Istmo, 1986. 610–17.

Tambling, Jeremy. *Dante and Difference: Writing in the "Commedia."* Cambridge: Cambridge UP, 1988.

Tate, J. "On the History of Allegorism." *Classical Quarterly* 28.2 (1934): 105–14.

Taylor, Mark C. *Erring: A Postmodern A/theology.* Chicago: U of Chicago P, 1984.

ter Horst, Robert. *Calderón: The Secular Plays.* Lexington: UP of Kentucky, 1982.

———. "A New History of Don Pedro Calderón de la Barca." *Approaches to the Theater of Calderón.* Washington, DC: UP of America, 1982. 36–43.

———. "From Comedy to Tragedy: Calderón and the New Tragedy." *MLN* 92 (1977): 181–201.

Thompson, David. "Figure and Allegory in the *Commedia.*" *Dante Studies* 90 (1972): 1–10.

Thorslev, Peter L. *Romantic Contraries.* New Haven: Yale UP, 1984.

Todorov, Tzvetan. "The Romantic Crisis." *Theories of the Symbol.* Trad. Catherine Porter. Ithaca: Cornell UP, 1982. 146–221.

Tomás de Aquino, Santo. *Suma teológica.* Vols. 1 y 11. Biblioteca de Autores Cristianos. Madrid: Católica, 1957, 1960.

Valbuena Prat, Angel. "Los autos de Calderón: clasificación y análisis." *Revue Hispanique* 56 (1924): 1–302.

Valesio, Paolo. "Esquisse pour une étude des personnifications." *Lingua e stile* 4 (1969): 1–21.

Van Dyke, Carolynn. *The Fiction of Truth: Structures of Meaning in Narrative and Dramatic Allegory.* Ithaca: Cornell UP, 1985.

Varey, John E. "Calderón's Auto Sacramental *La vida es sueño* in Performance." *Iberoromania* 14 (1961): 48–53.

———. "La Mise en scène de l'auto sacramental à Madrid au XVI et XVII siècles." *Le Lieu théatrale à la Renaissance.* Ed. Jean Jacquot. Paris: C.N.R.S., 1964. 215–55.

———. "The Staging of Calderón's *La cena del Rey Baltasar.*" *Aureum Saeculum Hispanicum: Festschrift für Hans Flasche zum 70. Geburtstag.* Ed. K. H. Körner y D. Briesemeister. Wiesbaden: Steiner, 1983. 299–311.

Wardropper, Bruce. *Introducción al teatro religioso del Siglo de Oro: evolución del auto sacramental antes de Calderón.* Salamanca: Anaya, 1967.

Webber, F. R. *Church Symbolism: An Explanation of the More Important Symbols of the Old and New Testament, the Primitive, the Mediaeval and the Modern Church.* Cleveland: Hansen, 1938.

Whitman, Jon. *Allegory: The Dynamics of an Ancient and Medieval Technique.* Cambridge: Harvard UP, 1987.

———. "From the *Cosmographia* to the *Divine Comedy*: An Allegorical Dilemma." *Allegory, Myth and Symbol.* Ed. Morton W. Bloomfield. Cambridge: Harvard UP, 1981. 63–86.

Wilson, Margaret. *Spanish Drama of the Golden Age.* Oxford: Oxford UP, 1956.

Wölfflin, Enrique. *Conceptos fundamentales en la historia del arte.* Trad. José Moreno Villa. Madrid: Espasa-Calpe, 1970.

Wolfson, Harry Austryn. *The Philosophy of the Church Fathers.* Vol. 1. 3ª ed., rev. Cambridge: Harvard UP, 1970.

Indice alfabético